新媒体 · 新传播 · 新运营 系列丛书

# 直播电商平台运营

| 微课版 | 第 2 版 |

韦亚洲 施颖钰 胡咏雪◎主编
周淼龙 刘津言 蒋兆年 涂华斌◎副主编

N e w M e d i a

人民邮电出版社
北京

**图书在版编目（CIP）数据**

直播电商平台运营 : 微课版 / 韦亚洲, 施颖钰, 胡咏雪主编. -- 2 版. -- 北京 : 人民邮电出版社, 2025. (新媒体・新传播・新运营系列丛书). -- ISBN 978-7-115-64966-9

Ⅰ. F713.365.2

中国国家版本馆 CIP 数据核字第 20246DK345 号

## 内 容 提 要

直播电商通过拓展新人群、营造新场景、挖掘新需求、扩展新品类、推广新品牌，现已成为刺激内需、拉动经济的重要抓手。本书紧紧围绕当前国内直播电商行业的发展现状与趋势，系统地讲解了直播电商平台运营的策略、工具与方法。本书共分为 8 个项目，主要内容包括直播电商概述、直播活动的筹备、直播活动的执行与后期管理、淘宝直播运营、抖音直播运营、快手直播运营、视频号直播运营和小红书直播运营。

本书适合作为高等院校电子商务、市场营销等专业的教材，也适合电商卖家、直播机构、直播运营与管理的相关人员，以及想进入直播电商行业的人员阅读。

◆ 主　　编　韦亚洲　施颖钰　胡咏雪
副 主 编　周淼龙　刘津言　蒋兆年　涂华斌
责任编辑　曹可可
责任印制　王　郁　彭志环

◆ 人民邮电出版社出版发行　　北京市丰台区成寿寺路 11 号
邮编　100164　　电子邮件　315@ptpress.com.cn
网址　https://www.ptpress.com.cn
天津千鹤文化传播有限公司印刷

◆ 开本：787×1092　1/16
印张：14.5　　2025 年 2 月第 2 版
字数：344 千字　　2025 年 5 月天津第 3 次印刷

定价：54.00 元

**读者服务热线：(010)81055256　印装质量热线：(010)81055316**
**反盗版热线：(010)81055315**

直播电商是数字技术背景下直播与电商双向融合的产物。党的二十大报告指出，“加快发展数字经济，促进数字经济和实体经济深度融合”。直播电商是数字经济的重要组成部分，是推动数字技术与实体经济实现深度融合的重要引擎。

随着新技术和新市场的不断发展，我国直播电商行业发展迅速，从直播平台数量到从事直播电商行业的人数，从参与直播电商运营的行业到直播电商涉及的商品品类，从直播场次到单场直播创造的销售额，均呈现快速增长势头，直播电商行业呈现出强大的市场活力。

随着政策的不断完善，平台监管的加强，以及直播电商从业者专业素养的不断提升，直播电商行业告别野蛮生长，进入比拼内功的时代。运营者不仅要懂得从用户的痛点和需求出发进行直播商品规划，而且要掌握搭建直播间、为用户讲解商品的技巧，还要懂得运用各种方法为直播间引流，维护并提高直播间的人气，扩大直播的影响范围。

此外，不同直播平台的直播销售规则各不相同，且平台规则处于不断更新的过程。为了紧跟直播电商行业发展行情，更好地满足在当前市场环境下读者对直播电商运营相关知识的需求，让读者更好地把握和运用各个直播平台的运营规则，我们结合直播电商行业和各个直播平台的新发展、新趋势，在保留上一版教材特色的基础上，对其进行了全新改版。本次改版修订的主要内容如下。

- 根据直播电商行业的发展变化，在深度研究各个直播平台相关规则的基础上，对原书主体内容进行了部分调整，并对上一版中比较陈旧的内容进行了全面更新，新增了数字人直播间的搭建、视频号直播运营等知识，内容更新颖，案例更丰富，教材更能迎合当前市场环境下直播电商运营工作的需求。
- 将全书体例调整为项目任务式，采用“引导案例＋理论讲解＋动手实践＋项目实训”的体例结构编写，在讲解理论知识的同时清晰地展现了淘宝、抖音、快手、视频号、小红书等直播平台直播电商运营关键环节的操作方法，让读者能够根据实际需要进行有针对性的实操训练，并通过项目实训将本项目所学知识应用于实践，加深自身对理论知识和不同直播平台操作要点的理解与掌握，强化自身应用所学知识进行实践的能力。
- 在正文讲解中添加了“知识拓展”“课堂讨论”“课堂实训”等小栏目，“知识拓展”补充介绍与当前知识点有关的注意事项或经验，以拓宽读者的知识面；“课堂讨论”引导读者发挥主观能动性，提高独立思考能力；“课堂实训”旨在让读者紧跟所学知识进行拓展练习，提升读者的应用能力。

- 本书以落实立德树人为根本任务，新增了“素质目标”等元素，致力于培养兼具工具理性与价值理性、敢闯会创的拔尖创新人才。

与第 1 版相比，本版教材的内容更新颖，与时俱进，体例设置更注重理论与实践的结合，突出时代性、实用性和科学性，更有利于教师的课堂教学和学生对知识的吸收与运用。

此外，本书还提供了丰富的立体化教学资源，包括微课视频、PPT 课件、电子教案、教学大纲、课程标准等，选书老师用手机扫描二维码即可观看微课视频，登录人邮教育社区（www.ryjiaoyu.com）下载获取其他资源。

本书推荐学时为理论部分 24 学时、动手实践部分 8 学时、项目实训部分 11 学时，具体学时分配见下表。

| 项目 | 项目内容 | 学时分配 | | |
|---|---|---|---|---|
| | | 理论 | 动手实践 | 项目实训 |
| 项目一 | 直播电商概述 | 2 | / | 1 |
| 项目二 | 直播活动的筹备 | 4 | / | 1 |
| 项目三 | 直播活动的执行与后期管理 | 2 | / | 1 |
| 项目四 | 淘宝直播运营 | 4 | 2 | 2 |
| 项目五 | 抖音直播运营 | 4 | 2 | 2 |
| 项目六 | 快手直播运营 | 2 | 1 | 1 |
| 项目七 | 视频号直播运营 | 4 | 2 | 2 |
| 项目八 | 小红书直播运营 | 2 | 1 | 1 |

本书还配置了直播业务分析、直播活动运作分析、主播人设定位与直播账号规划、直播团队成员职责分工、直播商品规划、直播活动脚本、商品脚本、直播间场景设置方案、直播引流方案、直播间气氛维护方案、直播复盘等各种表格素材，在开展项目实训时，教师可将这些表格作为实训作业由学生填写。

本书由韦亚洲、施颖钰、胡咏雪担任主编，由周淼龙、刘津言、蒋兆年、涂华斌担任副主编。由于编者水平有限，书中难免存在不足和疏漏之处，恳请广大读者批评指正。

编　者

2024 年 3 月

Contents 目录

目录 Contents

目录 Contents

PART 01

# 项目一 直播电商概述

学习目标

【知识目标】

- 了解直播电商的特点和模式，以及直播电商产业链。
- 掌握直播电商“人”“货”“场”三要素的特点。
- 了解直播电商的价值、发展历程，以及发展驱动力。

【能力目标】

- 对直播电商行业形成基本认知。
- 对直播电商业务的运作模式形成基本认知。

【素养目标】

根据直播电商的要求，逐步丰富自己的商品知识、锻炼沟通能力和表达能力，提升心理素质稳定性和团队合作意识。

## 引导案例

《“十四五”电子商务发展规划》指出，电子商务是数字经济和实体经济的重要组成部分，是催生数字产业化、拉动产业数字化、推进治理数字化的重要引擎。直播电商作为电子商务的一种模式和数字经济发展版图中的重要板块，正在不断地与传统实体产业碰撞出新的火花，助力传统商业实现数字化转型，为实体经济赋予新动能。

与传统电商相比，“货找人”的商业模式是直播电商的核心优势，在商品交易“人”“货”“场”三要素中，直播电商具有数字化的特征，形成了“数字化的人”“数字化的货”“数字化的场”。“数字化的人”是指直播电商依托大数据形成更加精准的用户画像，基于用户画像挖掘用户需求；“数字化的货”是指直播电商以大数据技术为指导，能够快速发现市场动向，推出更加符合用户需求的商品；“数字化的场”是指直播电商营销场景中用户的停留时长、评论、下单购买等行为能够形成数据沉淀。

凭借数字化的“人”“货”“场”三要素，直播电商成为推动数字经济发展的重要力量，在绿色、开放、创新的发展理念的引导下，直播电商将持续焕发新的活力，持续赋能实体经济。

**案例分析**

数字经济与实体经济互相促进，不断推动经济社会高质量发展。在未来发展中，直播电商应该扎根实体经济，服务实体经济，推动实体经济更好地实现数字化。

# 任务一 初识直播电商

直播电商是电商领域出现的新场景、新业态，是数字化时代背景下直播与电商双向融合的产物，它实现了电商内容多维度的升级，丰富了电商运营中的“人”“货”“场”等要素。

## 一、直播电商的特点与模式

直播电商是指主播借助直播的形式推荐并销售商品的经营活动。直播电商以电商为基础，借助主播吸引流量，并实现订单转化。直播电商不仅能让商家更好、更快地实现商品交易，还能让商家通过构建价值认同感来实现品牌传播。

直播电商的本质是电商消费场景的升级。在当前物质极为丰富的背景下，在消费过程中，用户不但关注商品的价格与功能，而且越来越注重在整个消费过程中所获得的精神体验。直播电商构建了“直播+电商”的消费场景，主播不仅能为用户推荐各类物美价廉的商品，还能向用户分享与商品相关的有价值的知识，电商消费场景也因此变得更加丰富、生动，能更好地满足用户的需求。

### 1. 直播电商的特点

直播电商模式兼具营销与销售的功能，与传统电商模式相比，直播电商模式在多个维度具有显著的优势。直播电商模式与传统电商模式的对比如表 1-1 所示。

表 1-1 直播电商模式与传统电商模式的对比

| 对比内容 | 直播电商模式 | 传统电商模式 |
| --- | --- | --- |
| 商品与用户的关系 | 货找人 | 人找货 |
| 消费路径 | 用户—主播—商品 | 用户—商品 |
| 供应链环节 | 头部主播和多渠道网络（Multi-Channel Network，MCN）机构能与供应链方直接对接，有效缩短供应链的中间环节，节省商品的流通成本。此外，主播和 MCN 机构有较强的议价能力，能为用户提供优惠力度较大的商品 | 商品流通环节较多，流通成本较高 |
| 用户消费方式 | 以主播向用户推荐商品为主 | 以用户主动搜索商品为主 |
| 用户消费需求 | 用户可能对商品存在刚性需求，但在用户对商品不存在刚性需求的情况下，直播电商模式通过主播、商品、消费场景实现内容营销，能够激发用户潜在的消费需求 | 以刚性需求为主 |
| 用户消费心理 | 有些用户对商品存在需求，购买它是为了满足物质需求；而有些用户对某些商品并不存在需求却仍然购买，是为了满足自己的好奇心。此外，用户与主播之间有一定的情感基础上的信任关系，用户可能会因为喜欢、信任某主播而购买某款商品，用户的消费心理是“为喜爱买单”“为信任买单” | 用户对商品有刚性需求，购买它是为了满足物质需求。用户的消费心理通常是“为需求买单”“为品牌买单” |
| 影响用户做出消费决策的因素 | 商品的价格、质量、品牌；主播的营销话术等 | 商品的价格、质量、品牌等 |
| 消费体验反馈 | 主播可以与用户进行互动，建立情感联系 | 以客服连接为主，缺少情感联系 |

续表

| 对比内容 | 直播电商模式 | 传统电商模式 |
|---|---|---|
| 商品呈现形式 | 通过实时视频全方位地展示商品，让用户直观地了解商品的外观；通过主播的讲解，让用户详细地了解商品的性能 | 依靠图片、文字、短视频等形式展示商品，但图片、文字和短视频与实物可能存在一定的差距。此外，对于一些功能较为复杂的商品来说，图文和短视频未必能将商品的功能、使用方法解释清楚 |
| 社交属性 | 社交属性强，主播和用户可以进行双向互动，主播向用户全方位地讲解商品，用户也可以实时向主播提出问题，主播当场为其解答；用户与用户之间也可以进行在线交流，信息反馈及时 | 社交属性弱，商家主要通过商品详情页向用户展示商品信息。此外，用户通常只能通过商品评论或客服两个渠道交流商品信息 |
| 用户购物体验感 | 用户可以通过在评论区留言、参与直播间抢红包等方式参与到直播中，在购物过程中获得更多的参与感和互动感 | 用户根据自身的主观判断，自主选择商品 |
| 交易花费的时间成本 | 主播具备较强的选品能力，进入直播间的商品都是经过主播严格筛选的，用户无须再花费时间去从多个品牌中筛选适合自己的商品。主播专业的选品能力和商品讲解能力能够帮助用户降低购物决策的时间成本 | 由于商家和用户的信息不对称，用户在购买商品之前需要花费较多的时间搜集商品信息，并对信息进行评判，然后才能做出购买决策，在交易过程中用户花费的时间成本较高 |

直播为电商提供了新的发展动能，作为“直播+电商”融合的产物，与传统电商模式相比，直播电商模式具有以下 3 个特点。

（1）互动性强

与传统电商相比，直播电商的消费场景具有良好的互动性。在直播中，主播在向用户介绍商品信息时，也能在直播中试用商品，让用户直观地感受到商品的使用效果，大大提升了用户的购物体验。同时，用户也可以针对商品信息进行发言互动，参与到直播中。这样不仅能够增强用户的参与感，还能提升用户对商品和品牌的信任感。

（2）强 IP 化

知识产权（Intellectual Property，IP）原本是一个法律概念，是指权利人对其智力劳动所创作的成果和经营活动中的标记、信誉所依法享有的专有权利。但是，随着网络文化的发展，IP 的含义在互联网界已经有所引申。

互联网界的 IP 可以理解为所有成名文创（文学、影视、动漫、游戏等）作品的统称。也就是说，此时的 IP 更多的是代表智力创造的诸如发明、文学和艺术等作品的版权。进一步引申来说，能够仅凭自身的吸引力，挣脱单一平台的束缚，在多个平台上进行分发、获得流量的内容，就是一个 IP。

在直播电商中，主播具有很强的 IP 属性，在用户心智中有着独特的标签。对于用户来说，主播不仅仅是一个为他们推荐商品的人，更是一种情感寄托，他们愿意跟随主播的选择去购买商品。

（3）去中心化

在直播电商生态链中，主播数量众多且类型多样，很多主播不仅在电商平台拥有公域流量，还在其他媒体平台拥有自己的私域流量。与传统电商相比，直播电商具有较强的去中心化的特点，也为更多的主播提供了运营个人 IP 的可能性。

**课堂讨论**

你认为直播“带货”与电视购物有什么区别？它们分别有什么优势和劣势？

### 2. 直播电商的模式

按照主播主体的不同，直播电商分为商家自播和“达人”直播两种模式。

商家自播是品牌方组建直播运营团队，并注册直播账号，将用户沉淀至品牌自己的直播账号。商家自播的主播多是品牌方的导购人员或领导等自有员工。用户多是品牌的粉丝，他们对品牌有一定的忠诚度，比较关注品牌的动态。商家依托自身的品牌效应，实现私域流量的转化。在商家自播中，商家可以选择不同的人来做直播，并不要求主播一定是固定的某个人，所以商家自播一般时间都很长。随着直播电商产业链的逐步完善，市场上出现了提供直播代运营的服务商，很多商家会将直播业务外包给专业的代运营服务商。

“达人”直播是由“达人”主播汇聚各类商品来进行直播。粉丝对“达人”主播有较高的信任度，“达人”主播凭借自身积累的庞大粉丝群和较强的内容生产能力来实现流量的转化，直播中所销售的商品品牌较为多样。“达人”直播一般没有商品库存，比较适合没有直接货源的主播。由于“达人”直播销售的不是自己的货源，主播只需和商家做好对接，即可在直播间内销售商品。

从商家与主播的合作模式来看，“达人”直播分为包场和拼场两种模式。两种模式的特点如表 1-2 所示。

**表 1-2 “达人”直播的模式及其特点**

| 模式名称 | 说明 | 特点 |
| --- | --- | --- |
| 包场 | 整场直播都是推荐某个企业或某个品牌的商品 | 对于商家来说，费用较高，但产生的营销效果显著 |
| 拼场 | 在同一场直播中，多个企业或品牌的商品由主播按照一定的顺序先后进行直播推广 | 对于商家来说，费用较低，如果主播类型选择得当，可以产生非常好的营销效果 |

与商家自播相比，“达人”直播的直播间内商品上新的速度较快。但是，“达人”直播在运营商品上处于被动地位，直播的商品比较受限于商家为其提供的款式。从用户的角度来看，“达人”直播侧重情感驱动，如果用户喜欢这个“达人”，就容易被“达人”激发出消费欲望。此外，“达人”直播强调用户对主播人格的认同。

商家自播与“达人”直播两种模式的对比如表 1-3 所示。

**表 1-3 商家自播与“达人”直播的对比**

| 对比项目 | 商家自播 | “达人”直播 |
|---|---|---|
| 直播特性 | 品牌化 | 人格化 |
| 用户购买商品驱动力 | 用户购买商品多是因为对商品有需求 | 用户购买商品可能是因为对商品有需求，也可能是因为受到情感驱动 |
| 商品更新速度 | 商品更新较慢 | 商品更新较快 |
| 直播商品展示 | “流水账式”地展示商品，商品转化率一般 | 直播商品展示节奏紧凑，内容表现形式多样，商品转化率较高 |
| 主播直播心态 | 工作心态 | 创业心态 |
| 直播时长 | 可多人 24 小时在线直播 | 单人直播，直播时长有限 |
| 流量支持 | 可借助自身私域流量的支持 | 需要从零积累粉丝 |
| 电商运营能力 | 具有较强的电商运营能力 | 很多主播缺乏电商运营经验 |

## 二、直播电商的“人”“货”“场”三要素

直播电商的核心仍然是电商，依旧离不开“人”“货”“场”三要素的结合，但是直播电商升级了“人”“货”“场”的关系，提升了电商用户的购物体验。

### 1. 人

与传统电商模式不同，直播电商中新增了主播的角色，而主播成为连接商品与用户的桥梁。主播凭借独特的个人魅力吸引用户，积累私域流量，然后结合专业的销售能力，将积累的用户转变为具有购买力的消费者，从而实现流量变现。

（1）主播的主要类型

目前，直播电商的主播主要分为专业电商主播、网络“达人”/自媒体主播、商家员工、名人、企业家、专家、主持人、政府机构人员、虚拟数字人等类型。不同类型主播的特征、优缺点如表 1-4 所示。

**表 1-4 不同类型主播的特征、优缺点**

| 主播类型 | 特征 | 优点 | 缺点 |
|---|---|---|---|
| 专业电商主播 | 早期由电商平台培育的专业的电商主播 | ① 专业度高；<br>② 商品转化率较高；<br>③ 能产生一定的品宣效果，流量较小的主播产生的品宣效果较弱，流量较大的主播产生的品宣效果较强 | 直播的商品种类繁杂，有些主播推荐的产品的售后服务难以保障 |
| 网络“达人”/自媒体主播 | 在抖音、快手等短视频平台上活跃的“达人”、自媒体运营者，他们先积累用户，用户达到一定规模后进入直播电商领域 | 镜头感较强 | ① 通常对直播中的商品不太了解；<br>② 缺乏专业的直播技能 |
| 商家员工 | 商家的电商客服人员或线下导购 | ① 依托品牌知名度，品牌有一定的忠诚用户；<br>② 直播场次多；<br>③ 熟悉商品 | ① 直播专业度不高；<br>② 商品转化率不稳定 |

续表

| 主播类型 | 特征 | 优点 | 缺点 |
|---|---|---|---|
| 名人 | 将直播“带货”作为副业，通常会涉及淘宝网、抖音、快手等多个直播平台 | ① 自带流量，具有一定的影响力；<br>② 直播带货的同时还可以对商品进行推广，提高商品的知名度 | ① 通常对商品缺乏详细的了解，缺乏专业的直播技能；<br>② 商品的转化率不稳定 |
| 企业家 | 在商业领域具有一定的知名度，是商业领域中某个行业比较成功的人士，通常是某企业/品牌的创始者、管理者 | ① 具有一定的知名度，自带流量，容易让人信服；<br>② 对商品比较了解 | 缺乏镜头感和专业的直播技能，直播时最好配置副播 |
| 专家 | 某个领域或行业的专业人士，如服装设计师、化妆师等 | 掌握某个领域或行业的专业知识，在直播中销售与其专业领域相关的商品更具说服力和影响力 | 缺乏镜头感和专业的直播技能，直播时最好配置副播 |
| 主持人 | 专业的主持人，如新闻主持人 | 具有镜头感，掌握专业的播音技巧 | 通常对商品缺乏详细的了解，缺乏专业的直播技能 |
| 政府机构人员 | 通常出现在当地的助农直播中 | 具有较强的社会公信力和较高的用户信任度 | 缺乏镜头感和专业的直播技能 |
| 虚拟数字人 | 运用数字技术创造出来的、与人类形象接近的数字化人物形象 | ① 不受时间和空间的限制，可以24小时不间断工作；<br>② 不需要真人进行示范，降低了主播在直播过程中出现失误的可能性；<br>③ 可以通过数据驱动和算法构建，实现“千人千面”的个性化直播“带货”场景 | ① 缺乏真实性和亲和力；<br>② 对商品的讲解缺乏体验感；<br>③ 语言缺乏个性化和创意 |

（2）主播格局

经过多年的发展，淘宝、抖音、快手等平台上直播电商领域的主播格局已经初步形成，主播马太效应明显，头部主播数量较少，但其在粉丝数量、商品销售额上具有显著优势，在面对商家和直播平台时，在商品价格和佣金分成上有较大的议价权。腰部主播数量较多，但其在粉丝数量、商品销售额上与头部主播的差距较大。尾部主播的粉丝数量和商品销售额就更少了。

目前，在主播的层级分布上，直播电商行业整体呈现“去头部化”的趋势，更多的中腰部主播被商家看到。随着直播电商行业逐步向精细化运作的方向发展，直播电商平台、商家也看到了中腰部主播在整个直播生态中发挥的重要作用，很多直播电商平台推出了针对中腰部主播的扶持计划，助力中腰部主播的发展。

此外，越来越多的品牌方实施品牌自播，培养自己的主播，搭建自有直播运营团队，并构建系统化、矩阵化的自有直播账号，以沉淀私域流量，通过自播实现品牌长效发展。平台扶持、品牌方自建账号等因素共同推动中腰部主播迎来红利期，促使更多中腰部主播在直播电商行业释放出更多的能量。

### 2. 货

随着直播电商行业的发展，直播电商涉及的商品品类不断丰富，涵盖快消品、美妆、服饰、汽车、珠宝、3C 商品（计算机类、通信类和消费类电子商品三者的统称，也称“信息家电”，如计算机、平板电脑、手机或数字音频播放器等）等多个品类，其中复购率高、客单价低、利润率高的品类在直播电商中更为受益。

从经济效益的角度来看，美妆和服饰具有利润率高、客单价高、成交量高的特点，所以这两个品类成为直播电商中的强势品类。

从专业化程度的角度来看，在快消品品类中，由于不同品牌的商品差异较小，用户购买此类商品更多是受品牌效应的驱动。此外，这类商品的专业化程度较低，不需要主播对商品进行专业化的讲解，所以快消品也成为直播电商的热门品类之一。

而汽车、珠宝、3C 商品等专业性较强的品类，对主播的专业化程度要求较高，主播需要与用户进行专业化的双向交流，才能推动用户更快地做出购买决策，所以在直播中销售这些品类的商品，主播对商品的认识越深刻，对商品的介绍越专业，越容易促成用户的购买行为。

除了实物商品，知识、经验、需求等信息内容成为直播电商行业的新兴商品。例如，快手平台推出覆盖“蓝领”群体的“蓝领”招聘业务——“快聘”，主播在直播中讲解岗位的招聘要求，并向用户展示招聘企业的生产环境、员工的生活环境、企业生产的产品等，帮助求职者更好地了解招聘企业的细节。“快聘”通过构建以信任为中心的“蓝领”招聘关系和“直播带岗”模式，为用工企业和“蓝领”群体搭建了就业平台。

在知识类直播中，主播在直播间向用户分享知识，解答用户提出的相关问题，直播运营团队中的其他相关人员将知识中涉及的相关商品上架到直播间，从而实现在分享知识的过程中“带货”。例如，美妆博主直播教授化妆技巧，并在讲解化妆技巧的过程中推荐彩妆商品和化妆工具。

### 3. 场

场是指购物场景。在直播电商中，购物场景主要是指直播间，用户在直播间可完成商品的选择和下单购买行为。

（1）直播电商购物场景的优势

直播电商的购物场景既具有传统电商购买方便、比价方便的特点，又具备线下购物体验感强、用户能与商品销售者进行实时互动的特点。具体来说，直播电商购物场景具有以下特点。

① 良好的体验感

在直播间，通过主播对商品的详细介绍，并现场展示商品的使用效果，用户可以更加直观地了解商品。此外，用户还可以与主播进行实时的信息交流与互动，根据自己的需求有针对性地了解商品的信息。

② 节约用户出行成本

用户可以随时随地观看直播，足不出户即可购买到自己心仪的商品，从而节约了出行购物的交通成本。通过直播购买商品，用户不仅能获得主播陪伴购物的体验感，还能通过观看直播获得娱乐享受。

③ 价格优势

在很多直播间，商品销售采取的是用户直连制造商（Customer to Manufacturer，C2M）模式、主播直接对接品牌商/工厂的模式，这减少了商品的流通环节，省去了商品在流通环节中产生的溢价，从而让商品获得了较强的价格优势。

（2）直播电商直播场景的多元化

为了抓住直播电商的红利，各平台不断降低用户开通直播的门槛，再加上各类政策的支持，以及直播电商生态链的日渐完善和成熟，越来越多的商家开始在更多的时间段和更多的场景下展示商品，直播电商的直播场景越来越丰富、多元。

① 搭景直播

搭景直播是指商家或“达人”主播选择合适的场地，并搭建直播间进行直播，如图 1-1 所示。商家或“达人”选择的搭景场地可以是室内，也可以是室外，其根据自身品牌调性、主播人设或直播商品的调性来设计直播间的风格。

② 实体店直播

实体店直播是指主播在线下实体门店里进行直播，实体门店就是直播间，如图 1-2 所示。这样商家无须专门选场地搭建直播间，能节约一定的成本，还能在销售商品的同时为线下门店导流。

③ 产地直播

产地直播是指主播在商品的原产地、生产车间等场地进行直播，向用户展示商品真实的生产环境、生产过程等场景，从而吸引用户购买，如图 1-3 所示。产地直播比较适合食品、农产品、生鲜类商品的直播，能让用户直面商品的产地，增强用户对商品的信任感。

图 1-1 搭景直播

图 1-2 实体店直播

图 1-3 产地直播

④ 商场/超市直播

商场/超市直播是指主播在线下的商场或超市进行直播，直播间内上架的商品都是商场/超市内的商品。这种直播场景能为用户创造一种逛商场/超市的感觉，为用户营造更有沉浸感的购物氛围。

⑤ 供应链基地直播

供应链基地直播是指主播到供应链基地进行直播。供应链基地通常用于其自身旗下的主播开展直播，或者租给外界主播、商家进行直播。在供应链比较完善的基地，主播可以根据自身需求在基地挑选商品，并在基地提供的直播场地中进行直播，如图 1-4 所示。

图 1-4 供应链基地直播

供应链基地搭建的直播间和配置的直播设备大都比较高档，所以产生的直播画面效果比较理想。此外，供应链基地中的商品通常是经过供应链运营方筛选的，并且会在淘宝店铺或天猫店铺中上架。主播在基地选好商品后，在直播时将商品链接导入自己的直播间即可。基地提供的商品款式非常丰富，主播不用担心缺少直播商品。

一般情况下，在供应链基地进行直播时，主播把商品销售出去后，供应链运营方会从中抽取一部分提成作为基地服务费。

⑥ 档口直播

档口是指批发市场的店面。档口直播是指档口经营者或档口商品穿版模特在线下批发市场的门店进行直播。档口直播的形式不仅可以保留传统批发市场中原有的购物氛围，为用户营造一种高性价比的消费场景，还能为线下档口吸引客流量，维系好原有的线下客户。

⑦ 海淘现场直播

海淘现场直播是指主播在国外的商场、免税店直播，用户通过观看直播选购商品。主播通过直播海淘现场，可以让用户产生亲身在国外商场购物的感觉，商品的标价一目了然，有利于提升用户对商品的信任度。

**课堂讨论**

你是否在直播间购买过商品？说一说你的购物感受。

## 三、直播电商产业链解析

经过不断的发展，直播电商涉及的早已不单单是买方与卖方之间的交易，除了主播、直播平台渠道方之外，供应链方、MCN 机构、直播代运营服务商等各类新的角色纷纷入局，直播电商的产业生态不断完善。直播电商产业生态图谱如图 1-5 所示。

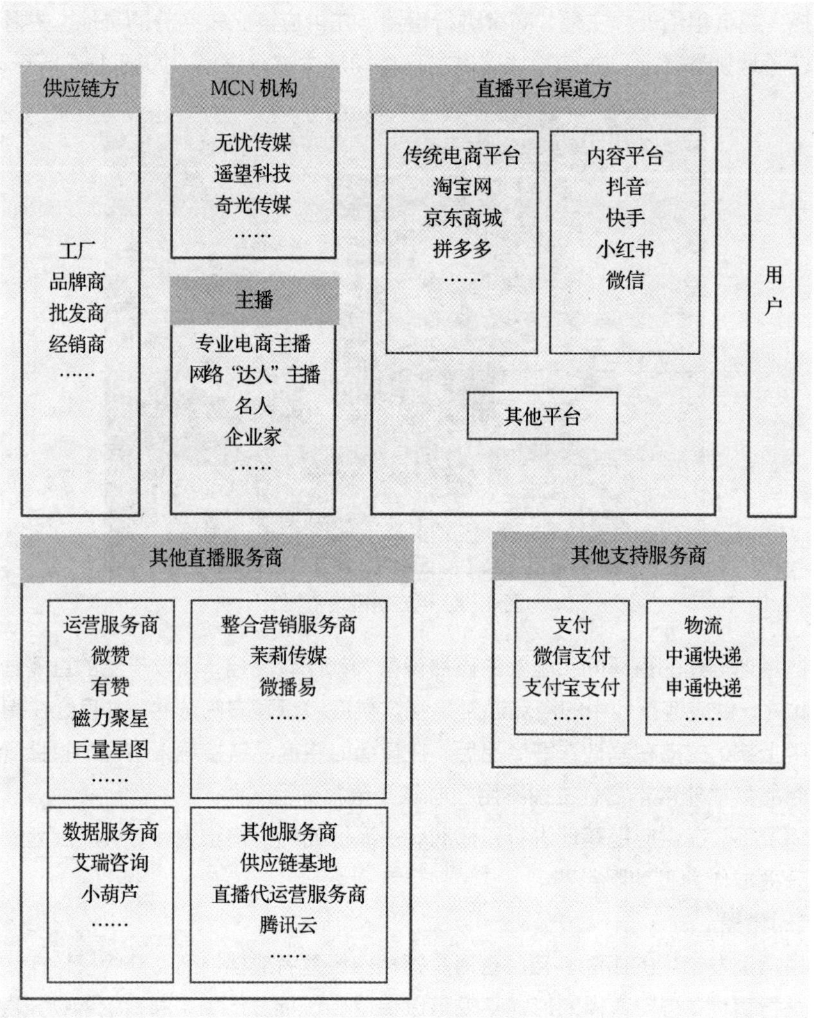

图 1-5　直播电商产业生态图谱

在产业链中，各个角色之间相互配合、相互合作，共同推动直播电商向着更加成熟、规范化的方向发展。

直播电商产业链运作流程如图 1-6 所示。

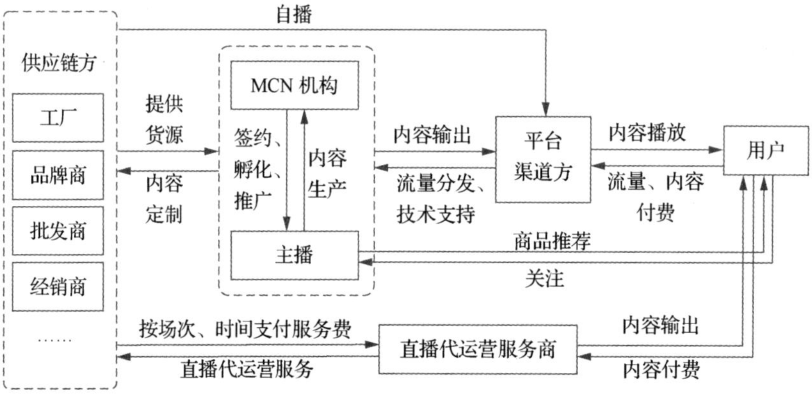

图 1-6　直播电商产业链运作流程

### 1. 供应链方

供应链方为 MCN 机构、主播、直播电商平台供应商品，并提供仓储、物流、商品售后等服务。在直播电商中，供应链方分为内部供应链服务商和外部供应链服务商。内部供应链服务商通常是由主播自身团队负责运营的，即主播自建工厂，创建自有品牌，或采取原始设备制造商（Original Equipment Manufacturer，OEM）模式、原始设计制造商（Original Design Manufacturer，ODM）模式生产自己的定制品牌商品。外部供应链服务商包括两类，一类是零售终端品牌商，另一类是聚合了不同品牌商、工厂、批发商等货源的第三方供应链服务商。

其中，第三方供应链服务商在货源种类、货源对接上更有优势，因此大多数主播会选择与第三方供应链服务商进行对接。各类第三方供应链服务商根据自身特性的不同，在货源整合上具有不同的优势。不同类型的第三方供应链服务商的特性、优势及典型代表如表 1-5 所示。

**表 1-5 不同类型的第三方供应链服务商的特性、优势及典型代表**

| 第三方供应链服务商类型 | 特性 | 优势 | 典型代表 |
|---|---|---|---|
| 电商平台 | 搭建电商交易平台，积累丰富的商家资源。为了提高营销效率，提高商品转化率，平台开辟直播入口，帮助商家吸引流量，提高经营业绩，同时为主播提供货源 | 商品种类丰富，电商生态完善 | 淘宝、京东商城 |
| 短视频平台 | 用户活跃度高，平台流量大，平台上产生了大量的“达人”。为了开辟新的流量变现渠道，平台尝试搭建电商体系，整合货源，帮助主播更好地实现流量变现 | 流量大 | 抖音、快手 |
| 直播电商供应链基地 | 在线下建立货源基地，搭建直播间，并签约主播，为主播提供货源、直播间，以及直播经纪服务，其最大的作用就是对接货源与主播 | 商品丰富，能为主播提供经纪服务 | 利群智慧物流与供应链基地 |
| 导购平台 | 购物“达人”通过分享商品“种草”，平台依托导购业务积累了一些具有一定流量的购物“达人”和忠诚用户 | 具有流量优势，能为主播提供精选货源 | 小红书 |
| 专业的“达人”供应链平台 | 聚焦商品供应服务，专门为“达人”提供优质货源 | 选品能力较强，商品丰富，能为主播提供与其人设相符的商品 | 拼量网 |

### 2. MCN 机构

在直播电商产业链中，MCN 机构兼具主播经纪、内容创作、活动运营、供应链运营等多重角色。MCN 机构价值分析如图 1-7 所示。

对主播来说，MCN 机构能为其提供经纪服务，包括为主播提供技能培训、内容创作指导、流量曝光等服务，如图 1-8 所示。对于供应链方来说，MCN 机构为其提供直播服务，输出定制化直播内容，帮助其实现商品转化。对于平台渠道方来说，MCN 机构以机构团体的形式入驻平台，帮助平台管理分散的个人主播，并输出直播内容，吸引流量。

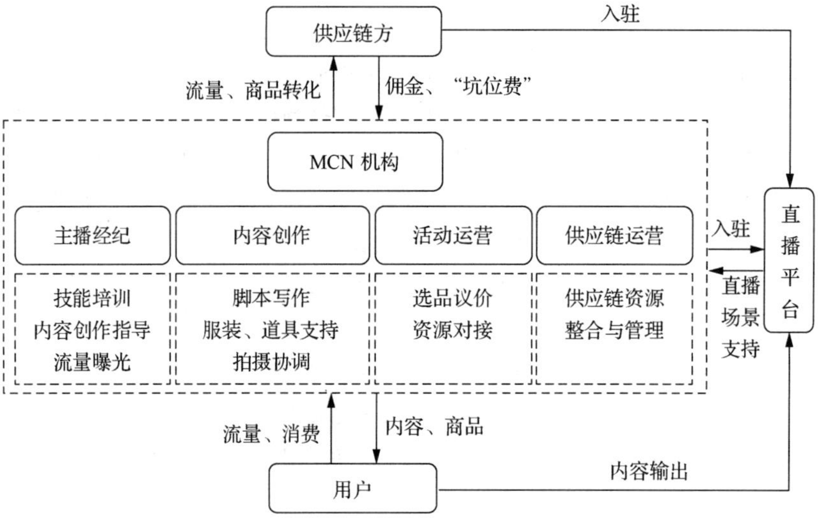


图 1-7　MCN 机构价值分析

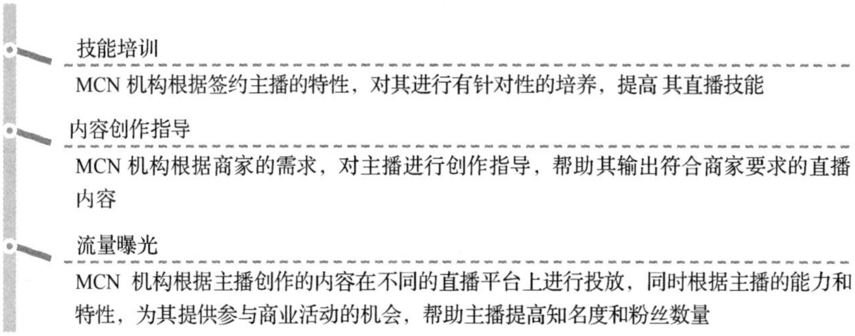
技能培训
MCN 机构根据签约主播的特性，对其进行有针对性的培养，提高 其直播技能
内容创作指导
MCN 机构根据商家的需求，对主播进行创作指导，帮助其输出符合商家要求的直播内容
流量曝光
MCN 机构根据主播创作的内容在不同的直播平台上进行投放，同时根据主播的能力和特性，为其提供参与商业活动的机会，帮助主播提高知名度和粉丝数量

图 1-8　MCN 机构主播经纪服务

### 3. 主播

主播连接着供给端和需求端。在供给端，主播为供应链方输出直播内容，帮助其吸引流量，销售商品；在需求端，主播通过直播输出内容，向用户分享商品。

目前，直播电商行业主播的薪资类型主要有 4 种，即小时制、提成制、供货制和混合制，如表 1-6 所示。

**表 1-6　主播薪资类型及其特点**

| 薪资类型 | 定义 | 特点 |
| --- | --- | --- |
| 小时制 | 按照主播的直播时长进行计费，由于不同地区的情况不同，主播时长的价格较难形成统一标准 | 结算方式简单 |
| 提成制 | 在底薪的基础上，按照事先约定好的提成比例和实际卖出商品的销售额计算提成 | 能者多劳，对主播具有较强的激励性 |
| 供货制 | 商家向主播供货，以供货价的方式进行结算，主播可以为商品定价，从中赚取差价。名气比较大的主播还会收取一定比例的“坑位费” | 主播对商品有较高的把控度 |
| 混合制 | 由多种薪资类型按照比例组合，例如，按照直播时长给主播计算薪资，同时给予其一定的提成奖励 | 灵活多变，组合自由，但是结算体系复杂 |

**知识拓展**

商家的商品如果想要出现在主播的直播间，需要向主播支付一定的商品上架费，这就是所谓的“坑位费”。“坑位费”只是保证商家的商品能够出现在主播的直播间，至于最终商品的销售额，主播是不作保证的。

“坑位费”会根据商品出现的顺序和主播级别的不同而有所不同。如果是整合拼场直播，同一场直播中会出现多个商家的商品，那么主播通常会按照商品在直播间中出现的顺序收取不同金额的“坑位费”。一般来说，商品出现的顺序越靠前，“坑位费”就越高。

通常头部主播的“坑位费”较高，这是因为头部主播的人气较高，曝光量较高，在一定程度上能够保证商品的销售量，即使用户没有在主播的直播间购买某商家的商品，但主播凭借高人气、高曝光量，也能为该商家打响知名度，提升该商家的影响力。

### 4．平台渠道方

在直播电商产业链中，平台渠道方主要负责搭建直播渠道，并制定相关规则，维护直播秩序。

（1）平台渠道方的作用

在直播电商产业链中，平台渠道方的作用主要体现在制定直播规则、流量分配和场景服务3个方面，如图1-9所示。

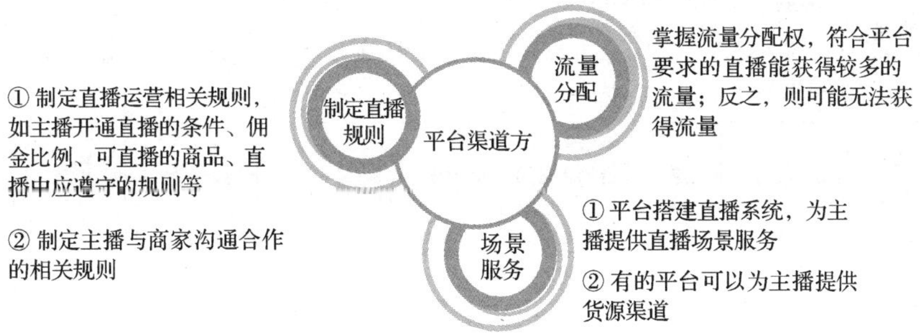


图1-9　平台渠道方的作用

（2）平台渠道方的类型

按照主营业务属性划分，平台渠道方分为电商平台和内容平台。电商平台包括淘宝网、京东商城、拼多多等传统电商平台。虽然电商平台也可以为用户提供短视频或直播形式的内容，但用户进入电商平台的直播间通常是有着明确的目的，如了解商品信息、购买商品等。对用户来说，传统电商平台直播间的第一属性是以视频化的方式展示商品信息的详情页。

用户进入电商平台通常会使用能体现需求的关键词，电商平台系统只需对用户需求关键词和商品关键词进行匹配即可。电商平台的直播交易实现流程如图1-10所示。

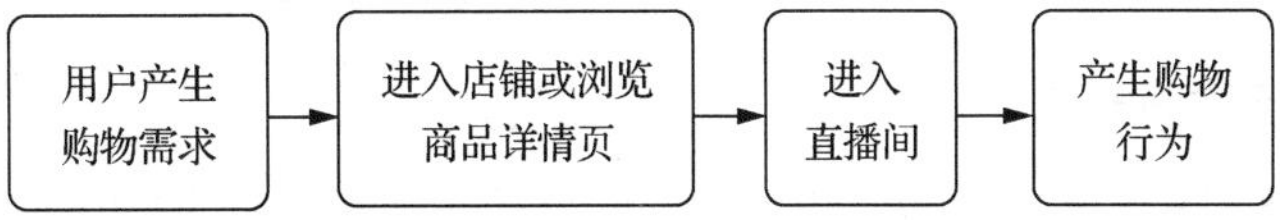


图1-10　电商平台的直播交易实现流程

内容平台是指以分享图文、短视频等内容为主的平台，典型代表有小红书、抖音、快手、微信等。用户主要通过内容平台来获取各类信息，同时内容平台帮助没有明确消费目的的用户实现兴趣发现、购物体验升级的需求。

在电商交易的实现方面，对于用户来说，内容平台的电商直播间的第一属性是内容，用户进入内容平台通常不会使用能体现需求的关键词，内容平台需要通过分析用户的身份、行为特征来推测用户的需求，并为用户匹配内容，而从推送的内容到商品，系统需要再一次进行匹配，两次匹配要具备一致性。内容平台的直播交易实现流程如图 1-11 所示。

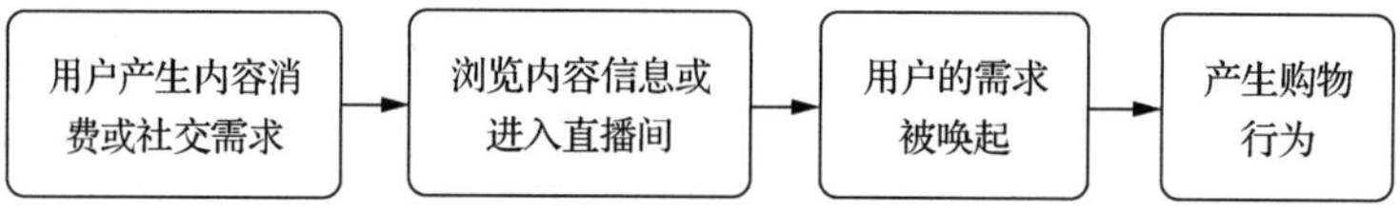


图 1-11 内容平台的直播交易实现流程

为了丰富平台的变现渠道，内容平台在逐步转向电商化，通过自建电商产业链拓展自身与商家和供应链的合作，从而形成完整的电商产业链，让用户可以在平台内直接购买商品，为“达人”创造更加便利的流量变现方法。

知识拓展

**表 1-7 主流直播电商平台对比**

| 项目 | 淘宝直播 | 京东直播 | 多多直播 | 抖音 | 快手 | 小红书 | 微博 | 视频号 |
|---|---|---|---|---|---|---|---|---|
| 平台特征 | 依托淘宝平台，强电商弱娱乐属性 | 依托京东平台，强电商弱娱乐属性 | 依托拼多多平台，强电商弱娱乐属性 | 内容平台，娱乐属性较强 | 内容平台，娱乐属性较强 | 内容平台 | “社交＋内容”平台 | 依托微信生态，强社交弱电商属性 |
| 流量来源 | 公域 | 公域 | 私域或公域投放的广告 | 偏公域 | 偏公域 | 公域＋私域 | 偏公域 | 私域 |
| 主播特征 | 头部主播集中度较高 | 培育垂直化主播 | 暂无头部主播 | 头部主播相对集中 | 头部主播相对分散 | 名人主播占据优势 | 头部主播较为集中 | 以商家店铺自播为主 |
| “带货”模式 | 商家自播、名人直播、“达人”直播兼具 | 帮助主播提供专业内容 | 更偏向于推广工具，以商家自播为主 | 短视频与直播“种草”推动商品转化 | “达人”直播、商家自播兼具 | 直播“带货”、笔记“带货” | 直播“带货”＋名人背书 | 公众号“带货”、小程序“带货”、直播“带货” |

课堂讨论

目前市场上有很多不同的直播平台，直播电商运营者怎样做才能从众多直播电商平台中选出适合自己的平台？

### 5. 直播代运营服务商

直播代运营服务商是指能为商家提供完整的直播代运营服务的组织，包括电商直播代运营服务商和企业直播代运营服务商。电商直播代运营服务商侧重于为商家制定专属直播方案，直播的主要渠道是淘宝网、京东商城、抖音、快手等公域流量平台；企业直播代运营服务商侧重于商家私域流量的积累与沉淀，直播的主要渠道是企业/品牌官方网站、微信等私域流量平台，且它更侧重为商家提供直播的硬件支持和数据服务。

电商直播代运营服务商与企业直播代运营服务商的对比如表 1-8 所示。

**表 1-8 电商直播代运营服务商与企业直播代运营服务商的对比**

| 直播代运营服务商 | 流量来源 | 服务内容 | 特点 |
|---|---|---|---|
| 电商直播代运营服务商 | 淘宝网、京东商城、抖音、快手等公域流量平台 | 运营需求分析、直播内容策划、主播讲解、主播孵化、直播间搭建、直播数据分析、多渠道整合营销等 | 流量来源丰富，侧重于提供直播营销策划服务 |
| 企业直播代运营服务商 | 微信、企业/品牌官方网站、微博等私域流量平台 | 直播系统搭建、专业导购讲解、直播存储回放、直播效果分析、售后服务、用户管理等 | 具有较高的数据掌控能力，侧重于提供直播软硬件支持服务 |

# 任务二 明晰直播电商的价值与发展情况

直播从诞生到发展为“全民直播”仅用了几年，却表现出了极大的发展潜力。随着直播与电子商务的结合，直播电商这一商业模式兴起，进而掀起了一场互联网商业变革。

## 一、直播电商的价值

直播电商的崛起为经济发展注入了新动能，对用户、商家、直播电商平台、社会等具有不同的价值。

### 1. 直播电商对用户的价值

在直播间，用户通过观看主播展示和讲解商品，能够对商品形成更直观的了解，对商品的特点形成更为清晰的认知。一般来说，直播间的商品价格比较优惠，用户从直播间购物可以节约成本。此外，用户可以通过主播的推荐获得多种商品信息，无须自己再花费过多的时间多方收集商品信息并比价，从而节约购物过程中的时间成本。

### 2. 直播电商对商家的价值

商家可以将直播作为宣发新品、打造爆款、提升品牌影响力和知名度的工具。很多商家通过直播电商打开知名度，在直播间实现品效合一。此外，商家还可以借助直播与用户建立双向互动的通道，与用户之间形成情感连接，吸引新用户的关注，增强老用户的黏性，沉淀私域流量。

### 3. 直播电商对直播电商平台的价值

对直播电商平台来说，直播电商丰富了平台的商业生态模式，拓宽了平台的内容属性，为平台创造了新的流量变现的机会。直播电商平台丰富的内容生态有效提升了平台的活力，有利于平台吸引更多新用户。

### 4. 直播电商对社会的价值

全国多地建立了直播电商基地、直播电商供应链，为当地经济发展注入新活力，也创造了更多的就业机会，起到了带动当地居民就业的作用。同时，直播电商为农业现代化发展提供了强大助力，直播助农计划、农产品“带货”直播有效带动了农产品的销售，助力乡村振兴。

**课堂实训**

有些农产品面临过走不出去、没有销路的困境，但助农直播的兴起助力众多农产品打开了销路，带动了整个农产品行业的发展。请同学们3～5个人为一个小组，在网络上收集与直播助农相关的资料，如抖音、快手、淘宝直播等平台公布的官方资讯，其他机构发布的相关报告等，然后对收集到的资料进行汇总与分析，总结直播电商对农产品行业的意义，以及直播电商助农模式的类型。

## 二、直播电商的发展历程

在我国，直播电商起始于2016年。经历几年的发展，直播电商进入爆发式发展阶段，并逐步向精细化运营、规范化运营的方向发展。

### 1. 萌芽期（2016年）

2016年，随着直播行业的发展，直播电商初露头角，产业链逐渐形成。

在直播平台端，电商平台与直播平台从拓展自身属性出发，尝试将“直播、电商、内容”三个要素相结合，探索新的效益增长渠道。2016年3月，社区导购平台蘑菇街率先上线直播业务，并自建直播电商小程序，成为首个推出直播购物的电商平台。紧随其后，淘宝网推出“淘宝直播”平台，在观看直播的过程中，用户无须退出直播间，可以直接下单购买商品，实现了“边看边买”的购物模式。依托阿里巴巴成熟的电商产业链和技术支持，“淘宝直播”直接打通了直播电商的完整生态链。2016年9月，京东商城也上线直播功能，进入直播电商领域。

在此阶段，主播以“淘女郎”为主，销售的商品以服装和化妆品为主。

### 2. 探索期（2017年）

在蘑菇街、淘宝网、京东商城试水直播后，电商平台苏宁开启直播电商。此外，快手、抖音等短视频平台也上线直播功能。同时，直播电商产业链中的角色开始丰富起来，MCN机构、供应链企业等纷纷入局，直播电商行业在探索中发展。

在此阶段，主播的类型开始多元化，名人、各领域“达人”均可成为直播电商的主播，同时直播中销售的商品品类也更加丰富。

### 3. 成长期（2018年）

在各平台中，直播功能越来越受到重视。抖音、快手等短视频平台入局直播电商，借助直播实现流量变现。同时，这些平台搭建了自有供货平台，构建完整的电商产业链，用户观看直播时可直接在抖音、快手上实现购买行为，而无须再跳转至第三方购物平台。从跳转第三方购物平台模式到自建供货平台模式，短视频平台依托流量优势，大力推动了直播电商的发展。

在此阶段，直播中销售的商品更加丰富，越来越多的商家开始进行商家自播。此外，很多主播凭借自身魅力和“带货”的专业度，形成了独特的“IP”，让用户愿意购买他们推荐的商品。

**4. 爆发期（2019 年）**

2019 年，直播电商进入爆发式增长阶段，供应链的建设更加完善，各平台通过直播产生的交易额高涨，直播成为电商运营的标准配置。在此阶段，主播的身份更加多元化，大量名人、企业家参与到直播中，政府机构、电视台也加入直播“带货”。直播中销售的商品不仅有服装、食品、美妆等品类，甚至有房产、汽车、火箭发射服务等，商品的种类更加丰富。

**5. 规范期（2020 年至今）**

一系列规范直播电商行业发展的政策、法规相继出台和实施，对直播电商产业链中的商家、主播、直播电商平台、MCN 机构等主体的行为进行规范，建立了相应的从业人员就业标准。在相关政策的引导下，直播电商告别野蛮生长，走向规范化发展阶段，并积极与实体经济进行融合，助推实体经济的发展。

在此阶段，各个直播电商平台极力构建更加闭环的产业链，并实施差异化战略，以提升自身的竞争力。

## 三、直播电商发展的驱动力

直播电商已经发展成为一个由用户、主播、品牌商、MCN 机构等主体共同打造的完整的商业生态圈。在这个商业生态圈中，每一个主体都各司其职，不断刷新着直播电商的销售额纪录。直播电商之所以能够获得快速发展绝非偶然，而是多方面因素共同作用的结果。

**1. 科技进步的支持**

互联网基础资源的建设和互联网宽带技术的升级为直播提供了良好的技术支持。视频采集硬件和系统的升级、视频处理技术的优化（如美颜、滤镜、屏幕录制等）、编码标准及芯片的升级、云技术的发展等保证了网络直播的流畅性和美观性，让用户获得了更好的观看体验，并且为直播行业的发展创造了更多的可能性。

此外，流量资费的下降、网络速度的提升加速了智能手机的普及，越来越多的用户习惯使用手机观看直播。

**2. 用户对直播电商的接受度高**

近几年，我国网络直播用户规模呈上升趋势，电商直播用户规模也持续上升。庞大的用户体量为直播电商的发展奠定了坚实的用户基础。

传统电商主要以静态的图文形式展示商品信息，对于用户来说，容易产生信息不对称的风险。而在当下信息爆炸的时代，图文形式的信息不利于吸引用户的注意力，用户更期待能够在短时间内迅速获得较全面的商品信息。直播形式的出现让商品信息能够以一种更直观、更立体的方式进行展现，在一定程度上能够帮用户规避图文形式展示中“文字陷阱”与“照骗”的风险。此外，主播不仅对商品进行详细的介绍，还能回答用户的提问，与用户进行实时互动。因此，与静态的图文信息相比，直观化、立体化、互动性强的直播更受用户的青睐。

### 3. 各平台助推直播电商成长

经过多年的发展，电商行业的获客成本逐渐增高，电商行业处于争夺存量、制造增量以求增长的阶段。由于直播产生的社交流量成本较低，且流量转化效果良好，越来越多的电商平台开始入局直播电商，并不断提升直播在平台内部生态中的权重，推动商家开展直播业务。

除了拥有强购物属性的电商平台外，抖音、快手等娱乐内容平台也积极投身于直播电商领域，以期在用户增长乏力阶段充分发挥现有存量的价值，开拓新的流量变现方式。娱乐内容平台的入局为直播电商带来了新的流量，拓宽了直播电商的获客渠道，为直播电商的发展带来了新的契机。

### 4. 商家认可直播电商

由于传统渠道获客成本不断增加，商家越来越认可直播电商的发展潜力。对于商家来说，直播能缩短用户的购买决策时间，刺激用户快速做出购买决策，从而实现交易额的增长。此外，直播具有实时互动性，商家能与用户形成良好的互动，从而加深用户对品牌的认知和黏性。

当前，商家更加追求营销推广投入与效果的性价比，营销推广渠道发生了变化，营销推广的预算结构也发生了变化，商家由借助传统媒体转向借助短视频、直播等新兴的媒体渠道进行营销推广，其营销推广预算也向这些渠道倾斜。商家对直播电商的认可助推了直播电商的发展。

### 5. “网红”经济的影响

随着“网红”经济的发展，国内诞生了很多颇具网络影响力的关键意见领袖（Key Opinion Leader，KOL）。KOL 或凭借与用户之间的良好关系，或凭借自己在某领域所体现的专业性，获得了很多用户的认可，并在一定程度上影响着用户的消费行为。

以前，KOL 主要通过图文和短视频的形式进行内容创作，分享商品信息，对用户开展精准营销。随着直播风口的到来，KOL 开始进军直播电商领域，通过直播电商渠道实现流量变现，而这些 KOL 也逐渐发展成为直播电商中的关键要素“人”，即主播。KOL 类主播的加入丰富了直播电商主播的类型，促进了直播电商生态链的完善和发展。

### 6. 政策的推动

国家鼓励新型经济业态的发展，并加大监管力度，出台了一系列与直播电商相关的政策、法规，引导直播电商行业向更加成熟、健康的方向发展。除了国家出台的多项政策外，地方政府为了抓住直播电商红利，也相继出台了一系列扶持直播电商发展的规划和纲要，推动直播电商在本地区的发展。

## 项目实训：认识直播电商业务

### 1. 实训目标

了解某品牌/企业的直播电商业务的发展情况，了解直播“带货”的特点。

### 2. 实训内容

每3～5人一组，观看某品牌/企业的直播，并分析该品牌/企业直播的特点、直播业务的发展情况。

### 3. 实训步骤

（1）收集品牌/企业资料

小组讨论，确定一个品牌/企业，在各个直播平台上收集其直播电商的相关资料。

（2）分析直播电商业务

对收集到的资料进行汇总，分析其直播电商业务的运营情况，如该品牌/企业采用的是商家自播还是“达人”直播；如果是商家自播，其选择的是哪个直播平台；如果是“达人”直播，其所选择的是头部“达人”还是中腰部“达人”，还是尾部“达人”；该品牌/企业采用的是专场直播还是拼场直播，单场直播的相关数据如何等，填写“实训作业/项目一/直播业务分析”文件。

### 4. 实训总结

| | |
|---|---|
| 学生自我总结 | |
| 教师总结 | |

# PART 02

# 项目二
# 直播活动的筹备

## 学习目标

【知识目标】

- 掌握直播活动中不同岗位人员的职责及其职业能力要求。
- 掌握直播间选品、商品组货和定价策略。
- 掌握撰写整场直播活动脚本和单品脚本的方法。
- 了解直播间场景整体规划的内容。
- 掌握选择直播设备、规划直播场地、布置直播间的技巧。
- 了解搭建数字人直播间的方法。

【能力目标】

- 能够根据直播活动的要求为直播活动配置人员并明确人员职责。
- 能够根据直播主题选定合适的商品，并为商品做好定位和定价。
- 能够根据直播主题为直播活动撰写脚本，并为单款商品撰写单品脚本。
- 能够根据直播主题做好直播间场景整体规划，并搭建直播间场景。

【素养目标】

2024 年政府工作报告中提出深入推进数字经济创新发展。直播行业从业者也要结合数字技术，推动生成式人工智能（Artificial Intelligence Generated Content，AIGC）技术在直播行业中的应用。

## 引导案例

“老窦手工女鞋”是一个主营女鞋的直播账号，在众多“带货”直播间中，该直播间自成一派，用差异化的“慢直播”的方式为用户带来了不一样的观看体验。

该直播间的鞋子以设计原创、款式独家为主要卖点，在强调差异化的同时也突出质量，每款鞋子从鞋面到鞋垫都采用真皮制造。

直播间展示鞋子颜色采用低饱和度的色系，因此，直播间的灯光选择了棕色色调，营造出文艺柔和的氛围，与直播商品的调性高度契合，如图 2-1 所示。

直播间环境的布置营造出温情的氛围，在屋内一角，阳光透过窗户照射进来，在屋内投下温柔的阴影，窗外是几盆生机勃勃的绿植，屋内墙角处摆放着“家和万事兴”的挂画。该直播间没有副播，没有鼓励抢单的紧张氛围，只有一位戴着皮革围裙的主播坐在椅子上向用户讲解各款鞋子的特点。此外，主播位于直播区的拐角处，利用墙角做景深效果，让直播画面更具纵深感和立体感。

**案例分析**

跟风容易让品牌陷入无序竞争的泥沼，营销争夺的是用户心智。对品牌来说，进行差异化定位，在布置直播间背景时要考虑直播商品特点和品牌调性，为用户提供差异化的商品和直播体验，有利于让用户对品牌形成差异化认知。

图 2-1 “老窦手工女鞋”直播间场景设计

# 任务一 配置直播活动人员

在直播电商生态发展日臻成熟的环境下，主播或商家做直播如果仅靠个人单枪匹马、单打独斗，已经很难突出重围。无论是个人还是商家，要想真正地做好直播电商，组建直播团队是非常必要的。

## 一、直播活动人员岗位职责及职业能力要求

直播电商团队常见的岗位包括主播、副播、运营、策划、场控、客服。每个岗位都有相应的岗位职责与职业能力要求。

### 1. 主播的岗位职责及职业能力要求

主播是整场直播的“灵魂”，在直播中的表现很大程度上决定了直播能否吸引用户的注意和直播中商品的转化率。在直播“带货”中，主播的岗位职责及职业能力要求如表 2-1 所示。

表 2-1　主播的岗位职责及职业能力要求

| | |
|---|---|
| 岗位职责 | **直播前：**<br>① 协助团队成员选品；<br>② 提前了解品牌和商品信息；<br>③ 确认直播场地；<br>④ 确认直播中互动活动的时间和方式<br>**直播中：**<br>① 详细讲解商品，试穿、试用商品；<br>② 介绍直播间优惠活动，为用户发放福利；<br>③ 与用户进行互动，活跃直播氛围；<br>④ 回答用户提出的问题；<br>⑤ 引导观看直播的用户关注和分享直播间<br>**直播后：**<br>① 处理订单；<br>② 与团队进行直播复盘；<br>③ 进行下一场直播的准备工作等 |
| 职业能力要求 | **人设塑造能力：**<br>能够塑造主播人设，创造具有自我特色的话术、直播风格等，以体现差异性，提高自己的辨识度<br>**形象管理能力：**<br>① 主播的穿着要整洁、得体，着装要以简洁、自然、大方为原则；<br>② 直播妆容大方、自然<br>**选品、议价能力：**<br>① 能够根据自身人设特点、用户特点选择适合自己的直播商品；<br>② 能与商品品牌方就商品价格、合作模式进行谈判，为用户争取最优惠的商品价格，提高直播商品对用户的吸引力<br>**商品讲解能力：**<br>① 具备良好的语言表达能力，讲解商品时发音准确，语速得当，具有感染力；<br>② 深刻了解商品相关信息，清楚商品卖点，能在直播中对商品进行详细的讲解和展示；<br>③ 能使用逻辑性强、具有技巧性的语言激发用户购买商品的欲望；<br>④ 要有一定的镜头感，知道怎样在镜头前展示才能表现出商品的最佳状态，彰显出商品的美观、美味等特征，让用户有下单购买的欲望<br>**直播控场能力：**<br>① 直播前要做好商品排序，根据直播营销效果随时调整商品上架顺序。单品上架时间一般为 10 分钟，效果不好可以立即切换商品，效果好可以适当延长上架时间；<br>② 擅长营造直播氛围，知道在什么情况下活跃气氛，调动用户的积极性，如主动引导用户刷屏、点赞，当转粉率较低时积极引导用户关注直播间；<br>③ 灵活应对直播中遇到的突发状况，控制直播效果<br>**心理承受能力：**<br>要有强大的心理承受能力，面对用户负面、消极的声音时能够理智、冷静地应对。主播在经受各方面的压力与挫折时，要能快速调整自己的心态，善于疏导自己的心理，反省自我 |

### 2. 副播的岗位职责及职业能力要求

副播相当于主播的助手，其核心任务就是辅助主播进行直播，帮助主播更好地完成各项直播任务。副播的工作内容较为烦琐、复杂。从直播开播前，副播就需要开始忙碌起来，一直到直播结束后，副播需要完成多项工作。副播的岗位职责及职业能力要求如表 2-2 所示。

表 2-2 副播的岗位职责及职业能力要求

| | |
|---|---|
| 岗位职责 | **直播前：**<br>① 协助团队成员选品；<br>② 提前了解品牌和商品信息；<br>③ 确认直播场地；<br>④ 确认直播中互动活动的时间和方式；<br>⑤ 调试直播设备，进行直播测试；<br>⑥ 确认直播商品、辅助道具等物品全部到场等<br>**直播中：**<br>① 活跃直播气氛，帮助主播掌控直播节奏，如提醒主播直播活动时间点；<br>② 充当主播的模特，试穿、试吃、试用商品；<br>③ 帮助主播补充遗漏的商品信息；<br>④ 根据活动策划，适时地使用计算器、秒表、道具板等道具辅助主播顺利地完成商品讲解；<br>⑤ 在场外通过画外音或文字的形式对主播提到的商品或优惠信息做出补充；<br>⑥ 向用户讲解领取优惠券的方式；<br>⑦ 认真回答直播间用户提出的问题，时刻提示用户关注直播间；<br>⑧ 主播离席时及时补位，维持直播间的热度；<br>⑨ 直播时出现声音、画面异常时，及时检查维护等<br>**直播后：**<br>① 协助主播处理订单；<br>② 与团队进行直播复盘；<br>③ 进行下一场直播的准备工作等 |
| 职业能力要求 | **广告传媒能力：**<br>① 懂得如何吸引更多的用户，使直播间人气更高，如设计一张足够吸引人的直播封面图，策划一场有利于“吸粉”的直播活动等；<br>② 善于运用微信、微博、抖音等各类媒体帮助主播进行宣传，扩大主播的影响力<br>**团队沟通协作能力：**<br>副播必须与主播保持紧密、良好的沟通，有时主播只用一个眼神或动作，副播就马上明白需要他如何反应，达到“心有灵犀”的默契程度<br>**商品销售能力：**<br>了解直播商品的基本信息和卖点，例如，某款衣服最适合哪类人穿、受众是谁，并挖掘用户的痛点，提供解决用户需求的方案等<br>**直播运营能力：**<br>了解直播平台的推荐机制和直播间的运营技巧，懂得如何提高直播间浮现权来尽可能多地获取自然流量，也要深度掌握直播的技巧和需要注意的事项，从而获得更优质的商业流量 |

### 3. 运营的岗位职责及职业能力要求

在直播团队中，运营岗位是一个综合性的岗位，该岗位人员主要负责对直播活动进行整体的规划和统筹，其岗位职责及职业能力要求如表 2-3 所示。

表 2-3 运营的岗位职责及职业能力要求

| | |
|---|---|
| 岗位职责 | ① 对直播活动进行规划和统筹，安排直播流程，并制定相应的直播规范；<br>② 根据直播内容和直播商品选择合适的直播平台；<br>③ 参与直播选品，为直播活动匹配合适的主播；<br>④ 与团队进行数据分析，调整与优化直播方案和直播商品 |
| 职业能力要求 | ① 具备良好的观察能力和执行能力；<br>② 具备较强的资源沟通能力和协调能力，能够挖掘有价值的直播资源；<br>③ 熟悉直播平台规则，能够根据选品策划直播活动；<br>④ 熟悉商品供应链，能够为直播商品制定合适的价格；<br>⑤ 具备较强的管理能力 |

### 4. 策划的岗位职责及职业能力要求

策划主要负责直播内容的规划，其岗位职责及职业能力要求如表 2-4 所示。

表 2-4 策划的岗位职责及职业能力要求

| | |
|---|---|
| 岗位职责 | ① 策划引流视频、直播切片、“涨粉”视频等视频的创意；<br>② 策划直播方案，如直播流程、商品上架顺序、优惠活动、直播过程中的互动方式等；<br>③ 撰写直播脚本，设计直播营销话术等；<br>④ 设计直播间装修创意、直播间贴片等；<br>⑤ 设计主播形象创意，如主播服装搭配、妆容设计等；<br>⑥ 分析直播数据，策划引流方案 |
| 职业能力要求 | ① 具备较强的沟通能力和组织协调能力；<br>② 熟悉直播机制，具备较强的直播运营能力；<br>③ 具备较强的文案策划能力，文字功底扎实 |

### 5. 场控的岗位职责及职业能力要求

场控主要负责把控直播活动的执行情况，其岗位职责及职业能力要求如表 2-5 所示。

表 2-5 场控的岗位职责及职业能力要求

| | |
|---|---|
| 岗位职责 | ① 调试直播设备，搭建直播间；<br>② 配合主播的直播进程，进行相关的后台操作，如上下架商品、发放红包福利、推送直播信息等；<br>③ 维护直播间氛围，引导直播间用户互动，配合主播讲解商品；<br>④ 为用户提供陪伴体验，对忠诚用户要做到进场欢迎、离场欢送，提醒主播及时与用户进行互动；<br>⑤ 维持直播间的秩序，及时发现并屏蔽直播间的负面信息；<br>⑥ 关注直播数据，如商品销售数据、直播间流量数据、用户反馈数据等，及时向主播反馈直播数据 |
| 职业能力要求 | ① 熟悉直播软硬件设备，能够及时发现并解决直播故障；<br>② 熟悉直播后台的操作方法，如上下架商品、发放红包福利、发放优惠券等的操作流程，能够熟练地进行直播后台的操作；<br>③ 具备较强的随机应变能力和处理突发事件的能力；<br>④ 具备较强的控场能力 |

### 6. 客服的岗位职责及职业能力要求

客服是直播电商团队中的服务型人员，其岗位职责及职业能力要求如表 2-6 所示。

表 2-6 客服的岗位职责及职业能力要求

| | |
|---|---|
| 岗位职责 | ① 与用户进行沟通，解答用户提出的问题，引导用户下单购买；<br>② 处理商品订单、发货和售后问题；<br>③ 实施有效的客户管理，发展和维护客户关系；<br>④ 收集用户信息，挖掘用户需求，设计用户服务方案；<br>⑤ 发挥主动性，为用户推荐商品，引导用户下单购买，提高客单价；<br>⑥ 对直播间评论区进行监控，定期对用户提出的问题进行分类总结，并及时向其他相关部门进行反馈 |
| 职业能力要求 | ① 对自己所经营的商品品类和商品有足够的了解，能为用户解答与商品销售相关的问题；<br>② 具备较强的沟通能力，能同时应对多人在线咨询，并能及时、正确地对用户进行备注；<br>③ 在不违背相关交易规则的前提下，熟练掌握各种交易操作，包括修改商品价格、修改付款流程、关闭交易、申请退款和退货流程等 |

**课堂实训**

浏览各大招聘网站，搜索直播"带货"的相关岗位，如"'带货'主播""电商主播""电商运营"等，了解这些岗位的工作内容、岗位职责及职业能力要求，根据自身情况选择一个自己想要应聘的岗位，制作一份应聘该岗位的个人简历。

## 二、直播活动人员设置

根据人员配置规模的不同，直播运营团队分为低配版团队、标配版团队和升级版团队。个人或商家可以根据自身运营能力、资金实力等情况组建不同规模的直播运营团队。

### 1. 低配版团队

如果个人或商家的预算不高，那么可以组建低配版团队。根据工作职能，低配版团队需要至少设置主播 1 人、运营 1 人和场控 1 人，其人员构成及职能分工如表 2-7 所示。

**表 2-7 低配版团队人员构成及职能分工**

| 人员构成 | 职能分工 |
| --- | --- |
| 主播（1 人） | 熟悉商品脚本；熟悉直播活动脚本；做好商品讲解；控制直播节奏；做好直播复盘等 |
| 运营（1 人） | 分解直播营销任务；规划直播商品品类；规划直播商品上架顺序；规划直播商品陈列方式；分析直播数据等 |
| | 策划直播间优惠活动；设计直播间用户分层规则和用户福利；策划直播平台组织的直播活动；策划直播间引流方案等 |
| | 撰写直播活动规划脚本；设计直播话术；搭建并设计直播间场景；筹备直播道具等 |
| | 调试直播设备和直播软件；保障直播视觉效果；把控直播节奏等 |
| 场控（1 人） | 上架商品链接；设置库存；控制直播间评论；配合主播发放优惠券等 |

**知识拓展**

低配版团队对运营人员能力的要求比较高，要求运营人员是全能型人才，懂技术、会策划、能控场、懂商务、会销售、能运营，其在直播过程中集运营、策划、助理于一身，要能自如地转换角色，工作要游刃有余。设置一名主播的缺点在于团队无法实现连续直播，而且主播流失、生病等问题出现时会影响直播的正常进行。

### 2. 标配版团队

标配版团队的核心岗位是主播，其他人员都围绕主播来工作。当然，如果条件允许，还可以为主播配置助理，协助并配合主播完成直播间的所有活动，这种团队配置的人数基本为 4～5 人。4 人组成的标配版团队的人员构成及职能分工如表 2-8 所示。

**表 2-8 标配版团队人员构成及职能分工**

| 人员构成 | 职能分工 |
| --- | --- |
| 主播（1 人） | 熟悉商品脚本；熟悉直播活动脚本；做好商品讲解；控制直播节奏；做好直播复盘等 |
| 运营（1 人） | 分解直播营销任务；规划直播商品品类；规划直播商品上架顺序；规划直播商品陈列方式；分析直播数据等 |

续表

| 人员构成 | 职能分工 |
|---|---|
| 策划（1人） | 策划直播间优惠活动；设计直播间用户分层规则和用户福利；策划直播平台组织的直播活动；策划直播间引流方案等 |
| | 撰写直播活动规划脚本；设计直播话术；搭建并设计直播间场景；筹备直播道具等 |
| 场控（1人） | 调试直播设备和直播软件；保障直播视觉效果；上架商品链接；配合主播在后台发放优惠券等 |

### 3. 升级版团队

随着直播业务的不断扩大，以及资金方面的允许，可以适当扩大直播运营团队的规模，将其改造成升级版团队。升级版团队人员较多，且人员分工更细化，工作流程也更优化，其人员构成及职能分工如表2-9所示。

**表2-9 升级版团队人员构成及职能分工**

| 人员构成 | | 职能分工 |
|---|---|---|
| 主播团队（3人） | 主播 | ① 开播前熟悉直播流程、商品信息；<br>② 直播中介绍商品，介绍直播间福利，与用户互动；<br>③ 直播后做好复盘，总结直播经验等 |
| | 副播 | ① 协助主播介绍商品、介绍直播间福利；<br>② 试穿、试用商品；<br>③ 主播离开时担任临时主播等 |
| | 助理 | ① 准备直播商品、道具等；<br>② 协助并配合主播工作，做主播的模特，完成画外音互动等 |
| 策划（1人） | | ① 规划直播内容，确定直播主题；<br>② 准备直播商品；<br>③ 做好直播前的预热宣传；<br>④ 规划好开播时间段，做好直播间外部导流和内部用户留存等 |
| 编导（1人） | | ① 撰写商品介绍脚本、直播活动脚本、关注直播间话术脚本、控评话术脚本；<br>② 设计直播间场景，如直播间背景、直播页面中的贴片等；<br>③ 设计主播和副播的服饰、妆容，直播中使用的道具等 |
| 场控（1人） | | ① 做好直播设备如摄像头、灯光等相关直播软硬件的调试；<br>② 负责直播中控台的后台操作，包括直播推送、商品上架、优惠券发放，以及实时直播数据监测等；<br>③ 接收并传达指令，例如，若直播运营有需要传达的信息（如商品库存数量、哪些地区不能发货等），场控在接到信息后要传达给主播和副播，由他们告诉用户 |
| 运营（2人） | | ① 分解直播营销任务；<br>② 规划直播商品品类，规划直播商品上架顺序；<br>③ 规划直播商品陈列方式；<br>④ 分析直播数据；<br>⑤ 做好直播推广引流；<br>⑥ 做好用户分层管理等 |
| 店长导购（2人） | | 主要辅助主播介绍商品，强调商品卖点，同时协助主播与用户进行互动 |
| 拍摄剪辑（1人） | | 负责视频（如直播花絮、主播短视频，以及介绍商品相关信息的视频片段等）的拍摄与剪辑，辅助直播工作等 |
| 客服（2人） | | ① 配合主播在线与用户进行互动答疑；<br>② 修改商品价格，上线优惠链接，促进订单转化，解决商品发货、售后等问题 |

# 任务二　规划直播间商品

商品是影响直播间转化率的核心因素，在直播“带货”中，做好直播间选品策略、组货设计、商品定位和商品定价是非常关键的。

## 一、直播间选品策略

面对类目繁多的商品，直播运营团队要仔细分析哪些类目的商品适合自己且有成为“爆款”的潜质。选品是一项几乎可以决定直播盈利或亏损的重要决策。

### 1. 选品要考虑的因素

直播运营团队在选品时，要综合考虑直播电商的场景特征和用户特征。整体来说，选品需要考虑的因素包括商品定价、使用频率、需求度、复购率、标准度、形象设计和情感度，具体分析如图 2-2 所示。

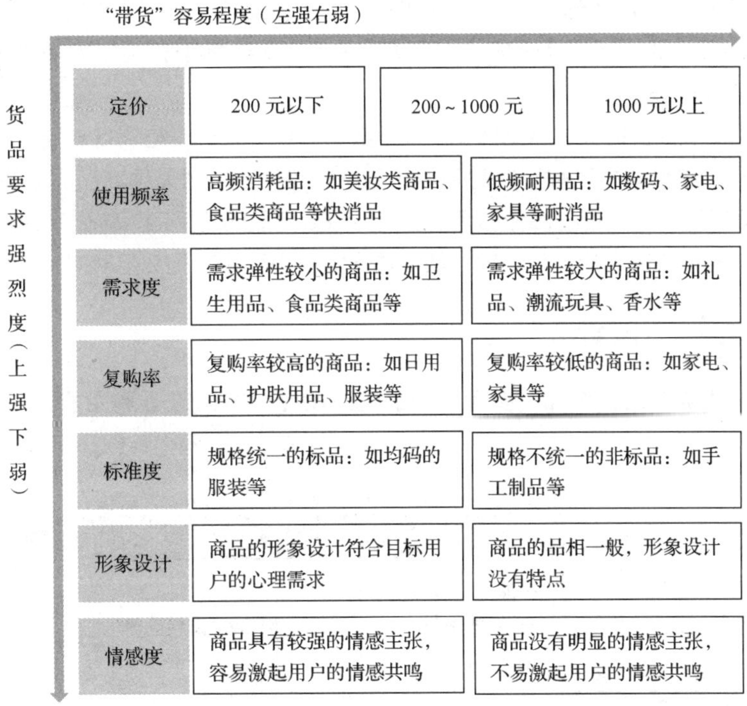
“带货”容易程度（左强右弱）
货品要求强烈度（上强下弱）
定价
200 元以下
200 ~ 1000 元
1000 元以上
使用频率
高频消耗品：如美妆类商品、食品类商品等快消品
低频耐用品：如数码、家电、家具等耐消品
需求度
需求弹性较小的商品：如卫生用品、食品类商品等
需求弹性较大的商品：如礼品、潮流玩具、香水等
复购率
复购率较高的商品：如日用品、护肤用品、服装等
复购率较低的商品：如家电、家具等
标准度
规格统一的标品：如均码的服装等
规格不统一的非标品：如手工制品等
形象设计
商品的形象设计符合目标用户的心理需求
商品的品相一般，形象设计没有特点
情感度
商品具有较强的情感主张，容易激起用户的情感共鸣
商品没有明显的情感主张，不易激起用户的情感共鸣

图 2-2　影响选品的因素分析

### 2. 选品应注意的事项

直播运营团队在选品时，需要注意以下 4 个事项。

（1）商品符合定位

对于“达人”主播来说，选择的商品要符合自身定位和人设。例如，美食领域的“达人”主播最好选择食品类商品作为“带货”商品，一是主播对自身领域的商品更为熟悉，能够更好地为用户讲解商品；二是这样的商品符合用户对“达人”主播的心理预期，用户购买商品的意愿会更强。

为了丰富单场直播中直播间商品的品类，主播可以添加一些与核心品类相关的商品，但这些商品在单场直播商品总数中的占比不要过高。一般来说，在单场直播中，核心品类的商品在商品总数中占比 80%，相关品类的商品占比 20%为宜。例如，美食领域的“达人”主播在单场直播中选择了 100 款商品，其中食品类商品可以为 80 款，与食品相关的商品，如餐具、厨房清洁用品等商品可以为 20 款。

（2）亲自试用商品

为了保证商品的质量，直播运营团队在选品时要保持严谨的态度，最好制定严格的选品标准和流程。在接收到商家送来的样品后，直播运营团队需要亲自试用商品，验证商品的质量，这样才能让用户买得放心，进而增加用户的信任度，提高用户的复购率。

（3）商品具有差异性

在直播间，同类商品不要同时选多款。例如，如果直播运营团队已经选定了一款雪纺碎花连衣裙，之后再选连衣裙就要选蕾丝款；已经选定了一款阔腿牛仔裤，之后再选牛仔裤就要选锥形牛仔裤。因为很多用户会有“选择困难症”，与其让他们在直播间纠结自己到底要买哪一款碎花连衣裙或牛仔裤，倒不如明确推荐他们就是这一款商品样式好看、性价比高，其实就相当于在选品阶段已经帮用户做好了购买决策，这样有利于节约用户的时间成本。

（4）根据数据进行优化

直播运营团队要及时关注直播数据，根据数据分析结果调整与优化选品。例如，直播运营团队可以从用户互动中了解用户对哪种商品感兴趣，或者对某种商品的哪些价值点感兴趣；通过分析每场直播数据的峰值和低谷，统计每款商品的成交额、转化率、人均成交额等数据，从而了解每款商品的销售情况，从中选出数据表现较差的商品并对其进行优化。

## 二、直播间组货设计

直播运营团队在进行选品时要考虑商品组合设计，常见的 5 种组货方法及其特点如表 2-10 所示。

**表 2-10　直播间组货方法及其特点**

| 组货方法 | 释义 | 商品款式数量 | 优点 | 缺点 |
|---|---|---|---|---|
| 单一品类组货 | 直播间的商品都是同一类目且同一品类的商品，如全部为美食类商品或美妆类商品 | 一般不超过 5 款，主推其中的 1～2 款 | 组货成本较低，操作简单 | ① 用户群体单一，商品转化成本较高；<br>② 较为依赖付费广告来进行引流 |
| 垂直类目组货 | 直播间的商品都是同一类目下的商品，如全部为食品类目或女装类目下的商品 | 一般在 30 款以上，且定期更新 | 商品品类集中，易于吸引同一类用户下单，从而提高商品转化率 | 用户群体趋于垂直，不利于拓展直播品类 |
| 多类目组货 | 通常商品类目在 5 种以上 | 多为 30～80 款 | ① 商品品类丰富，用户范围广；<br>② 引流简单；<br>③ 易于拉长用户在直播间的停留时长 | ① 主播容易受到用户多样化需求的影响，以致影响直播节奏；<br>② 对直播运营团队的选品能力、供应链管理能力要求较高；<br>③ 对主播的控场能力要求较高 |

续表

| 组货方法 | 释义 | 商品款式数量 | 优点 | 缺点 |
|---|---|---|---|---|
| 品牌专场组货 | 全部为同一品牌或衍生品牌的商品 | 一般为20～50款 | ① 与品牌官方合作能为商品提供品牌正品背书，有利于提高用户对商品的信任度；<br>② 可以与品牌争取较大的优惠，有利于提高直播间的转化率 | 组货难度较大 |
| 平台专场组货 | 货品来自同一个渠道，一般是由某个大型平台商家或大型供应链商家单独提供，通常包含多个品牌的商品 | 一般为30～80款 | ① 商品资源比较优质，通常能提供较大的优惠力度；<br>② 有平台做背书，有利于提高用户对商品的信任度 | ① 组货成本较高；<br>② 获得平台资源的难度较大 |

## 三、直播间商品的定位

直播间常见的商品的定位有主推款、印象款、引流款、福利款、利润款和品质款。在直播操作中，直播运营团队可以灵活选择不同定位的商品进行搭配，运用策略化的商品组合来提升直播间的转化率。

### 1. 主推款

主推款是指直播间主要推荐的商品，其主要作用是承接流量，冲击销量，实现直播间50%以上的销售额。主推款应该是中客单价、应季或应节的热卖款商品。直播运营团队在选择主推款商品时，要综合考虑时令、活动氛围，可以通过分析近期平台大盘的“爆品”、趋势类目来进行选品，也可以将自己店铺内的热销“爆款”作为直播间的主推款。

### 2. 印象款

印象款是指促成直播间第一次交易的商品。一般来说，高性价比、低客单价的常规商品适合作为印象款，其特点是实用，且人群覆盖面广。例如，卖服装类目商品的主播可以选择腰带、打底衫等作为印象款，卖箱包类目商品的主播可以选择零钱包、钥匙包等商品作为印象款。

### 3. 引流款

引流款是指最具有独特优势和卖点的商品，这款商品最好做到“人无我有，人有我优”，但商品的价格不能太高，毛利率要趋于中间水平。价格低的商品会吸引很多用户停留观看，此时用户的购买决策成本较低，若再加上主播有效的话术引导，可以快速提高商品转化率，同时带来直播间流量的大幅增加。

### 4. 福利款

福利款是指“宠粉”款，即用户先加入粉丝团，然后才有机会抢购的优惠商品，其主要作用是引流，提高直播间成交率。福利款商品的特点是大众化、低客单价。福利款有时是直接免费送给用户作为福利，有时是设置成低价款，如“原价 99 元，‘宠粉’价 59 元”。

这种做法可以增强用户的黏性，激发用户的购买热情。福利款的用户画像最好与主推款的用户画像一致，但要注意避免两种类型商品的卖点同质化，两者的卖点最好能够互补，这样更利于提高直播间的转化率。

### 5. 利润款

利润款是指主要为直播间带来利润的商品，此类商品要款式好、口碑好、性价比高。直播运营团队在为利润款定价时要考虑直播间的运营成本，并在此基础上平衡直播间的利润。利润款有两种定价模式，一种是直接单品定价，如“49 元买一件发货两件”“99 元买一件发货三件”等；另一种是商品组合定价，如护肤套盒、服饰三件套装等。

主播要等到直播间的人气达到一定高度以后再推出利润款，这时直播间的氛围活跃，利用这种热度更容易推动成交。

### 6. 品质款

品质款一般要选择高品质、高调性、形象好、高客单价的小众商品，这类商品承担着提供信任背书、提升品牌形象的作用，目的是吸引用户的注意力，强化企业或商家的商品研发实力，增强直播间商品在用户心目中的好感度。同时，品质款商品大多数是断码、孤品，其真实目的在于起到价格锚定的作用，提高用户对直播间其他商品的定价感知。

## 四、直播间商品的定价

直播间商品的定价是一项重要而复杂的工作。如果商品价格太高，主播在直播间推荐的商品就可能卖不出去；如果商品价格太低，过早脱销，直播运营团队也就失去了盈利的机会。一般来说，客单价分为高、中、低 3 个档次，如表 2-11 所示。

**表 2-11 客单价档次分类**

| 价格档次 | 价格范围 | 用户购买特征 |
|---|---|---|
| 高客单价 | 100 元以上 | 十分看重质量和品牌，下单十分谨慎 |
| 中客单价 | 50～100 元 | 有所顾虑，充分考虑购买的必要性和实用性 |
| 低客单价 | 50 元以下 | 购买决策过程很短，大多属于冲动式消费 |

具体来说，直播商品的定价策略有以下 3 种。

### 1. 根据主播人设选择价格区间

根据主播的人设类型，其所在的直播间的商品价格区间可以分为以下 3 种类型。

专业人设主播在为商品定价时，价格以高客单价为主，中客单价为辅。

“达人”人设主播在为商品定价时，价格要以中客单价为主，低客单价为辅。

亲民人设主播和励志人设主播为商品定价时，要以低客单价为主，中客单价为辅。

### 2. 商品组合定价法

商品组合定价法是指为了迎合用户的某种心理，特意将有的商品的价格定高一些，有的商品的价格定低一些。一般将互补商品或关联商品进行组合定价，从而有利于多种商品的销售量同时增加。

直播运营团队在对互补商品、关联商品定价时，将用户不经常购买、价值又相对较大的商品的价格定低一些，而对经常购买、价值又相对较小的商品的价格定高一些。从某种程度上讲，低价用来打开销路，高价用来传达商品的高质量，二者共同起到刺激需求的作用。

在电商直播中，商品组合定价法同样适用。商品组合应遵循三大原则，如表 2-12 所示。

**表 2-12 商品组合遵循原则**

| 商品组合遵循的原则 | 举例 | 备注 |
| --- | --- | --- |
| 赠品与商品有关联 | 某款卸妆水在品牌店或电商平台卖××元，但在直播时用户花同样的价格可以得到两份商品，再获赠一份卸妆棉。因为用户在使用卸妆水的过程中会用到卸妆棉，赠品卸妆棉与商品卸妆水之间有关联 | 主播这样做可以给用户带来一种受到关爱、关心的感觉，在保证质量的前提下，即使商品定价稍微高一些，用户也会接受 |
| 套装搭配 | 一套夏季出街装一般包括 T 恤、短裤或裙子、墨镜、帽子和配饰。如果以上服装配饰单独购买，总价可能会超过 500 元。但主播在直播间给出的价格非常实惠，同样是 T 恤、短裤或裙子、墨镜、帽子和配饰，T 恤 66 元，短裤或裙子 50 元，墨镜 0 元，帽子 0 元，配饰也 0 元，总价只有 116 元 | 主播在说出商品的价格时，语速要快，声音要饱满，音量要大，向用户传达商品的优惠力度，刺激用户，使其兴奋起来，进而下单购买 |
| 赠品在直播中多次出镜 | 一款 500ml 的身体乳，实体店卖 98 元，电商平台卖 89 元。主播在直播间做活动，只需 60 元，买一件发货两件；如果再加 10 元，主播再送两个护手霜，用户可以配合使用，效果很不错 | 这款护手霜要在直播过程中多次出镜，并且由主播亲自使用。这样操作，这款护手霜会非常有话题点，能够给用户留下深刻的印象，并增强用户对主播的信任度 |

### 3. 阶梯策略

阶梯策略又称花式价格策略，主要用于销售客单价较低或成套售卖的商品，相当于传统的“买一件送一件”的升级版。例如，某件商品原价为 49.9 元，在直播间第一件 29.9 元，第二件 19.9 元，第三件 9.9 元，第四件免费。在这种价格策略下，主播往往会引导直播间的用户，“建议数量填 4，4 件一起拍更划算。”阶梯价格递减可以给用户带来巨大的冲击力，刺激用户很快产生下单购买的欲望。这对于要冲击销量的单品来说，是非常有效的，在完成促销的同时也释放了库存空间。

在使用阶梯策略时，主播要突出商品的价格优势，可以利用小黑板等方式将原价标示出来，与直播间的价格形成清晰的对比展示；同时，通过调整语速和音量向用户传达商品的优惠力度，提高用户的兴奋度，从而刺激他们下单购买，形成转化。

**知识拓展**

直播间商品价格的跨度不要太大，价格呈阶梯式逐步攀升更容易让用户接受。在为商品定价时要综合考虑用户画像和主播人设，不要一味地设置低价或高价，要配置高、中、低 3 个档次的商品，以满足不同消费习惯的用户的需求，并保证直播间流量与利润的平衡。

**课堂实训**

选择一位“达人”主播并观看他的一场直播，分析在这场直播中该“达人”的选品策略，包括组货策略、各款商品的定位、商品价格区间等。

# 任务三　撰写直播脚本

优质的直播脚本能够帮助主播把控直播节奏，保证直播流程的顺利进行，达到直播的预期目标，并将直播效果最大化。

## 一、整场直播活动脚本的撰写

整场直播活动脚本是对整场直播活动的内容与流程的规划与安排，重点是规划直播活动中的玩法和节奏。

通常来说，整场直播活动脚本应该包括表 2-13 所示的要点。

**表 2-13　整场直播活动脚本的要点**

| 要点 | 说明 |
| --- | --- |
| 直播主题 | 从用户需求出发，明确直播的主题，避免直播内容没有营养 |
| 直播目标 | 明确开直播要实现何种目标，是积累用户，提升用户进店率，还是宣传新品等 |
| 主播介绍 | 介绍主播、副播的姓名、身份等 |
| 直播时间 | 明确直播开始、结束的时间 |
| 注意事项 | 说明直播中需要注意的事项 |
| 人员安排 | 明确直播参与人员的职责。例如，主播负责引导关注、讲解商品、解释活动规则；助理负责互动、回复问题、发放优惠信息等；后台/客服负责修改商品价格、与用户沟通转化订单等 |
| 直播的流程细节 | 直播的流程细节要非常具体，详细说明开场预热、商品讲解、优惠信息、用户互动等各个环节的具体内容、如何操作等问题，例如，什么时间讲解第一款商品，具体讲解多长时间，什么时间抽奖等，尽可能把时间都规划好，并按照规划来执行 |

优秀的整场直播活动脚本要考虑到细枝末节，让主播从上播到下播都有条不紊，让每个参与人员、道具都得到充分的调配。表 2-14 所示为一份整场直播活动脚本示例。

**表 2-14　整场直播活动脚本示例**

| 直播活动概述 | |
| --- | --- |
| 直播主题 | 春季护肤小课堂 |
| 直播目标 | “吸粉”目标：吸引 10 万用户观看；销售目标：从直播开始至直播结束，直播中推荐的三款新品销售量突破 10 万件 |
| 主播、副播 | 主播：××，品牌主理人、时尚博主；副播：×× |
| 直播时间 | 2024 年 3 月 5 日，20:00—22:30 |
| 注意事项 | ① 合理把控商品讲解节奏；<br>② 适当延长对商品功能的讲解时间；<br>③ 注意对用户提问的回复，多与用户进行互动，避免直播冷场 |

续表

| 直播流程 | | | | |
| --- | --- | --- | --- | --- |
| 时间段 | 流程安排 | 人员分工 | | |
| | | 主播 | 副播 | 后台/客服 |
| 20:00—20:10 | 开场预热 | 暖场互动，介绍开场截屏抽奖规则，引导用户关注直播间 | 演示参与截屏抽奖的方法；回复用户的问题 | ① 向粉丝群推送开播通知；<br>② 收集中奖信息 |
| 20:11—20:20 | 活动剧透 | 剧透今日新款商品、主推款商品，以及直播间优惠力度 | 补充主播遗漏的内容 | 向粉丝群推送本场直播活动 |
| 20:21—20:40 | 讲解商品 | 分享春季护肤注意事项，并讲解、试用第一款商品 | 配合主播演示商品使用方法和使用效果，引导用户下单 | ① 在直播间添加商品链接；<br>② 回复用户关于订单的问题 |
| 20:41—20:50 | 互动 | 为用户答疑解惑，与用户进行互动 | 引导用户参与互动 | 收集互动信息 |
| 20:51—21:10 | 讲解商品 | 分享春季护肤补水的技巧，并讲解、试用第二款商品 | 配合主播演示商品使用方法和使用效果，引导用户下单 | ① 在直播间添加商品链接；<br>② 回复用户关于订单的问题 |
| 21:11—21:15 | 福利赠送 | 向用户介绍抽奖规则，引导用户参与抽奖 | 演示参与抽奖的方法 | 收集抽奖信息 |
| 21.10—21:40 | 讲解商品 | 讲解、试用第三款商品 | 配合主播演示商品使用方法和使用效果 | ① 在直播间添加商品链接；<br>② 回复用户关于订单的问题 |
| 21:41—22:20 | 商品返场 | 对三款商品进行返场讲解 | 配合主播讲解商品；回复用户的问题 | 回复用户关于订单的问题 |
| 22:21—22:30 | 直播预告 | 预告下一场直播的时间、福利、商品等 | 引导用户关注直播间 | 回复用户关于订单的问题 |

## 二、单品脚本的撰写

单品脚本就是针对单个商品的脚本。在一场直播中，主播会向用户推荐多款商品，主播必须对每款商品的特点和优惠措施有清晰的了解，才能更好地将商品的亮点和优惠活动传达给用户，刺激用户的购买欲望。

### 1. 撰写单品脚本的方法

直播运营团队可以将单品脚本设计成表格的形式，将品牌介绍、商品卖点、直播利益点等内容都呈现在表格中。表 2-15 所示为某品牌一款不粘锅的单品脚本。

**表 2-15　某品牌一款不粘锅的单品脚本**

| 商品名称 | 商品图片 | 商品宣传点 | | |
|---|---|---|---|---|
| 不粘锅 |  | 品牌介绍 | | ××品牌历史悠久，旗下商品销往全球，其中 6 个品类的商品市场占有率名列前茅 |
| | | 商品卖点 | 用途多样 | 具有煎、焖、炸、煮、炒、烙等多种烹饪功能 |
| | | | 商品具有设计感 | ① 锅体内表面麦饭石色撒点工艺，时尚美观，耐磨耐用；<br>② 锅面光滑，烹饪食物不粘锅、易冲洗；<br>③ 锅体为加厚铝合金基材，耐高温，经久耐用；<br>④ 锅体底厚壁薄，导热均匀；<br>⑤ 磁感应加厚复合锅底，燃气灶、电磁炉均可使用；<br>⑥ 手柄设计遵循人体工程学原理，手握舒适 |
| | | 直播利益点 | “双 11”特惠提前享 | 今天在直播间购买此款不粘锅享受“双 11”同价，并且赠送可视玻璃锅盖和不粘锅专用铲，下单备注主播名称即可 |

### 2. 提炼商品卖点的方法

在主播讲解商品的过程中，商品卖点是吸引用户购买商品的关键因素之一，所以提炼商品卖点非常重要。主播可以采用表 2-16 所示的角度来提炼商品卖点。

**表 2-16　提炼商品卖点的角度**

| 提炼商品卖点的角度 | 具体内容 |
|---|---|
| 品牌价值优势 | ① 品牌历史，如品牌是新成立的品牌，还是拥有悠久历史的品牌；<br>② 品牌在市场中的知名度；<br>③ 品牌在市场中的商业地位 |
| 商品的核心竞争力 | ① 商品的功能价值，即该商品与同类商品相比在功能上的核心优势；<br>② 价格优势，该商品当前价格相较于该商品历史价格的优势，该商品当前价格相较于同类商品价格的优势，直播间该商品当前价格相较于其他平台该商品价格的优势 |
| 商品销售量 | ① 商品在各个平台的销售数据；<br>② 该商品的销售量在所有同类商品销售量中的排名 |
| 商品的目标用户 | 该商品适用的目标用户特点 |
| 商品的评价反馈 | 总结用户对商品的正面评价，如价格优惠，能满足用户的某项需求，包装精美，物流、客服等服务体验好等 |
| 主播自身体验 | ① 主播对商品的外在感知，如对使用商品前后效果的感知；<br>② 主播对商品的内在分析，如主播使用商品的心得体会，或者是主播发现的商品新的使用方法等 |
| 主播亲友反馈 | ① 主播亲友对该商品的正向评价；<br>② 亲友向主播推荐该商品的过程等 |

主播在提炼商品卖点时，要注意适当删减，化繁为简，将商品信息中最核心的内容作为卖点。例如，对于商品的背景信息，主播可以将商品有多少年的历史、商品品牌的知名程度提炼为卖点，无须过多地关注商品品牌的发展历程；对于商品的功能介绍，主播可以从商品所有功能中最多提炼 3 个最为核心的功能作为商品卖点。

**课堂讨论**

在直播活动中，直播脚本有什么作用？

**课堂实训**

选择一款商品，如连衣裙、口红、雪地靴等，提炼该款商品的卖点，并为商品撰写一份单品脚本。

# 任务四 搭建直播间场景

直播间的场景布置直接影响着直播画面的整体呈现效果，影响着用户的观看体验。一个整洁、干净、具有代入感的直播间能让用户在观看直播时产生沉浸感，并产生消费的欲望。

## 一、直播间场景的整体规划

优秀的直播间场景有助于吸引用户进入直播间，并在直播间长时间停留，直播运营团队应当重视直播间场景的设计与搭建。

### 1. 直播间场景自我分析

在搭建直播间场景之前，直播运营团队要进行自我分析，对直播间场景进行自我定位。具体来说，直播运营团队可以结合自身经营的商品类目，从表 2-17 所示的内容进行直播间场景定位。

**表 2-17　直播间场景定位表**

| 直播间场景定位方向 | | 自我分析 |
| --- | --- | --- |
| 我的商品是什么 | 商品类目 | |
| | 商品品质 | |
| | 商品款式 | |
| | 商品价值 | |
| | 客单价 | |
| | 其他 | |
| 我的目标用户是谁 | 目标用户年龄分布 | |
| | 目标用户地域分布 | |
| | 目标用户性别分布 | |
| | 目标用户职业特征 | |
| | 目标用户消费价格区间 | |
| | 目标用户兴趣爱好 | |
| | 其他 | |
| 我具有哪些优势 | 硬件优势：拥有工厂、仓库、实体门店等 | |
| | 软件优势：行业地位、商品销售量、商品口碑，拥有专业的主播等 | |

### 2. 直播画面构图

直播画面中包括直播间信息（如直播间账号名称、直播场观数据等）、直播间背景、主播、直播商品样品、用户评论区、贴片信息、购物车等元素。合理安排这些元素的位置，不仅能让直播画面看起来更加美观，给用户带来美好的观看体验，还能有效地向用户传达信息，让用户更好地了解直播间的优惠机制。

如果将直播画面看作一幅平面图，可以将直播画面分为上部信息区、中部信息区和下部信息区 3 个部分，如图 2-3 所示。各个信息区域的设计要点如表 2-18 所示。

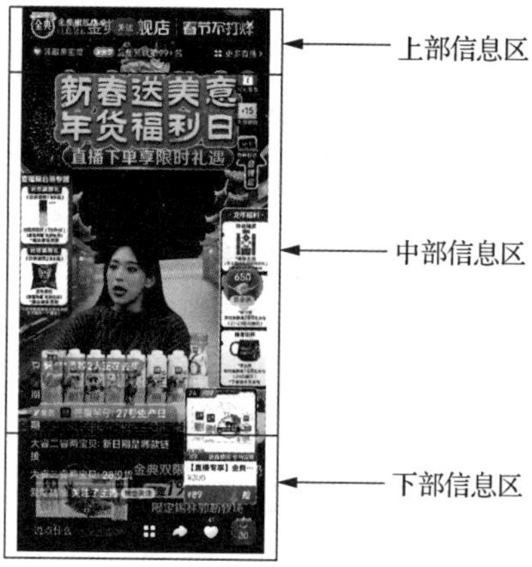


图 2-3　直播画面

**表 2-18　直播画面各个信息区域的设计要点**

| 信息区域 | 设计要点 | 适宜展示的信息 |
| --- | --- | --- |
| 上部信息区 | 轻量化布置 | 重点展示直播间信息，如直播间账号名称、直播场观数据等，可以添加一些福利性信息，如福袋、红包倒计时等 |
| 中部信息区 | 直播画面的核心区域，直播画面中的最大视觉区，重点营造营销氛围，展现商品信息 | ① 本场直播活动的主题；<br>② 品牌信息，如品牌 Logo、品牌口号、品牌代言人视频、品牌宣传片等；<br>③ 利益点、福利性贴片信息，如折扣或促销贴片信息、买赠活动贴片信息等；<br>④ 营销视频（主播后方的背景区），如展示商品生产车间、制作环境等的视频，展示商品在实体店铺、超市等销售场景的视频；展示商品使用场景、使用方法、使用效果的视频等；<br>⑤ 商品样品展示，样品要在主播身前或手中，展示商品外观、功能、使用效果等 |
| 下部信息区 | 包括用户评论区，商品的弹窗，以及直播功能组件等，以干净、整洁为主 | ① 虚拟商品展示桌，陈列主推商品；<br>② 虚拟商品特写镜头，放大商品细节；<br>③ 次要促销信息，如包邮信息等 |

### 3. 直播间场景的表现形式

直播运营团队可以从直播场地、背景的真实性、出镜方式 3 个角度来确定直播间场景的表现形式，各种形式直播间场景及其特点如表 2-19 所示。

**表 2-19 直播间场景及其特点**

<table>
<tr><th>划分标准</th><th colspan="2">形式</th><th>特点</th></tr>
<tr><td rowspan="9">直播场地</td><td rowspan="5">室内直播</td><td>源头工厂、仓库、生产车间</td><td>有利于更好地体现商品的真实价值，加深用户对商品的信任度</td></tr>
<tr><td>办公室、工作室、私人会所</td><td>有利于为用户营造自然的氛围，让用户感觉真实、亲切，从而加深用户的信任感</td></tr>
<tr><td>家里的客厅、厨房、卧室</td><td>① 气氛温馨，贴近日常生活；<br>② 适用于日用百货、美食、化妆品、珠宝饰品、家居家纺品类</td></tr>
<tr><td>自主搭景</td><td>可以根据直播商品的特点、直播活动主题等搭建与之相契合的直播间场景，有利于为用户营造氛围感</td></tr>
<tr><td>线下专柜、线下实体店</td><td>有利于为用户营造高端、优质的感觉，更好地体现品牌价值</td></tr>
<tr><td rowspan="4">室外直播</td><td>原产地（如田间、码头等）</td><td>① 让用户看到商品的生长（生产）环境，有利于为用户营造真实感，满足用户对商品种植（生产）环境、过程的好奇心，降低用户对商品质量的疑虑；<br>② 适用于生鲜、农副产品、鲜花绿植等品类</td></tr>
<tr><td>街头摆摊</td><td>① 有利于体现商品的性价比；<br>② 适合客单价较低的商品</td></tr>
<tr><td>街头走播</td><td>① 有利于体现商品的使用场景；<br>② 适用于服装、鞋包等品类</td></tr>
<tr><td>户外走播（如寻宝、与商家砍价）</td><td>趣味性较强</td></tr>
<tr><td rowspan="2">背景的真实性</td><td colspan="2">实景直播</td><td>可以根据直播商品的特点、使用场景等布置直播间场景，直播间场景与直播商品的风格契合度较高，氛围感较强，容易让观看直播的用户更有沉浸感</td></tr>
<tr><td colspan="2">绿幕直播</td><td>直播间背景灵活度高，置换成本低，直播运营团队可以根据直播活动的需求快速更换直播间背景</td></tr>
<tr><td rowspan="5">出镜方式</td><td colspan="2">手部或脚部出镜</td><td>① 以展示商品特写为主，即主播通过手部或脚部用特写镜头展示商品；<br>② 侧重于商品的展示，对主播的依赖性较弱；<br>③ 适合新手主播，有利于缓解主播的紧张感，主播可以在镜头外参照准备好的稿子与用户互动；<br>④ 适用于销售珠宝配饰、鞋、手机壳/膜等品类的商品</td></tr>
<tr><td rowspan="3">真人出镜</td><td>主播站姿全身直播</td><td rowspan="3">① 具有亲和力，用户能够看到主播，并与主播进行互动，有利于拉近用户与主播之间的距离，增加用户对直播间的信任度；<br>② 对主播的镜头感、表现力、形象气质有着较高的要求；<br>③ 对主播的依赖性较强，如果主播与直播间已经形成了紧密的联系，主播离职可能会对直播间的流量造成消极影响；<br>④ 需要增加特写机位用于展示商品细节</td></tr>
<tr><td>主播站姿半身直播</td></tr>
<tr><td>主播坐姿半身直播</td></tr>
<tr><td colspan="2">手部出镜 + 真人出镜</td><td>画面更加丰富，主播既能与用户进行互动，向用户展示商品使用效果，又能用特写镜头展示商品细节</td></tr>
</table>

下面介绍几个不同风格的直播间场景设计。

专柜风：在室内搭建类似商场专柜的场景，或者直接在线下门店直播，直播间背景以浅色、纯色为主，主播站在对角线上，增加画面的纵深感，如图 2-4 所示。

温馨风：环境布置为家庭卧室场景，以米色窗帘为背景，主播坐在沙发上讲解商品，主播身后摆放一台台灯，身前为一张桌子，桌子上摆放直播商品；在直播画面的色调上，采用莫兰迪色系中的粉色和米色，如图 2-5 所示。

出游风：以花草绿植、沙地为背景，直播间灯光明亮，整个直播画面采用绿色调，与直播主题“春季出游”相匹配，如图 2-6 所示。

图 2-4　专柜风

图 2-5　温馨风

图 2-6　出游风

**知识拓展**

没有最好的直播间场景，只有最适合自己的场景。在实际操作中，直播运营团队可以多多观看并分析自己所经营商品类目下优秀直播间的场景设置，再综合分析自己商品的特色、目标用户的喜好，以及自身实际预算，在此基础上搭建直播间场景。

**课堂实训**

在抖音、快手、淘宝等直播平台选择 1～2 个直播间，按照直播间场景定位表对其进行直播间场景定位，然后点评这些直播间的画面构图、选用的直播间场景表现形式。

## 二、直播设备与物料的准备

直播设备与物料是打造高质量直播的保障。在直播之前，直播运营团队需要优选直播设备，将各种设备预先调试到最佳状态，并准备相应的物料，丰富直播场景。

### 1. 直播硬件设备的准备

根据直播场地的不同，直播可以分为室内直播和室外直播两种。直播场地不同，所选的直播设备也有所不同。

（1）室内直播常用硬件设备

通常来说，室内直播的常用设备主要有以下几种。

① 视频摄像头

视频摄像头是形成直播视频的基础设备，目前有带有固定支架的摄像头，也有软管式摄像头，还有可拆卸式摄像头。

带有固定支架的摄像头（见图 2-7）可以独立放置于桌面，或者夹在计算机屏幕上，使用者可以转动摄像头的方向。这种摄像头的优势是比较稳定，有些带有固定支架的摄像头甚至自带防震动装置。

软管式摄像头带有一个能够随意变换、扭曲身形的软管支架，如图 2-8 所示。这种摄像头上的软管能够多角度自由调节，即使被扭成 S、L 等形状后仍然可以保持固定，可以让主播实现多角度的自由拍摄。

可拆卸式摄像头是指可以从底盘上拆卸下来的摄像头，如图 2-9 所示。单独的摄像头能被内嵌、对接卡扣在底盘上，主播可以使用支架或其他工具将其固定在屏幕顶端或其他位置。

图 2-7 带有固定支架的摄像头

图 2-8 软管式摄像头

图 2-9 可拆卸式摄像头

② 话筒

除了视频画面外，直播时的音质也直接影响直播的质量，所以话筒的选择也非常重要。目前，话筒主要分为动圈话筒和电容话筒两种。

动圈话筒（见图 2-10）最大的特点是声音清晰，能够最真实地还原高音。动圈话筒又分为无线动圈话筒和有线动圈话筒，目前大多数的无线动圈话筒支持 iOS 及安卓系统。动圈话筒的不足之处在于其收集的声音饱满度较差。

电容话筒（见图 2-11）的收音能力极强，音效饱满、圆润，让人听起来非常舒服，不会产生高音尖锐带来的突兀感。如果主播直播唱歌，就可以配置一个电容话筒。由于电容话筒的敏感性非常强，容易形成“喷麦”，所以主播使用时可以给其装上防喷罩。

③ 声卡

声卡是直播时使用的专业的收音和声音增强设备，如图 2-12 所示。一台声卡可以连接 4 个设备，分别是话筒、伴奏用手机或平板电脑、直播用手机和耳机。

图 2-10　动圈话筒

图 2-11　电容话筒

图 2-12　声卡

④ 灯光设备

为了调节直播环境中的光线效果，直播间需要配置灯光设备，图 2-13 所示为环形补光灯，图 2-14 所示为八角补光灯。对于专业级直播来说，直播间需要配置专业的灯光组合，如柔光灯、无影灯、美颜灯等，以打造更加精致的直播画面。

图 2-13　环形补光灯

图 2-14　八角补光灯

⑤ 计算机、手机

计算机和手机可以用来查看直播间评论，与用户进行互动。手机上的摄像头也可以用来拍摄直播画面。若要直播计算机屏幕上的内容，如直播 PPT 课件，可以使用 OBS 视频录制直播软件；若要直播手机屏幕上的内容，则可以在计算机上安装手机投屏软件，然后再利用计算机直播。

⑥ 支架

支架用来放置摄像头、手机或话筒，它既能解放主播的双手，让主播可以做一些动作，又能增加摄像头、手机、话筒的稳定性。图 2-15 所示为摄像头三脚架，图 2-16 所示为手机支架，图 2-17 所示为话筒支架。

⑦ 网络

室内直播时，如果条件允许，尽量使用有线网络，因为有线网络的稳定性和抗干扰性要优于无线网络。若室内有无线网络且连接设备较少，网络质量较佳，也可以选择使用室内无线网络进行直播。当无线网络不能满足直播需要时，要提前发现并解决，也可以使用移动 4G 或 5G 网络。

图 2-15　摄像头三脚架

图 2-16　手机支架

图 2-17　话筒支架

（2）室外直播常用硬件设备

现在有越来越多的主播选择到室外进行直播，以求给用户带来不一样的视觉体验。室外直播面对的环境更加复杂，需要配置的直播设备主要有以下几种。

① 手机

手机是室外直播的首选，但不是每款手机都适合做室外直播。进行室外直播的手机，中央处理器（Central Processing Unit，CPU）和摄像头的配置要高，可以选用中高端配置的手机。只有 CPU 性能够强，才能满足直播过程中的高编码要求，也能解决直播软件的兼容性问题。

② 收音设备

室外直播时，如果周围的环境比较嘈杂，就需要外接收音设备来辅助收音。收音设备分为两种：第一种是蓝牙耳机；第二种是外接线缆，比较适合对多人进行采访时使用。

③ 上网流量卡

网络是室外直播首先要解决的问题，因为它对直播画面的流畅程度有着非常直接的影响。如果网络状况较差，就会导致直播画面出现卡顿现象，甚至出现黑屏的情况，这会严重影响用户的观看体验。因此，为了保证室外直播的流畅度，主播要配置信号稳定、流量充足、网速快的上网流量卡。

④ 手持稳定器

在室外做直播，主播通常需要到处走动，一旦走动，镜头就会出现抖动，这样必定会影响用户的观看体验。虽然有些手机具有防抖功能，但是防抖效果毕竟有限，这时需要主播配置手持稳定器来保证拍摄效果和画面稳定，手持稳定器如图 2-18 所示。

⑤ 运动相机

在室外进行直播时，如果主播不满足于手机平淡的拍摄视角，可以使用运动相机来拍摄。运动相机是一种便携式的小型防尘、防震、防水相机，如图 2-19 所示。它体积小巧，佩戴方式多样，拥有广阔的拍摄视角，还可以拍摄慢速镜头。主播可以在一些极限运动中使用运动相机进行拍摄。

⑥ 自拍杆

使用自拍杆能够有效避免“大头”画面的出现，从而让直播画面呈现得更加完整，更有空间感。就室外直播来说，带美颜补光灯的自拍杆和能够多角度自由翻转的自拍杆更受欢迎。图 2-20 所示为一款能够多角度自由翻转的蓝牙自拍杆。

图 2-18　手持稳定器

图 2-19　运动相机

图 2-20　多角度自由翻转的蓝牙自拍杆

⑦ 移动电源

目前直播的主流设备是手机。手机的便携性大大提高了直播效率，但通过手机进行移动直播时，对手机的续航能力是极大的考验，因此移动电源是辅助移动直播的必备设备。经实测，直播手机电量剩余 50%左右时就必须开始对手机进行充电，以剩余电量的续航时间换取充电时间，满足后续直播用电，以免直播因电量不足而中断。

（3）直播硬件设备的搭配

根据直播地点和预算，直播运营团队可以灵活地选择直播硬件设备，搭建可以打造不同直播效果的直播间，具体如表 2-20 所示。

**表 2-20　直播硬件设备的搭配**

| 直播间类型 | 直播硬件设备 | | 直播间特点 | 适用场景 |
| --- | --- | --- | --- | --- |
| | 硬件设备 | 设备作用 | | |
| 灵活手机直播间 | 桌椅 | 桌子用于展示商品样品，椅子用于主播休息 | 优点：<br>灵活性强，主播可以坐着直播，也可以站着、移动直播<br>缺点：<br>主播移动直播时容易导致直播画面不够清晰 | 开展室外直播的主播；没有宽带网络的主播 |
| | 美颜灯 | 补充直播间的光线，优化主播的面部特征，达到改善肤色、增强面部立体感的效果 | | |
| | 手机支架 | 固定手机，避免直播画面晃动 | | |
| 高清计算机直播间 | 桌椅 | 桌子用于展示商品样品，椅子用于主播休息 | 直播画面清晰，能够提供丰富、精致的贴图视觉效果 | 对直播画面清晰度、视觉效果要求较高，且有高速宽带网络 |
| | 美颜灯 | 补充直播间的光线，优化主播的面部特征，达到改善肤色、增强面部立体感的效果 | | |
| | 高配置计算机 | 进行直播推流 | | |
| | 摄像头 | 采集直播画面 | | |
| | 摄像头支架 | 固定摄像头 | | |
| | 日光灯/球形灯 | 补充直播间的光线，让直播间的光线更加明亮 | | |

续表

| 直播间类型 | 直播硬件设备 | | 直播间特点 | 适用场景 |
|---|---|---|---|---|
| | 硬件设备 | 设备作用 | | |
| 专业效果直播间 | 桌椅 | 桌子通常位于主播身前，用于展示商品样品，椅子用于主播休息 | 优点：<br>直播画面清晰度高、光线柔和，直播画面品质高；能实现多机位镜头的灵活切换，为用户创造更好的观看体验；音效丰富<br>缺点：<br>成本较高 | 有充足的预算，且追求极致直播效果 |
| | 美颜灯 | 补充直播间的光线，优化主播的面部特征，达到改善肤色、增强面部立体感的效果 | | |
| | 高配置计算机 | 进行直播推流 | | |
| | 摄像机 | 采集直播画面 | | |
| | 摄像机支架 | 固定摄像机 | | |
| | 日光灯/球形灯 | 补充直播间的光线，让直播间的光线更加明亮 | | |
| | 无线麦克风 | 输出主播声音 | | |
| | LED 屏 | 通常位于主播身后，用于辅助主播展示商品信息 | | |
| | 采集卡 | 采集摄像机信号，并将采集到的信号进行转换传输给推流计算机 | | |
| | 调音台 | 控制无线麦克风、外接音效等声音的控制 | | |
| | 提词器 | 为主播提示商品信息、直播流程等 | | |
| | 监视器 | 让主播、团队相关人员监视直播现场画面 | | |
| | 导播台 | 切换摄像机位，输出不同的直播画面 | | |

## 2. 直播软件设备的准备

直播软件设备包括直播软件和直播推流软件。

直播软件是指提供直播功能的软件，如淘宝直播 App、抖音 App、快手 App 等，用户下载安装相应的直播软件后，即可使用该软件开启直播。

直播推流是指将直播现场的视频信号传输到网络的过程。直播推流软件能够帮助直播运营团队更好地开展直播。一般来说，抖音直播的推流软件是指抖音直播伴侣 App，快手直播的推流软件是指快手直播伴侣 App。

直播推流软件对计算机配置的要求较高。计算机的配置越高，直播推流的速度越快，直播画面的清晰度越高、稳定性越强。直播运营团队可以在直播推流软件 PC 端官方网站下载。图 2-21 所示为抖音直播伴侣 App 的下载页面。

图 2-21　抖音直播伴侣 App 下载页面

知识拓展

在直播筹备阶段，直播运营团队要将直播使用到的手机、摄像头、灯光、网络等直播设备和设施调试好，防止设备发生故障，以免影响直播活动的顺利进行。直播前的调试主要包括 4 项内容，如表 2-21 所示。

**表 2-21　直播前的调试**

| 调试内容 | 说明 |
| --- | --- |
| 机位的设置 | 在直播过程中，有时需要全景画面，有时需要近景画面，有时需要特写画面，为了保障画面的成像效果，直播运营团队需要设置多机位。一般来说，直播间设置的机位主要有以下 3 种。<br>① 商品特写机位：以特写镜头展示商品细节；<br>② 主播的中、远景机位：塑造商品的使用场景，让用户了解商品全貌，为用户营造代入感；<br>③ 主播的近景机位：拍摄主播的脸部、手部等位置，展示商品的使用过程 |
| 网络测试 | 测试网络的稳定性和网络传输速度 |
| 直播间测试 | 测试直播间的进入渠道、直播画面的清晰度、声音采集效果等 |
| 线缆的连接与归置 | 确保网线、电源线等各个设备的线缆正常连接，并将线缆归置好，以免给人员行动造成障碍 |

### 3. 直播物料的准备

直播物料主要是指直播活动用到的道具，包括商品样品、直播中需要用到的素材及辅助工具等，具体如表 2-22 所示。

**表 2-22　直播物料**

| 直播物料 | 说明 |
| --- | --- |
| 商品样品 | 在直播开始前，直播运营团队应准备上播商品的样品，以便在直播过程中主播能够快速地找到商品样品并进行展示。直播运营团队要对商品样品进行仔细检查，包括样品的外观、型号和款式等 |
| 直播中需要用到的素材 | 直播封面图、直播标题、直播间贴片、直播脚本等 |
| 辅助工具 | 辅助工具包括线下商品照片、做趣味实验要用到的工具、道具板、手机、平板电脑、电子大屏、计算器等。在直播过程中，主播可以在道具板上用文字、图形的形式展示主播的身高、体重，商品的尺码，福利信息等；主播可以使用手机、平板电脑等向用户展示商品卖点、优惠券领取方式等，还可以使用计算器计算商品的组合价、折扣等，以突出商品的价格优势，刺激用户下单购买 |

## 三、直播场地的规划

直播需要一个场地，这个场地可能是实体店的一个角落，也可能是一个专门搭建的直播间。无论场地面积大小、现状如何，直播运营团队都要做好场地的布置。

### 1. 直播场地的基本要求

直播场地的选择分室内和室外两种，场地不同，直播运营团队需要关注的要点也有所不同。

（1）室内直播场地的基本要求

直播运营团队选择室内场地直播时，需要考虑以下 7 个方面。

① 场地隔音效果良好，能够有效避免杂音的干扰。

② 场地有较好的吸音效果，能够避免在直播中产生回音。

③ 场地的光线效果好，能够有效提升主播和商品的美观度，降低商品的色差，提高直播画面的视觉效果。

④ 如果直播中需要展示一些体积较大的商品，如钢琴、冰箱、电视机等，要注意场地的进深。如果场地进深不够，在拍摄商品时可能会因为摄像头距离商品太近，而导致直播画面不能完整地展示商品，或者出现直播画面不美观的情况。

⑤ 如果直播中需要使用顶光灯，则要考虑场地的高度，要保证场地的高度能够给顶光灯留下足够的空间，避免顶光灯位置过低而导致顶光灯入镜，影响直播画面的美观度。

⑥ 为了避免直播画面过于凌乱，在直播时不能让所有的商品同时入镜。因此，在直播商品较多的情况下，直播间要留出足够的空间放置其他待播商品。此外，有些直播间会配置桌椅、黑板、花卉等道具，也要考虑为这些道具预留空间。

⑦ 有些直播中除了主播还会有副播、助理等人员，所以直播运营团队在选择场地时也要考虑为这些人员预留出工作空间。

（2）室外直播场地的基本要求

室外场地比较适合直播体型较大或规模较大的商品，或者需要展示货源采购现场的商品，例如，在码头现场挑选海鲜，在田间采摘蔬菜等。直播运营团队选择室外场地直播时，需要考虑以下 3 个因素。

① 室外的天气情况，一方面要做好下雨、刮风等事件的应对措施，另一方面要设计室内直播备用方案，避免在直播中遭遇极端天气而导致直播延期。另外，如果选择在傍晚或夜间直播，还需要配置补光灯。

② 室外场地不宜过大，因为在直播过程中主播不仅要介绍各类商品，还要回应用户提出的一些问题。如果场地过大，主播容易把时间浪费在行走上。

③ 对于室外婚纱照拍摄之类的对画面美观度要求较高的室外直播来说，要保证室外场地的美观，而且场地中不能出现杂乱的人流、车流等。

### 2. 直播场地区域划分

一个规划合理的直播场地，通常包括直播区域、后台区域、商品摆放区域及其他区域，不同区域有着不同的功能和大小，如表 2-23 所示。

表 2-23 直播场地区域划分的功能及大小

| 场地区域划分 | 功能 | 场地大小 |
|---|---|---|
| 直播区域 | 主播和副播直播区域，展示直播间背景、直播商品、道具 | 5 平方米左右，商家可以根据直播商品体积大小来灵活调整 |
| 后台区域 | 直播幕后工作人员所在区域，放置直播使用的计算机、摄像头等设备，以及直播辅助工具 | 5 平方米左右，最好设置在距离主播不远的地方，便于及时为主播提供协助 |
| 商品摆放区域 | 摆放直播中需要讲解的商品样品。如果商品数量较多，则需要安排货架，将商品按照类别整齐地归置好，以便让幕后工作人员在最短的时间内找到所需的商品 | 10 平方米左右，商家可以根据商品体积大小和数量来调整 |
| 其他区域 | 主播试衣间，或者放置其他搭配品的场地 | 商家可以根据需要灵活设置场地区域大小 |

直播运营团队可以参考图 2-22 所示的区域划分来搭建直播场地。

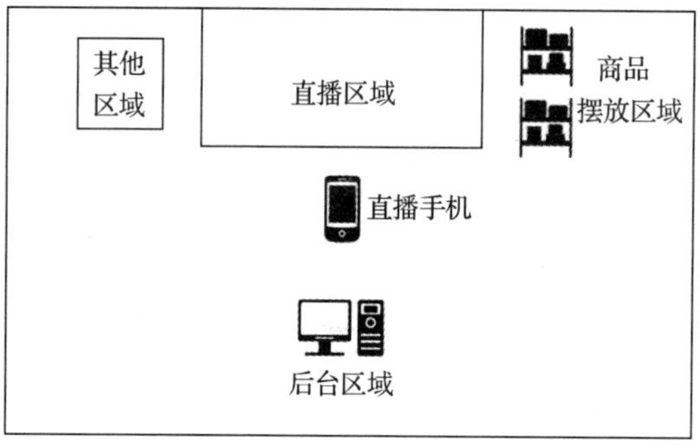


图 2-22 直播场地区域划分

## 四、直播间背景布置

合适的背景能够为直播间营造良好的氛围感。目前，直播间中常见的背景有以下 4 种。

### 1. 背景墙

很多室内直播会使用背景墙作为直播间的背景。一般来说，背景墙的颜色以纯色为主，如灰色、米色、棕色等，这样可以给用户营造简单、大方的感觉。直播运营团队可以在背景墙上添加店铺或主播的名字，或者品牌的标志，让直播间更具辨识度。但是，需要注意的是，添加的装饰性元素不要过于复杂，不要让背景墙显得过于花哨，否则会让用户觉得直播间比较杂乱。

直播运营团队制作背景墙不一定非要使用复杂、昂贵的材料，可以将绒面纯色布料挂在墙上作为背景墙，也可以使用贴纸、背景布作为背景墙。

### 2. 实物道具

直播运营团队可以在直播间摆放沙发、书架、衣物陈列架或置物架等实物道具作为直播间背景。直播运营团队在选择实物道具时，要遵循简洁明了的原则，所选择的实物要与直播主题、直播商品的风格相契合。

### 3. 线下实体环境

将线下实体环境作为直播间背景通常见于产地直播、商场/超市直播、档口直播等直播中，如在产地直播，将果树园、菜园、生产车间作为直播间的背景；在商场、超市、档口进行直播，将商场、超市、档口的现实环境作为直播间背景。这种背景能够给用户营造自然、真实的体验，让用户观看直播时产生沉浸感。

### 4. 虚拟背景

除了实体背景外，直播运营团队还可通过使用绿幕为直播间设置虚拟背景。与实体背景相比，虚拟背景具有灵活度高，便于随意更换的优势。

绿幕是影视剧中拍摄特技镜头时使用的背景幕布，影视剧演员在绿幕前表演，并由摄影机拍摄下表演画面，然后使用计算机对画面进行处理，抠掉绿色背景将其替换为其他背景。随着直播技术的发展，绿幕技术被逐渐应用于直播领域，直播运营团队可以使用绿色幕布作为直播间的背景墙（见图 2-23），然后使用计算机将绿幕替换成合适的虚拟背景图。

图 2-23　绿幕背景

直播运营团队使用绿幕制作虚拟背景时，需要注意以下事项。

① 绿幕的选择：绿幕应厚实，不能太薄，否则会透光；绿幕的颜色应鲜艳明亮、均匀；绿幕材质应不反光；绿幕应平整无褶皱。

② 主播服装的选择：主播服装的颜色应避免与绿幕颜色一样或相近，如绿色、深绿色、浅绿色、豆绿色、橄榄绿色等，可以选择黑色、深灰色等与绿色区别较大的颜色。不建议主播穿颜色花哨的服装，如碎花裙、花衬衫等。

③ 主播站位的选择：主播与绿幕之间应尽量保持一定的距离，以绿幕上无影子为准。

④ 灯光的选择：均匀打亮绿幕的同时可以在主播侧后方打轮廓光，这样可以将主播从绿幕背景中分离出来。

⑤ 可以将背景适当地虚化，这样有利于模拟出景深感，符合人眼视物的习惯。

## 五、直播间灯光布置

直播间的灯光布置也非常重要，因为灯光不仅可以营造气氛，塑造直播画面风格，还能起到为主播美颜的作用。直播间常见的灯光配置包括主灯、辅灯、顶灯和商品灯。

### 1. 主灯

主灯为主播正面提供光源，应该正对着主播的面部。这样会使主播面部的光线充足、均匀，并使面部肌肤显得柔和、白皙。

### 2. 辅灯

辅灯是为主播的左右两侧提供光源，增加主播整体形象的立体感，让主播的侧面轮廓更加突出。一般来说，一个主灯会配置两个辅灯，分别位于主播的左右两侧。

### 3. 顶灯

顶灯是从上往下进行照射的灯光，它能为直播间的背景和地面增加照明，能让主播的颧骨、下巴、鼻子等部位的阴影拉长，让主播的面部产生浓重的投影感，有利于主播轮廓的塑造。顶灯安装的位置距离主播的头顶最好在 2 米左右。

### 4. 商品灯

主播在讲解商品的过程中，有时需要将商品拿至镜头前面对商品进行特写，以向用户展示商品的细节。因此，商家可以在摄像头的旁边增加一个环形灯或柔光球作为商品灯，让商品在特写展示时不失光泽，具有吸引力。

直播运营团队可以参考图 2-24 所示的灯光配置模式来布置直播间的灯光。

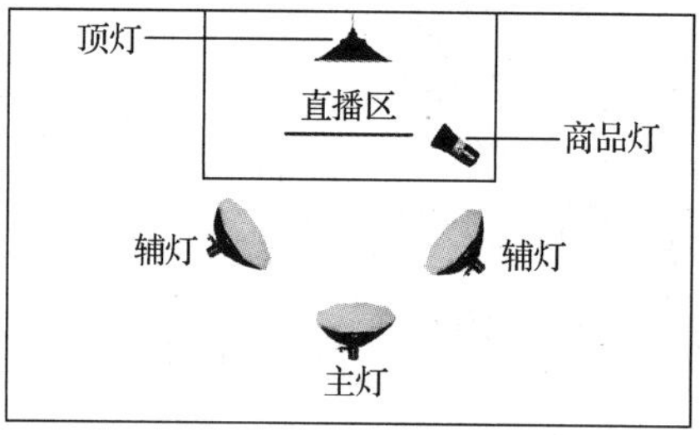


图 2-24　直播间灯光布置

**知识拓展**

直播间的灯光不要过度曝光或过于昏暗，要与直播间软装相搭配，以使直播画面的色彩保持一致。直播运营团队可以根据不同的商品选择使用不同的光。例如，服饰、美妆类商品适宜选用白光，有利于减少色差，凸显服饰、化妆品的自然状态；食品、家居家纺类商品适宜选用暖光，可以让食物显得更可口，让家居家纺类商品显得更温馨。

**课堂讨论**

直播运营团队在搭建直播间场景时要考虑哪些元素？直播间背景的设计应注意些什么？

## 六、数字人直播间的搭建

数字人直播间就是运用人工智能技术搭建智能化直播间，真人主播无须出镜，运营团队也无须准备和搭建实景直播间，就能实现全天24小时不间断直播。

### 1. 搭建数字人直播间的步骤

淘宝直播、百度智能云曦灵、科大讯飞等平台均开发了数字人直播功能，运营团队可以通过这些平台搭建数字人直播间。一般来说，搭建数字人直播间包括以下3个步骤。

（1）安装和配置数字人主播

运营团队可以从平台虚拟主播库中选择合适的虚拟主播，并为虚拟主播设置造型，也可录制真人主播视频生成真人主播的分身视频，从而实现虚拟主播与真人主播的无缝衔接。

（2）设置剧本内容

运营团队查看平台提供的推荐剧本，根据自身情况对剧本内容进行优化，设置虚拟主播直播的完整剧本框架及环节安排，以使剧本的内容更加符合品牌调性、直播商品的特点。确定剧本的框架和环节后，根据剧本内容添加直播商品。此外，运营团队还可根据剧本内容为数字人直播间设置欢迎语、转场、游戏等，让直播间的内容更加丰富。

（3）装修直播间

运营团队根据直播主题设置数字人直播间的封面、背景、音乐等，并将虚拟主播放在合适的位置。通过精心装修直播间，有利于提升数字人直播间的真实性，提高用户的观看体验。

运营团队完成以上操作后，即可启用剧本开启虚拟主播直播。在每场直播结束后，运营团队要收集并分析各项直播数据，总结直播效果，寻找其中的问题。例如，虚拟主播的形象设计是否与品牌调性、直播商品特性、直播主题相符；直播剧本的框架和各个环节的安排是否合理、是否符合用户的观看习惯；直播间的背景、音乐设置是否合理，是否能给用户带来良好的观看体验等。发现问题后，运营团队要及时进行优化，持续调整数字人直播间的运营策略，以提升数字人直播间的运营效果。

### 2. 提高数字人直播间拟真度的技巧

在装修数字人直播间时，运营团队可以采用以下技巧来提高直播间的拟真度，让直播间的直播更加专业、生动、引人入胜。

符合透视关系：根据真实场景的透视关系，调整虚拟主播的大小，制造合适的人、物比例关系。

制造景深效果：为背景素材添加模糊效果，模拟摄影机制造景深效果。

选择实景照片：可以从网络上寻找一些与直播商品特性相契合的直播间背景的实景图片作为数字人直播间的背景，并将图片做一些模糊处理，从而提高直播间背景的真实度。

添加层次感贴片：在为直播间添加贴片时，贴片的排布要具有层次感。

**课堂讨论**

与真实主播直播间相比，数字人直播间有哪些优缺点？

# 项目实训：认识直播活动的运作（一）

## 1. 实训目标

分析某品牌/企业或某“达人”主播的直播活动，了解直播“带货”的人员配置、商品规划、直播场景设计及直播脚本设计的要点。

## 2. 实训内容

每3～5人一组，观看某品牌/企业或某“达人”主播的一场直播，并分析该场直播的特点，包括直播镜头中的人员配置、直播间的商品规划、直播场景设置的特点、整场直播活动的流程、直播中单品的卖点介绍等。

## 3. 实训步骤

（1）观看直播

小组讨论，确定一个品牌/企业（可以选择项目一的项目实训中选定的品牌/企业）或一位“达人”主播，观看该品牌/企业或“达人”主播的一场直播活动。有些品牌/企业、“达人”主播会为直播设置回放功能，学生可以通过直播回放反复观看直播。

（2）分析直播活动的运作

通过反复观看直播，对此场直播活动进行分析，总结其特点，填写“实训作业\项目二\直播活动运作（一）”文件。

## 4. 实训总结

| | |
|---|---|
| 学生自我总结 | |
| 教师总结 | |

PART 03

# 项目三

# 直播活动的执行与后期管理

学习目标

【知识目标】

- 掌握讲解直播商品、引流直播活动的策略。
- 掌握应对直播中的突发状况的方法。
- 掌握物流管理、售后管理、直播活动二次传播、用户运维的策略。
- 掌握复盘直播活动的步骤和维度。

【能力目标】

- 能够在直播中对商品进行全面讲解，并灵活处理突发情况。
- 能够运用多种方式为直播活动引流。
- 能够做好物流管理、售后管理，以及用户运维。
- 能够对直播活动进行二次传播，深度挖掘直播活动的价值。
- 能够对直播活动进行科学、有效的复盘与优化。

【素养目标】

着眼直播“带货”的长远发展，在直播“带货”过程中遵守公序良俗，坚持依法直播，诚信“带货”。

## 引导案例

随着新年的临近，达人账号“@长迈好物精选”利用年前是人们做家务的高峰期，在30天内直播13场，产生了超过25万单的销售量。以2024年2月4日的直播为例，该场直播有以下特点。

直播时长：全天24小时，覆盖了各个时间段的流量，最大化地提升商品转化率。

流量策略：主要采用付费的方式为直播间进行引流，在直播间观看人数、在线人数较低的时间段，“达人”会在直播中设置多次讲解弹窗，提升用户的参与感。

商品组配：直播间只上架了万能拖把和地板清洁剂两款商品，且定价都不高，如图3-1所示。在直播中，以“太阳花”拖把为主推商品，对其进行重点讲解，将地板清洁剂作为搭配商品，通过商品组合促进直播间销售额的提升。

直播间背景：将商品的使用画面作为直播背景，向用户直观地展示商品的使用场景与使用方法，如图3-2所示。

图 3-1　购物车上架的商品

图 3-2　展示商品使用场景

商品讲解：在讲解商品时，主播主要采用“一问一答”的形式，例如“大家在打扫卫生时是不是经常需要爬高”“我们这款拖把采用伸缩杆，伸缩杆能伸长至2米，让您站在地上能拖地，还能打扫天花板”。先用疑问句抛出用户在打扫卫生时存在的痛点，再结合商品的功能讲解商品卖点。此外，主播还会着重强调中老年人在做家务时爬高的危险性，再次突出拖把杆能伸缩的特点，有效地洞察中老年人的消费需求，精准地抓住销售机会。

**案例分析**

在讲解商品时，主播需要提炼商品的核心卖点，并运用多种方法向用户介绍商品的优势。此外，策略性的付费引流有助于直播间高效地实现销售转化。

# 任务一　执行直播活动

在直播活动的执行中，直播运营团队需要做好 3 个方面的工作，即全面讲解直播商品，为直播间实施科学的引流策略，并积极、合理地应对直播中遇到的突发状况，以保证直播效果。

## 一、讲解直播商品的策略

商品讲解话术是影响直播商品转化率的关键因素之一，恰当的商品讲解话术不仅能挖掘用户的潜在需求，激发用户对商品的兴趣，还能减少用户各方面的疑虑，引导用户下单购买。

### 1. 商品讲解话术设计要点

商品讲解话术是商品特点、功效、材质的口语化表达，是主播促成商品成交的关键，也是吸引用户在直播间停留的关键，因此在直播电商中，巧妙地设计商品讲解话术至关重要。

主播设计商品讲解话术时，需要把握好以下要点。

（1）话术用词要符合规范

当前，直播电商正朝着规范化的方向发展，一系列规范直播参与者行为的政策、法规相继出台，因此，商品讲解话术要符合相应的政策要求。主播在介绍商品时不能使用违规词，更不能夸大其词。设计话术时，要避开争议性词语或敏感性话题，以文明、礼貌为前提，既要让表达的信息直击用户的内心，又要营造出融洽的直播氛围。

（2）话术要具有专业性

商品讲解话术的专业性体现在两个方面：一是主播对商品的认知程度，主播对商品认知得越全面、越深刻，在进行商品介绍时就越游刃有余，越能彰显自己的专业性，也就越能让用户产生信任感；二是主播语言表达方式的成熟度，同样的话语，由经验丰富的主播说出来，往往比新手主播说出来更容易赢得用户的认同和信任，这是因为经验丰富的主播有着更成熟的语言表达方式，他们知道如何表述才能让自己的语言更具说服力。

对于新手主播来说，在商品讲解话术的专业性方面，需要重点关注以下 3 点。

① 如何表述才能让用户更容易理解，听得更舒服。

② 如何表述才能凸显自身的专业性，让用户更信服。

③ 如何表述才能让自己的语言表达形成个人风格。

（3）话术要体现真诚

在直播过程中，主播不要总想着怎样讨好用户，而应该与用户交朋友，以真诚的态度和语言来介绍商品。真诚的力量是不可估量的，真诚的态度和语言容易激发用户的共鸣，增强主播与用户之间的亲密度，这样用户才有可能配合主播做一些互动。

（4）话术要口语化，富有感染力

高成交商品讲解话术设计的重点是主播在介绍商品时语言要口语化，同时搭配丰富的肢体语言、面部表情等。主播的整体表现具有很强的感染力，能够把用户带入描绘的场景中。

例如，主播要介绍一款垃圾袋，如果按照说明书上的文字进行严肃而正式的介绍：“这款垃圾袋的材质是聚乙烯，抗酸碱性能、抗冲击性能、抗寒性能好，安全无异味，袋壁加厚处理，耐撕扯，耐穿刺”，用户听了可能缺乏直观感受。

但是，如果设计一段偏口语化的话术，效果可能会完全不同：“不知道大家有没有遇到过类似的情况：倒垃圾时垃圾袋经常会漏出一些带腥味的液体，气味很难闻，有时不得不套两个垃圾袋。在超市里买的垃圾袋明明写着是加厚的，买回来一看还是很薄。如果有人遇到这种情况，那你一定要买这款垃圾袋。我特别喜欢它的款式，它带着一个抽拉绳，能够非常牢固地套在垃圾桶上。它能承重 10 千克，日常装垃圾完全没有问题，非常方便耐用，直接买就对了。”这样一段浅显易懂的话术加上直播现场的操作演示，能够直接戳中用户的痛点，用户感受更真实，更容易做出购买行为。

### 2. 讲解商品的方法

直播商品讲解的技巧是关乎直播间营销效果的重要因素。主播可以通过需求引导、引入商品、赢得信任、促成下单 4 个步骤完成直播商品的讲解。

（1）需求引导

需求引导主要是通过挖掘用户需求为引出商品做准备。主播要围绕商品的特点，找出用户购买该商品之后能解决的最核心的问题，然后以自己的亲身经历或朋友的经历为例，叙述用户可能会遇到的问题，这样可以拉近主播与用户的距离。

需求引导的关键点是找到用户深受困扰、迫切需要解决的痛点。这时推荐一款商品，正好可以解决用户的燃眉之急。例如，主播推荐某款祛痘霜时，可以这样说："不知道女生们有没有遇到过这样的困扰，外出游玩时，虽然我们脸上抹了厚厚的一层粉底，但别人还是能看到我们脸上没遮住的痘痘，这非常尴尬。其实要想缓解这种尴尬，方法很简单……"

（2）引入商品

完成需求引导后，主播接下来就要引入商品，围绕商品的卖点、使用感受等进行描述，让用户通过各个感官体验感受商品的特色，从而让其内心感觉值得购买，激发其购买欲望。

在这个环节中，主播要重点描绘商品的使用场景，把商品的使用体验说清楚，激发用户的感性思维，从而刺激用户做出冲动消费。例如，主播在推荐一款烤箱时可以这样说："这款烤箱是专门为三口之家研发的，可以同时烤 3 个面包、6 个蛋挞，满足全家人的营养需求；周末还可以在家做下午茶，烤一个全家人爱吃的美味比萨，外加鸡翅、肉串、鱼虾，刚烤出来的时候特别香。全家人可以在一起享受幸福时光。"这种讲解商品的方式可以给用户带来很大的想象空间，促使用户为了心中的美好想象而下单购买。

（3）赢得信任

赢得用户信任是直播营销的关键点之一。赢得信任的方式主要有 3 种，分别是权威背书、数据证明和现场体验。

① 权威背书

由于权威人物或机构本身就具有一层光环，得到大多数人的认可和信任，其本身就是说服力的象征。如果权威人物或机构来为商品背书，会极大地增加商品在用户心中的好感度。主播在介绍商品的权威背书内容时，不能影响商品讲解信息的传播和理解，要使用用户普遍可以理解的话来介绍商品的权威背书内容。例如，"世界 500 强公司的高管，如财务总监、销售总监都在穿的品牌。"

② 数据证明

主播可以用具体的销售量、顾客评分、好评率、回购率等数据来证明商品的优质及受欢迎度。例如，"这款餐具累计销售 30 万套了，顾客评分 4.9 分，用过的人都知道……"

③ 现场体验

主播最好在直播间现场试用推荐的商品，并且分享使用的体验与效果，验证商品的功能和特色，这样对用户更有说服力。

（4）促成下单

在经过以上 3 个步骤的铺垫后，主播可以使用以下技巧来促成用户下单。

① 展现价格优势

主播可以展示商品的官方旗舰店价格或市场价格，与直播间的价格进行对比，营造价格优势，让用户感觉物超所值。例如，"这款洗发水在旗舰店的价格是 89 元 1 瓶，今天晚上在我们直播间的用户，享受买两瓶直接减 89 元，相当于第一瓶 89 元，第二瓶 0 元，真的是超值……"

② 限时限量

主播可以通过限时限量话术完成对用户的催单，用具体的数据营造直播间活跃的气氛，让用户跟着完成冲动购买行为。例如，“现在直播间 15000 人，我们今天就送前 1000 名等价礼品。倒数 5 个数，5，4，3……”

**课堂讨论**

在讲解商品的过程中，主播与用户积极互动，有助于带动直播间的氛围。主播在与用户沟通时，可以采用哪些方法拉近自己与用户的心理距离呢？

**课堂实训**

选择一款具有地方特色的商品，如武汉特色小龙虾/热干面、江西拌粉等，提炼该款商品的卖点，并为其撰写单品脚本，然后采用直播的方式向其他同学讲解这款商品。

## 二、开展直播活动引流

为了实现良好的直播效果，直播运营团队需要采用多种方式为直播活动引流，扩大直播间的传播范围，吸引更多的用户进入直播间。

### 1. 免费方式引流

直播运营团队可以采用多种免费方式为直播间引流，例如，在直播前、中、后各个阶段，在抖音、快手、视频号、小红书等平台发布短视频，借助短视频为直播间吸引流量；在微博平台上采用“文字+图片”的形式（见图 3-3）或“文字+短视频”的形式（见图 3-4）发布直播预告信息为直播活动引流；在微信群、微信朋友圈、微信公众号中，发布带有直播信息的九宫格图、创意信息长图（见图 3-5）来引流等。

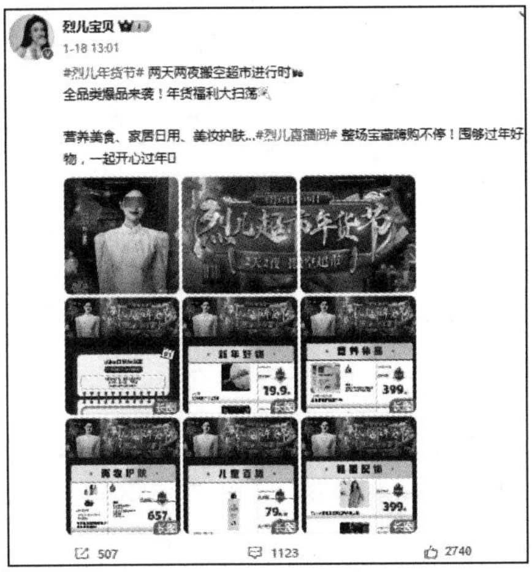


图 3-3 “文字＋图片”式引流

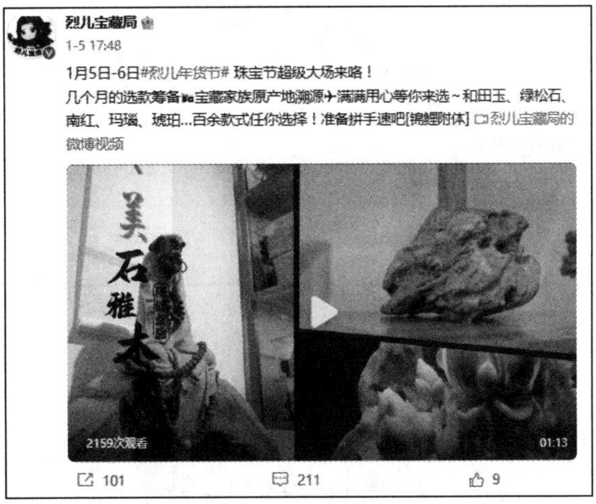


图 3-4 “文字＋短视频”式引流

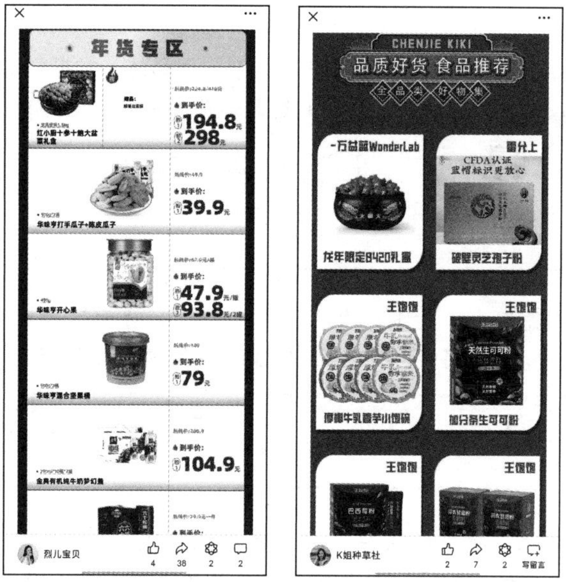


图 3-5　微信公众号创意信息长图

在利用短视频为直播间引流时，直播运营团队可以采用表 3-1 所示的策略。

**表 3-1　短视频为直播间引流的策略**

| 策略内容 | 直播前 | 直播中 | 直播后 |
| --- | --- | --- | --- |
| 发布短视频的目的 | 为直播预热、造势，吸引用户关注 | 为直播间引流，提高直播间的观看量 | ① 直播活动二次传播，实现直播内容和用户的长效沉淀；<br>② 增强用户信任和黏性；<br>③ 深度挖掘直播活动价值，借助直播片段带动商品销售量 |
| 发布短视频的类型 | 预热短视频 | 引流短视频 | 回流短视频 |
| 短视频的内容要点 | ① 开门见山地介绍直播中有哪些商品、直播中有哪些利益点；<br>② 在日常发布的短视频中巧妙地融入直播信息，如直播时间、直播利益点等 | ① 本场直播的某个片段；<br>② 介绍直播商品清单；<br>③ 介绍直播中某款商品卖点等 | ① 直播活动高光时刻；<br>② 讲解某款商品的视频片段；<br>③ 直播数据展示等 |
| 发布短视频的时间 | 直播前 1 天或直播当天 | 直播正在进行时 | 直播结束后一天 |
| 发布短视频的数量 | 1～3 条 | 3～8 条 | 3～5 条 |

### 2．付费方式引流

在预算充足的情况下，直播运营团队还可选择使用付费的方式为直播间引流，例如，投放“DOU+”、快手“粉条”等直播间“加热”工具为直播间引流，投放直播平台信息流广告、竞价广告或搜索广告等进行引流。

直播运营团队采用付费方式为直播间引流时，需要遵循以下 3 个原则。

把握黄金十分钟：直播开始后的前十分钟非常重要，直播运营团队可以考虑在这个时间段投放付费推广，运用付费流量快速提高直播间的观看量，迅速增加直播间的流量。

付费引流与免费引流灵活协同：直播运营团队要灵活运用各种付费引流方式和免费引流方式，根据直播间的各项数据表现，灵活调整各种引流素材的投放比例。当直播间的人气值低于峰值的50%时，可以考虑适当提高付费引流的投入比例。

多计划测试：直播运营团队可以多制订几个推广计划进行投放测试，然后根据各个计划的投放效果对计划进行调整与优化，进而测试出最适合自己的投放计划。

**知识拓展**

在新媒体时代，用户在浏览信息时拥有较大的自主选择权，他们可以根据自己的喜好来选择自己需要的信息。因此，如果直播运营团队过于频繁地向用户发送直播活动引流信息，很可能会引起他们的反感，导致用户屏蔽相关信息。为了避免这种情况的出现，直播运营团队可以在用户能够承受的最大宣传频率的基础上设计多轮引流宣传。例如，如果用户能够承受“两天一次广告”的宣传频率，就可以在直播活动开始的前6天、前4天、前2天，以及直播活动当天分别向用户发送直播活动引流信息，以达到良好的引流效果。

**课堂实训**

在抖音、快手、淘宝等直播平台选择1～2个直播间，分析其运营团队是如何为直播活动引流的。

## 三、应对直播中的突发状况

在直播过程中出现各类突发状况在所难免，如何应对这些突发状况也是衡量主播职业素养和直播运营团队运营能力的重要标准之一。

### 1. 技术故障的处理

技术故障属于客观因素造成的突发状况，如直播中断、直播画面卡顿、闪退等。此时，直播运营团队需要具体问题具体分析，并寻求解决办法。

（1）直播中断

一般来说，造成直播中断的原因有两种，一是网络问题，二是直播内容违规，被直播平台处罚。

直播运营团队要先检查直播间所使用的网络是否在正常运行，如果是因为网络不稳定造成的直播中断，直播运营团队将直播间切换到网络稳定的区域进行直播就可以了。在条件允许的情况下，直播运营团队最好为直播间单独配置一条网线，以保证直播网络的畅通。

如果直播运营团队检查网络后，确定不是因为网络问题造成的直播中断，就要考虑是不是直播中出现了违规内容被平台处罚了。直播运营团队可以登录直播账号进行确认，然后根据具体情况寻找解决方法。

（2）直播画面卡顿

造成直播画面卡顿的原因通常也是两种。一是网络较差，这种情况下，直播运营团队可以参考前文给出的方法来解决；二是直播设备配置较差，无法带动直播。此时，直播运营团队需要更换配置更高的设备来支持直播。

（3）闪退

导致闪退的原因可能是设备内容被其他程序占用，也可能是设备本身内存空间不足。面对闪退的情况，最好的处理方法就是退出当前直播然后再次登录。

### 2. 商品环节问题的处理

商品是直播电商中最核心的一个环节，直播中因商品环节的问题导致的突发状况也是最棘手的一类，稍有不慎就可能导致直播失败，甚至毁掉品牌或主播的声誉。

（1）质量问题

这里所说的质量问题是指因为主播未了解清楚商品的性能、质量，或展示商品时操作失误而导致的问题。为了避免这些情况的出现，主播在选品时要选择有品质保障的商品。此外，主播要试用商品，详细了解商品的各项信息、商品的使用方法等，保证能在直播中向用户全面、正确地展示商品的信息和性能。

（2）价格问题

价格问题主要有两种表现。第一种表现是主播在直播间销售的商品的价格未做到保价，主播向用户表明直播间某款商品的价格低于该款商品线下专柜和线上旗舰店的价格，但用户购买后发现并非如此，这种情况就会引起用户的不满。为了避免这种情况的发生，主播在与品牌方商谈直播商品价格时，最好向品牌方争取保价，确保品牌方在数月内不会以低于直播间价格的价格来销售商品。

第二种表现是用户支付的价格与主播在直播间承诺的价格不相符。这种情况多是用户未正确领取优惠券或使用红包导致的。在直播的过程中，主播要向用户解释清楚如何领取和使用优惠券或红包才能以直播间的价格购得商品，并向用户展示领取和使用优惠券或红包的方法。

（3）链接问题

链接问题是指在直播过程中，上架至直播间的商品链接出错、失效，或者商品链接中的价格、优惠券标注错误等而导致的问题。处理此类问题最常见的做法就是先将商品链接下架，告知用户不要购买，向已经下单购买的用户表示歉意，并为他们办理退款。与此同时，主播与品牌方进行沟通，修改商品链接，待商品链接修改好后再重新上架，并告知用户可继续购买。如果商品链接无法及时得到修复，主播可以直接将此款商品下架，并向用户解释原因和表示歉意，然后继续后面的直播。

### 3. 用户负面评论的处理

在直播过程中，主播可能会收到一些负面评论，面对这些负面评论，新手主播可能会感觉很委屈，甚至会在直播中情绪失控，与发布负面评价的用户发生争执。主播如果这样做，会有损自己的形象，给用户留下负面的印象。

面对用户的负面评论，主播可以选用以下方法来处理。

（1）提升心理素质

在开播前，主播需要调整好心态，做好应对各种突发状况的心理准备，要认识到收到一些质疑和负面评论是很正常的事情，自己不能左右别人的想法，却能调整自己的反应。对于一些无关紧要的言论，主播可以选择忽略，保持积极的态度继续直播。

主播需要不断加强自身的心理承受能力，学会控制自己的情绪，避免被情绪左右，不纠结于用户的负面评论，不与用户起不必要的争执。

（2）私下处理

如果直播运营团队发现某个用户是主播的“粉丝”，因为某个问题对主播产生误解而在直播间发布负面评论，可以想办法与该用户取得联系，并私下与其沟通，了解清楚用户发布负面评论的具体原因，然后向该用户做出明确的解释，尽可能消除用户对主播的误解。这样做，一方面可以避免用户在情绪激动的情况下在网络上发布主播的负面信息；另一方面在征得用户的同意后，主播可以在后续直播中或其他公众平台上说明自己与该用户的问题已经得到妥善解决，以免其他用户对主播和直播运营团队产生误解。

（3）向平台投诉

如果场控人员发现某一用户或同一 ID 在直播间多次发布不当言论，可以采取相应的措施，如封锁该用户 ID、将其投诉至平台等。在直播前，直播运营团队应做好规划，向场控人员说明直播间的规则，一旦发现有用户发布不当言论甚至对主播进行人身攻击的情况，应立即采取措施，避免影响主播的情绪和直播间其他用户的观看体验。

### 4. 用户无理要求的处理

直播间的用户个人素质、教育背景、人生经历、风俗习惯等各不相同，大部分用户在观看直播时能保持良好的素质，与主播进行积极的互动。然而，难免有个别用户会提出一些无礼要求，试图让主播陷入尴尬的境地。面对个别用户提出的无理要求，主播需要妥善处理，避免这些干扰因素影响直播效果。

（1）巧妙拖延

面对用户提出的一些自己难以做到的要求，主播可以采用巧妙拖延的方式来应对。例如，用户要求主播演唱一首主播不会的歌曲，主播可以这样回应：“这首歌我还不太会唱，我再好好学一下，等我学会了，再唱给大家听，好不好？”或者是主播可以给用户一些模棱两可的回答，如“今天就不给大家唱了，等以后有更合适的机会再唱给大家听吧！”这样的回答既非肯定，也非否定，这通常是主播高情商的体现，这种巧妙拖延式的回答能够很大程度上缓解尴尬。

（2）委婉拒绝

某些忠实用户可能会提出一些不合理但没有恶意的要求。对于这类要求，主播可以先感谢用户的关注，然后采用一种委婉的方式拒绝用户的要求，用真诚的态度缓解用户被拒绝的尴尬局面，获得用户的理解和接受。

（3）以理相对

有时一味地拖延或回避可能起不到积极的效果，在主播有理有据的情况下，面对用户提出的无理要求，主播可以选择以理回复。这种处理方式非常考验主播的语言表达能力、临场反应能力和情绪控制能力。主播需要思维敏捷，反驳要做到有理有据，能够抓住用户语言表达中的漏洞，有针对性地进行回复。同时，主播要控制好自己的情绪，避免自己情绪失控，反驳得毫无逻辑，最终产生相反的效果。

**课堂讨论**

回忆你观看过的直播“带货”活动，在直播过程中是否发生了某些突发事件？主播是如何应对的？假设你在直播中遭遇这些问题，你会如何应对？

# 任务二　做好直播活动后期运维

直播活动的后期运维包括物流管理、售后管理、直播活动二次传播及用户运维，这些工作为直播“带货”活动提供后期支持，有利于进一步扩大直播活动的影响力。

## 一、物流管理

在直播电商运营中，物流是一个非常重要的环节，物流速度的快慢、服务态度的好坏都会对直播“带货”的效果造成直接影响。

### 1. 选择优质的物流公司

为了提升用户的购物体验，直播运营团队要综合考虑自身商品的特性，以及物流公司的收费标准、运输时效、配送区域、包裹安全程度、发展前景、市场评价等多个因素，选择性价比较高的物流公司。

每个物流公司的配送范围不太相同，而购买商品的用户来自全国各地，有些物流公司的配送范围不一定能够覆盖所有地区。因此，直播运营团队可以选择搭配使用多家物流公司，减少因为商品物流配送超区送不到而导致的差评。

目前，国内主流物流公司的特点如表 3-2 所示。

表 3-2　国内主流物流公司的特点

| 公司名称 | 特点 |
| --- | --- |
| 邮政快递 | 配送范围广，基本覆盖国内各个区域；一般到全国各大中城市的配送时效为 3～5 天，其他地区的配送时效为 4～7 天；与其他物流公司相比，价格比较优惠 |
| 顺丰快递 | 与其他物流公司相比，配送速度较快，价格稍贵；能覆盖全国主要的一、二线城市 |
| 中通快递 | 价格较低，配送速度快，配送范围广 |
| 圆通速递 | 价格较低，配送时效一般在 3～4 天 |
| 申通快递 | 价格适中，派件网点较多，配送时效一般在 4 天之内 |
| 韵达快递 | 派件网点较多，价格适中，配送时效一般在 3～4 天 |
| 极兔速递 | 价格较低，与其他物流相比，配送速度较慢 |
| 京东物流 | 配送范围广，速度快，可提供送货上门服务 |

### 2. 做好商品包装

包装的选择在很大程度上影响着商品的质量。直播运营团队在选择包装时需要根据商品的特征来考虑，如鲜花或生鲜食品应包裹一层保鲜膜，避免出现质量问题。对于使用纸箱作为外包装的商品，如果商品属于易碎型商品，最好再准备一层内包装，避免商品在运输过程中出现损坏。

此时，直播运营团队需要考虑选择哪种内包装能够使成本更低，例如海绵和泡沫相比，泡沫的成本更低。将商品放进包装箱后，如果包装箱内还有多余空间，应使用其他填充物将其填满，以保证商品不会在包装箱内来回晃动，同时要用封箱带把包装箱密封好，这样既能防水，又不容易丢失。

### 3. 做好物流跟进

商品发货后，直播运营团队要主动跟进订单的物流信息。一旦订单出现滞留、丢失等情况，直播运营团队要及时联系物流公司，询问订单出现物流问题的原因。同时，直播运营团队要主动联系用户，安抚用户的情绪，并与用户商定处理时间和方案。

### 4. 及时回复用户疑问

用户在直播间购买了商品后，可能会提出一些问题，针对用户提出的问题，客服要及时回复，并为用户提供合理的解决方案。例如，用户提出商品价格与直播间标示的价格不符，客服可以向用户解释，直播间商品的价格是商品使用直播间优惠券后的价格。客服需询问用户是否在直播间领取并使用了优惠券，若用户未领取优惠券，客服可以考虑为用户退还优惠券差价。

### 5. 做好库存盘点

直播运营团队要做好库存盘点工作，定期对仓库中的商品进行盘点，统计出的实际数量要及时更新到系统并通知相关运营人员，保证商品实际库存量与系统库存量一致。如果是预售商品，也要与供应商同步销售节奏与数量，确保供应商可以在规定时间内满足需求。有的直播运营团队在活动期间为了获取更高的订单量，在实际库存销售完毕后设置虚假库存持续进行销售，但后期无法在承诺的时间内发货，导致用户大量投诉。

另外，直播运营团队要确认仓储每日最大发货能力，及时获取订单发货时效，合理安排发货节奏。如果订单量较大，就要多选几个快递公司，分担快递揽收压力。直播运营团队还要根据商品类型评估发货打包人员每天的最大工作量，预测每天需要的发货打包人员人数。

### 6. 降低揽收异常率

物流的配送速度是影响用户网上购物体验的关键因素之一。如果长时间没有快递揽收记录，用户会频繁催促更新物流信息，甚至申请退款。

要想有效降低揽收异常率，直播运营团队重点要做好以下工作。

避免超售：如果货源不足，但已经上传快递单号，很容易出现揽收异常的情况。

避免提前打单：如果过早打单上传快递单号并点击发货，物流公司可能无法在规定时间内揽收，导致包裹揽收异常。商品打包完整后再打单上传，可以避免漏单，也能缩短打单到实际揽收的时长，避免揽收异常。

### 7. 做好订单备注

很多时候同一个问题订单可能会经由多个客服来处理，并且可能不会在一天内解决。因此，直播运营团队在处理问题订单的过程中，最好为订单做好备注，详细写明订单存在的问题、问题已经处理到何种程度等信息，这样能够帮助客服详细了解订单存在的问题，让客服无须再花费时间看聊天记录，或者询问用户。

### 8. 搭建数据中台

数字化信息时代，直播运营团队要想做好物流管理，就要紧跟时代潮流，在物流管理上运用数字化方式。其中搭建数据中台就是一种非常有效的方法。

例如，在直播“带货”中，生鲜水果频繁出现问题，这类商品不管是在装箱还是运输方面都有严格的要求，很多直播运营团队即使想尽办法，商品的损坏率还是居高不下，最后不得不向用户赔偿或道歉。这时，数据中台可以很好地帮助直播运营团队进行数据分类汇总，把商品下单、包装、运输、签收、评价等方面的信息分类储存，在后期形成庞大的数据库，生成可视化报表，这样管理者即可在终端上查看商品的各项物流数据。

当出现问题件时，直播运营团队可以在第一时间发现问题件，并使用大数据分析哪个地区出现的问题件数量较多，哪个地区出现的问题件数量较少，接着分析问题件产生的原因，是商品分拣出现的问题还是快递运输出现的问题。当把问题分析出来以后，直播运营团队就可以根据找到的原因对症下药。如果是发货之前分拣过程中出现的问题，就分析是人为失误还是机器系统出现故障；如果是物流运输中出现的问题，就责令运输方改正或更换运输方等，从而保证商品完好无损地送达用户，降低商品损坏率，提升用户满意度。

## 二、售后管理

商品销售出去并不意味着交易的结束，直播运营团队还需要做好售后管理，为用户提供优质的售后服务，提升用户的购物体验。

### 1. 确认订单信息

客服要在用户下单后确认相关信息，以降低未来发生纠纷的可能性。如果某商品在发货后没有发货提示，客服要用短信或站内信等形式把相关的物流信息发给用户，使用户放心。

### 2. 及时跟踪回访

客服在确认用户已经收货的情况下，可以就用户对商品的满意度做一个回访。如果用户对此次购物很满意，客服要对用户表示衷心的感谢，并欢迎用户再次前来选购商品，同时备注好用户偏好等相关信息，为下次接待该用户做好准备；如果用户对购物不满意，客服首先要认真道歉，做出相关解释，并安排退换货。这样不仅能发现与改进店铺的不足之处，还能改善服务模式，提高售后服务水平。

### 3. 回复好评

客服要重视用户的晒图好评，在收到好评以后，及时向用户表达感谢，感谢用户购买商品及对主播的支持，这样做可以提升用户的好感度。

### 4. 合理应对差评

收到用户差评后，客服要及时与用户联系，耐心地了解清楚商品出现了什么问题并寻找原因，及时帮助用户解决问题。用户收到商品后若反映商品有问题，客服人员要比交易时更加热情，认真倾听用户的问题，这样会让用户觉得直播间的服务态度很好。如果客服人员在用户购买商品时表现得很热情，商品出现问题时却爱搭不理，就会给用户留下一种极不负责的印象，最终很可能导致用户的流失。

当客服为用户提供了解决方案后，无论进行到哪一步，客服都要明确地告诉用户，让其知道售后解决的进度，直到问题得到妥善处理。不要弥补完过失之后就草草收场，这种做法可能会让用户产生一种应付了事的感觉，进而引起用户的心理不满。

## 三、直播活动二次传播

在直播结束后，直播运营团队可以将直播活动的视频进行二次加工，并在抖音、快手、微信、微博等平台上进行二次传播，最大限度地放大直播效果。

为了保证直播活动二次传播的有效性和目的性，直播运营团队可以按照以下 3 个步骤来制订直播活动二次传播计划。

### 1. 明确目标

制订直播活动二次传播计划，首先要明确实施传播计划要实现的目标，如提高品牌知名度、提高品牌美誉度、提高商品销售量等。需要注意的是，直播活动二次传播计划要实现的目标并非是孤立的，而应当与直播运营团队制定的整体市场营销目标相匹配。

### 2. 选择传播形式

明确传播目标以后，直播运营团队要选择合适的传播形式将直播活动的二次传播信息发布到网络上。目前常见的传播形式有直播视频传播、直播软文传播两种，直播运营团队可以选择其中一种传播形式，也可以将两种传播形式组合起来使用。

（1）直播视频传播

直播活动二次传播视频的制作包括录制直播画面、直播画面浓缩摘要和直播片段截取 3 种方式。

① 录制直播画面

直播运营团队可以将直播画面全程录制下来，也就是说，直播运营团队一边做实时画面的直播，一边录制，这样视频直播完成后，就可以用录制的文件来制作直播回放视频，错过实时观看直播的用户可以通过观看直播回放视频来获取直播内容。

直播运营团队在制作直播回放视频时，可以为其添加片头、片尾、名称、主要参与人员等信息，并为其设置统一的封面图，以增强直播回放视频的吸引力，如图 3-6 所示。

图 3-6 直播回放封面图

② 直播画面浓缩摘要

直播画面浓缩摘要的制作逻辑与电视新闻的制作逻辑基本相同，即直播运营团队将直播画面录制下来后，删除那些没有价值的画面，选取关键的直播画面制作成视频，并为视频画面添加旁白或解说。

例如，一场新品发布会直播结束后，直播运营团队将现场直播画面制作成浓缩摘要式视频，并为视频配上解说："×月×日下午 2:00，×××公司直播了新款手机发布会。发布会上，公司产品经理详细介绍了新款手机的性能（插入产品经理介绍新款手机性能的画面），随后公司邀请了×××（知名人士）现场体验手机的各项功能（插入直播中知名人士体验手机功能的画面）……"

③ 直播片段截取

直播运营团队也可以从直播中截取有趣、温暖、有意义的片段，将其制作成视频发布到网络上。图 3-7 所示为某主播发布在快手上的通过截取直播片段制作成的短视频。

图 3-7　直播片段短视频

（2）直播软文传播

直播软文传播就是将直播活动的细节撰写成软文并发布在相关媒体平台上，用图文描述的形式向用户分享直播内容。直播运营团队撰写直播软文时，可以从分享行业资讯、提炼观点、分享主播经历、分享体验和分享直播心得等角度切入。

### 3. 选择合适的媒体平台

确定了传播形式以后，直播运营团队要将制作好的信息发布到合适的媒体平台上。如果是视频形式的信息，可以选择发布到抖音、快手、秒拍、视频号、腾讯视频、爱奇艺视频、微博等平台上；如果是软文形式的信息，可以选择发布到微信公众号、知乎、百家号等平台上。

**课堂实训**

选择一个国产品牌/企业，观看其1～2场直播活动，分析其在直播结束后采用了哪些形式来实施直播活动的二次传播。

## 四、用户运维

直播电商除了注重商品的品质以外，更重要的是以人为本。主播要与用户互动，在留住用户以后加深用户的信任，提升用户的黏性。直播运营团队可以采用以下策略来提升用户的黏性。

### 1. 设置用户亲密度

用户亲密度是指用户和主播之间互动的频率指数。设置用户亲密度是积累和转化用户、提高互动数值的有效方式。用户在进入直播间后，只要进行一系列的操作就可以积累分值，达到一定的亲密度分值后就可以升级为不同等级的用户。用户等级越高，享受的权益就越大。

以淘宝直播为例，用户等级、等级数量及其分值区间如表3-3所示。

**表3-3　用户等级、等级数量及其分值区间**

| 用户等级 | 等级数量 | 分值区间 |
|---|---|---|
| 新粉 | 3 | 0～399 |
| 铁粉 | 4 | 400～2639 |
| 钻粉 | 5 | 2640～16499 |
| 挚爱粉 | 6 | 16500～99999 |
| 超级粉 | 7 | 100000～450000 |

用户可以通过每日签到、观看直播、加购商品、浏览商品详情页、点赞、评论、分享、购买商品、查看主播主页和关注主播等操作获得亲密度分值，主播可以设置每个操作获得亲密度分值的上限。在后台确认开通玩法后，用户即可在直播间看到与主播的亲密度。

用户点击屏幕左上角的“领取亲密度”入口，会看到“粉丝特权”窗口，如图3-8所示。“粉丝特权”会吸引用户为获得专属的权益而增加互动，提升用户等级。

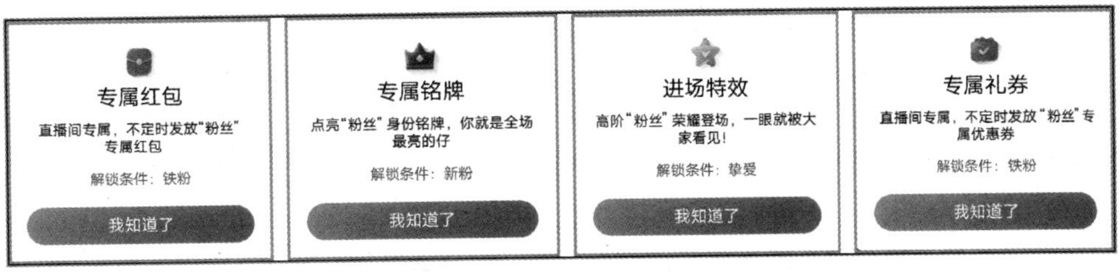
专属红包
直播间专属，不定时发放“粉丝”专属红包
解锁条件：铁粉
我知道了
专属铭牌
点亮“粉丝”身份铭牌，你就是全场最亮的仔
解锁条件：新粉
我知道了
进场特效
高阶“粉丝”荣耀登场，一眼就被大家看见！
解锁条件：挚爱
我知道了
专属礼券
直播间专属，不定时发放“粉丝”专属优惠券
解锁条件：铁粉
我知道了

图3-8　“粉丝特权”窗口

“今日任务”为用户要做出哪些互动提供了指引（见图3-9），每个任务完成后，用户会收到相应的亲密度分值变化提示。为了提升用户互动量，主播可以在直播过程中对用户进行引导。

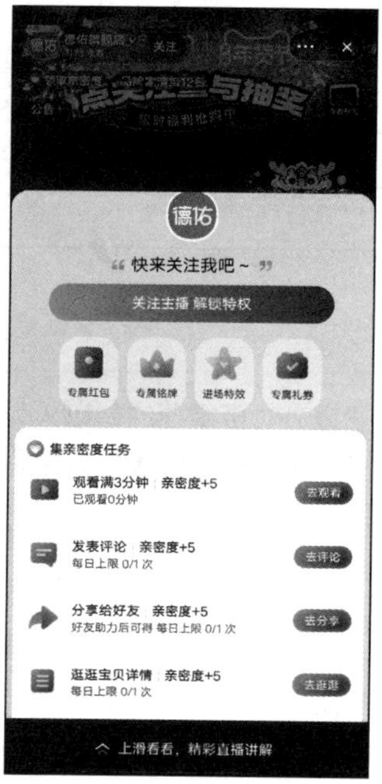


图 3-9 “今日任务”

### 2. 组建用户群

直播运营团队可以组建用户群，这样有利于增强用户的归属感，并形成自己的私域流量池。对用户群的运营和维护要做到以下几点。

（1）输出有价值内容

用户群内容的输出对于用户群的长久运营十分重要，是决定用户群生命力的重要因素。因此，在创建用户群之前，直播运营团队就要明确用户群内容输出的方向和核心内容，并进行商品定位。例如，直播运营团队要向用户推荐美妆类商品，就可以在用户群中不定期地分享一些化妆技巧、选择化妆工具的方法等。

（2）发放福利

直播运营团队可以定时或不定时地为用户发放福利，如商品优惠券、小礼品等，从而有效增强用户对用户群的黏性，让用户群得到更好的发展。需要注意的是，发放的小礼品最好是与主营商品相关的物品，这样可以通过礼品的发放来强化用户对主营商品的印象和好感度。

（3）与用户进行话题互动

用户群具有社交性，用户在群内的主要活动方式是讨论与交流，这要求群管理员能够很好地引导用户讨论话题。话题的选择要考虑到用户兴趣、商品特点和内容趣味性。

（4）鼓励用户输出

如果一个用户群内只有群管理员在分享内容，无疑会增加群管理员运营用户群的压力，用户群就很难长久发展下去。在用户群中，用户输出的内容要远多于群管理员分享的内容。用户输出内容更能反映出用户群的活跃度。

要想鼓励用户输出优质内容，群管理员可以建立一个合理的激励制度，给予输出优质内容的用户一些物质奖励，如红包或礼品，以激发用户的积极性。

知识拓展

很多主播会给自己的“粉丝团”成员或长时间看自己直播的用户起名字，如“烈儿宝贝”称自己的用户为“小火苗”。这种起名字的方式可以让用户产生归属感，从而与主播建立长期联系。

### 3. 对用户实施分层管理

直播运营团队可以将直播间的用户分为首次购买用户、复购用户、忠诚用户和流失用户4种类型，对不同类型的用户采用不同的管理策略，如表3-4所示。

表3-4 直播间用户分层管理策略

| 管理策略 | 用户类型 | | | |
|---|---|---|---|---|
| | 首次购买用户 | 复购用户 | 忠诚用户 | 流失用户 |
| 管理目标 | 引导其成为复购用户 | 增加其在直播间购物的频次 | 为用户提供更高价值的商品或服务，鼓励用户在直播间产生更多的消费 | 对其进行召回 |
| 管理要点 | 提升用户复购率、用户留存率 | 缩短其购买间隔 | 提高客单价，提高连带率 | 激发其购物需求 |
| 权益策略 | 为用户提供新客优惠福利 | 用户享受多倍积分、多购优惠等福利 | 为用户提供专项服务，如专属客服、极速退款服务等 | 定期为其推送福利信息，如推送购物优惠券、购物享受折扣优惠等，尝试召回 |
| 营销策略 | 向用户发放店铺满减红包、新客专属红包或优惠券等 | ×件×折，第二件×折，清仓折扣，特权折扣 | 专享商品，专属优惠券等 | 新品推荐，关联商品推荐，组合商品推荐等 |

# 任务三 实施直播活动复盘

直播活动复盘是直播运营团队在直播活动结束后对本次直播活动进行回顾，评判直播效果，总结直播经验教训，为后续的直播提供参考。

## 一、直播活动复盘的步骤

直播运营团队可以按照以下步骤对直播活动进行复盘。

### 1. 总结直播表现

总结直播表现是指对直播活动中的各项表现进行整体回顾和总结，主要包括总结直播目标的合理性，总结突发事件预警和处理情况，以及总结各项直播数据。

（1）总结直播目标的合理性

在直播活动开始前，直播运营团队通常要设置直播目标，确认直播是为了做品牌宣传，进行活动造势，还是为了销售商品。总结直播目标的合理性就是回顾直播运营团队设置的直播目标是否符合SMART原则，如表3-5所示。

表 3-5 直播目标应遵循的原则

| SMART 原则 | 具体内容 |
| --- | --- |
| 具体性（Specific） | 要用具体的语言清楚地说明直播要达成的行为标准，直播的目标须是特定的指标，不能笼统、不清晰。例如，“借助此次直播活动提高品牌影响力”就不是一个具体的目标，而“借助此次直播活动提高品牌官方微博账号的用户数量”就是一个具体的目标 |
| 可衡量性（Measurable） | 直播目标应是数量化或行为化的，应有一组明确的数据作为衡量目标是否达成的标准。例如，“利用此次直播活动提高店铺的日销售额”就不是一个可衡量的目标，而“利用此次直播活动让店铺的日销售额达到 50 万元”就是一个可衡量的目标 |
| 可实现性（Attainable） | 目标应是客观的，通过付出努力是可以实现的。例如，直播运营团队开展的上一场直播活动吸引了 10 万人观看，于是直播运营团队将此次直播活动的观看人数设定为 200 万人，这个目标有些不切实际，难以实现，而将观看人数设定为 12 万人或 15 万人则有可能实现 |
| 相关性（Relevant） | 直播的目标应与直播运营团队设定的其他营销目标相关。例如，对于在电商平台运营网店的直播运营团队来说，将某次直播活动的目标设定为“网店 24 小时内的订单转化率提升 80%”，这个目标是符合相关性要求的；而将某次直播活动的目标设定为“将商品的生产合格率由 91%提升至 96%”，这个目标是不符合相关性要求的，因为直播活动无法帮助商品生产方提升商品的合格率 |
| 时限性（Time-bound） | 目标的达成应有时间限制，这样才能发挥督促作用，才能避免目标的实现被拖延。例如，“借助直播活动让新品销售量突破 10 万件”的目标是缺乏时限性的，而“直播活动结束后 24 小时内新品销售量突破 10 万件”的目标则是符合时限性要求的 |

（2）总结突发事件预警和处理情况

在直播活动开始前，直播运营团队应预想直播过程中可能会发生的事情，并制定相应的应对方案。在复盘时，直播运营团队要总结事先预想的情况是否发生，直播过程中是否发生了预先未想到的情况，针对突发事件采取的处理措施是否有效、是否具有针对性等。

（3）总结各项直播数据

直播运营团队要做好各项数据的收集与总结工作，方便后续分析。基础数据的汇总维度应与既定目标保持一致，而场景布置、团队分工、道具使用等很难用数据量化的部分，也需要人为去评价，进行复盘。

### 2. 评估结果

评估结果是指根据直播目标对直播结果进行评估。一场直播活动的结果一般会有以下几种。

第一，超出预期并取得优异成绩。

第二，顺利达成目标。

第三，在过程中添加了新事件。

第四，未完成且与预期目标存在较大的差距。

评估结果一般分为两个步骤。

（1）展示与分析数据

在复盘时，直播运营团队必须将所有的直播数据都展示出来，并对数据进行分析，将分析结果和设置的目标进行对比，以便让大家直观地了解直播结果是否达到预期。

（2）发现亮点与不足

通过分析直播数据，直播运营团队可以发现直播的亮点与不足。例如，直播选品符合用户需求，商品转化率超过预期；直播中设置的互动游戏较好，用户互动率高；直播排品合理，用户平均停留时长符合预期；付费流量占比较高，免费流量占比较低，引流成本较高等。

### 3. 寻找原因

直播运营团队需要查明导致直播效果好坏的原因，以便更好地优化以后的直播活动。

寻找原因一般可以按照以下步骤来进行。

（1）描述过程

直播运营团队中的每个成员需就各自工作内容进行陈述，分享自己执行工作任务的经过，为后续讨论奠定基础。

（2）自我分析

自我分析要求各个成员分析是自己负责的部分存在问题，还是他人负责的部分存在问题。在自我分析时，成员们要保持客观的态度，不能为了逃避责任，而将问题推卸给他人或客观环境。

（3）众人讨论

其他成员从旁观者的角度对每个成员的工作进行集中讨论，提出问题，打破个人认知的限制，探索问题的更多可能性。

### 4. 总结经验教训

直播运营团队对直播进行复盘的主要目的是从中总结经验教训，从而有针对性地对后续直播进行调整与优化。

在总结经验时，直播运营团队应重点考虑以下 3 点。

开始做什么：为了改善直播间当前的运营现状，直播运营团队应根据总结的经验与教训确定今后需要采取的行动，如调整引流短视频的创意，提升免费流量占比。

停止做什么：通过复盘，直播运营团队通常会发现一些影响直播效果的不当做法，这些做法需要马上停止。

继续做什么：直播运营团队要识别表现良好或者需要继续保持下去的直播策略和方法，然后将这些策略和方法坚持下去。

## 二、直播活动复盘的维度

直播运营团队可以从结果维度、策略维度和团队维度 3 个维度对直播活动进行复盘。

### 1. 结果维度

结果维度的复盘是指直播运营团队对直播活动达成的成果进行完整的复盘。在复盘过程中，直播运营团队要对直播目标具有清晰的认知，也就是说，通过直播希望获得的具体结果，如观看人数、商品销售额等。

基于结果维度的复盘，即对直播数据进行复盘，通过数据分析发现问题，进而解决问题。直播运营团队应重点关注 5 个方面的数据，具体内容见表 3-6。

**表 3-6 应重点关注的直播数据**

| 数据类型 | 重点关注指标 |
| --- | --- |
| 人气数据 | 观看人数、直播曝光人数、直播间浏览量、平均在线人数、平均停留时长、新增“粉丝”数、“转粉”率、互动率、人气峰值等 |
| 销售数据 | 销售额、销售量、客单价、商品转化率、千次观看成交等 |
| 用户数据 | 性别、地域分布、年龄、消费需求特征、购买类目偏好、购买品牌偏好、最感兴趣内容、活跃时间等 |
| 流量结构数据 | 关注页流量占比、推荐页流量占比、个人主页流量占比、短视频引流占比、付费流量占比等 |
| 短视频数据 | 播放量、点赞量、评论量、分享量、短视频点击进入率等 |

直播运营团队可以通过查看直播账号后台数据、使用直播平台提供的数据分析工具（如抖音电商罗盘），或者使用第三方数据分析工具（如飞瓜数据、蝉妈妈数据等）来收集相关数据。

直播运营团队可以从两个角度进行数据分析，一是与自身历史数据做对比，评估本场直播数据与历史直播数据相比是提升还是下降；二是与同行业对标账号做对比，将自身直播数据与同行业对标账号的数据进行对比和归因，一方面，了解自身在行业里的竞争力，深入挖掘自身优势，另一方面，学习对标账号优秀的部分，取长补短，提升自己。

### 2. 策略维度

直播运营团队为了实现直播目标，会采用多种策略。策略维度的复盘是指系统地总结直播活动的成功经验和失败教训。复盘的主要内容包括分析直播思路的正确性，分析直播策略的有效性，以及确定哪些方法和策略是应被复制推广的，哪些是应被舍掉、摒弃的。然后根据实际的分析结果，制定工作标准，在日后的直播工作中清楚自己应采取何种行动，以及避免哪些错误。

### 3. 团队维度

在直播活动中，直播运营团队中不同岗位的人负责执行不同的任务，承担不同的工作。例如，有人负责选品，有人负责拍摄，有人负责商品供应链。从团队维度进行复盘，就是团队中的每个成员都要针对自己在直播活动中负责的工作来做复盘，具体如表 3-7 所示。

**表 3-7 直播运营团队成员主要复盘内容**

| 成员 | 主要复盘内容 |
| --- | --- |
| 主播 | 直播中对商品的讲解情况、对直播间气氛的维护情况、与用户互动情况、直播过程中的控场情况等 |
| 副播 | 与主播的配合情况、对直播间气氛的维护情况等 |
| 场控 | 直播设备调试情况、直播间场景设计效果、直播间秩序的维持情况、直播间热度变化、突发事件预警情况等 |
| 运营 | 选品是否合适、直播主播的匹配度、平台广告的投放效果等 |
| 策划 | 排品是否合适、预热和引流视频的制作与发布效果、直播过程中互动玩法的效果等 |
| 客服 | 商品订单处理情况、直播过程中解答用户疑问情况、主动引导用户下单购买情况、活动福利说明情况等 |

基于团队维度的复盘，直播运营团队可以按照以下 3 个步骤来展开。

（1）自我阐述

团队中的每个成员都要进行自我阐述，主要阐述自己在这次直播中扮演的角色、承担的责任、工作目标和目标的完成情况、没有完成目标的原因、在工作中遇到的问题，以及工作中哪些方法比较好、哪些方法需要改进等。

（2）深入剖析

所有成员进行讨论，对每个成员的工作情况进行深入剖析，找出其工作中存在的问题，并帮助其分析出现这些问题的原因。

（3）做出反馈

找到问题后，最重要的是分析如何去改进，如何解决问题。团队领导者要根据不同成员的问题为其制定适合他们的解决方案。有的成员可能需要进行进一步的培训和学习，有的成员可能需要鼓励、赞美。总之，领导者应根据每个成员的具体情况采用不同的方法帮助他们成长。

对于某个成员做得好的地方，其他成员也要对其予以肯定和鼓励，并从中总结成功经验，用于后续直播中。

直播运营团队可以参考表 3-8 来进行直播复盘。

**表 3-8　直播复盘表**

| ××（直播活动名称或主题）直播复盘 | | | | | | | | | | |
|---|---|---|---|---|---|---|---|---|---|---|
| 一、直播目标分析 | | | | | | | | | | |
| 目标设置 | | | | | 实际达成 | | | | | |
| 二、直播数据 | | | | | | | | | | |
| 场次 | 开播时段 | 直播时长 | 最高在线人数 | 观众总数 | 新增关注数 | 评论次数 | 分享次数 | 订单总量 | 成交总额 | |
| | | | | | | | | | | |
| 三、单品数据 | | | | | | | | | | |
| 商品品类 | 商品名称 | 销售量 | 成交额 | 客单价 | 订单占比 | 成交额占比 | 价格区间 | 点击率 | 单品转化率 | 连带率 |
| | | | | | | | | | | |
| | | | | | | | | | | |
| 四、商品数据 | | | | | | | | | | |
| 场次 | 上架商品数量 | 动销商品数 | 动销率 | 客单价 | 主力商品 | 主力价格带 | | | | |
| | | | | | | | | | | |
| 五、直播策略分析 | | | | | | | | | | |
| | | | | | | | | | | |
| 六、团队成员表现 | | | | | | | | | | |
| 主播 | | | | | | | | | | |
| 副播 | | | | | | | | | | |
| 场控 | | | | | | | | | | |
| 运营 | | | | | | | | | | |
| 策划 | | | | | | | | | | |
| 客服 | | | | | | | | | | |
| 七、突发事件处理 | | | | | | | | | | |
| 事件内容 | | | | | 处理方式 | | | | | |
| | | | | | | | | | | |
| 八、复盘总结 | | | | | | | | | | |
| | | | | | | | | | | |
| 九、经验总结 | | | | | | | | | | |
| | | | | | | | | | | |

知识拓展

直播运营团队在分析直播数据时，应重点关注异常数据。所谓异常数据，并不是指表现差的数据，而是指显著偏离平均水平的数值。例如，某团队每场直播的新增用户数维持在 500～1000，但有一场直播的新增用户数突增到 2000，虽然新增用户数增加了，但这个数据仍属于异常数据，需要对此数据进行认真分析。可能是直播间发放红包、优惠券吸引了大量用户，也可能是投放付费引流广告为直播间带来了流量。团队还应分析导致新增用户大量增加的红包、优惠券和付费引流广告等的设置策略，为后期优化红包、优惠券和付费引流广告的设置提供参考。

## 项目实训：认识直播活动的运作（二）

### 1. 实训目标

分析某品牌/企业或某“达人”主播的直播活动，掌握直播“带货”中讲解商品的策略、为直播活动引流的策略、处理直播中特殊情况的策略、直播活动后期运维策略，以及进行直播复盘的策略。

### 2. 实训内容

每 3 至 5 人一组，观看某品牌/企业或某“达人”主播的一场直播，分析该场直播的特点，包括主播讲解商品的方法、直播活动引流方式、主播应对直播中的突发状况的方法、直播活动二次传播策略、直播间用户运维策略，并评价本场直播的优缺点。

### 3. 实训步骤

（1）观看直播

小组讨论，确定一个品牌/企业或一位“达人”主播（可以继续使用项目二的项目实训中选定的品牌/企业或“达人”主播），观看该品牌/企业或“达人”主播的一场直播活动。

（2）分析直播活动的执行

通过反复观看直播，对该场直播活动进行分析，总结其特点，填写“实训作业\项目三\直播活动运作分析（二）”文件。

### 4. 实训总结

| | |
|---|---|
| 学生自我总结 | |
| 教师总结 | |

# PART 04

# 项目四

# 淘宝直播运营

## 学习目标

【知识目标】

➢ 了解淘宝直播的特点、类型、流量分配规则、权重规则及准入条件。

➢ 掌握打造主播人设和直播商品规划的方法。

➢ 掌握在淘宝直播平台进行直播引流和维护直播间气氛的方法。

【能力目标】

➢ 能够打造具有差异化的主播人设。

➢ 能够根据直播活动主题进行直播商品定位，并规划商品数量。

➢ 能够掌握食品类商品的讲解技巧，并在直播中对商品进行全面讲解。

➢ 能够根据直播间的人气情况合理运用引流工具为直播间引流。

➢ 能够运用淘宝直播各种互动工具维护直播间气氛。

【素养目标】

培养并提高统筹规划直播活动的能力，高效执行直播“带货”活动。

## 引导案例

淘宝直播账号“立君姚男装”最近举办了一场推荐一款男士健身背心的专场直播活动，本场直播活动的亮点如下。

商品规划：在本场直播中，直播间只上架了一个商品链接，即夏季运动网孔健身背心，但提供了白色、灰色和黑色三种颜色，为用户提供了多样化的选择。

直播场景：主播在直播间的背景墙上陈列了在售商品，同时在正中间放置了文玩，营造出文雅、休闲的氛围，为用户带来恬淡、轻松的感受。直播场景与商品调性相契合，能让用户更直观地感知商品的上身效果。

商品讲解：为了直观地传达背心透气、排汗的功能，主播不仅在镜头前展示细节，还在背心上进行滴水实验，展示衣服速干的效果；主播耐心地讲解产品的尺码和适合的人群，其讲解真诚且清晰，最大程度上规避了退货风险。

**案例分析**

品牌要想在激烈的竞争中脱颖而出，就要深度挖掘用户痛点，有针对性地推出符合其需求的商品。

# 任务一　分析淘宝直播平台

淘宝直播是我国直播电商的代表，其不仅限于直播本身，而且通过直播连接商品和用户，直接产生交易，通过交易实现主播、品牌/商家、用户三者的利益分配。淘宝直播凭借其完善的商业基础设施、丰富的内容展现形态，以及多元的用户运营方式，打造了直播电商的完整产业链。

## 一、淘宝直播的特点与类型

淘宝直播是阿里巴巴网络技术有限公司推出的消费生活类直播平台，用户可以一边看直播，一边与主播互动交流，领取优惠券，并选购商品等。

### 1. 淘宝直播的特点

淘宝直播平台是我国目前较大的直播电商平台，一直走在内容创新的前列。与其他直播电商平台相比，淘宝直播平台的优劣势如表 4-1 所示。

**表 4-1　淘宝直播平台的优劣势**

| 优势 | 劣势 |
| --- | --- |
| ① 电商产业链完善。淘宝直播以淘宝网为依托，拥有完善的电商产业链，市场规模巨大。<br>② 对商家扶持。淘宝网把直播电商作为新型电商业态进行重点扶持，形成了较为完善的平台机制。<br>③ 用户跨度大。淘宝用户横跨多个年龄段，来自不同区域，这为不同的商品提供了丰富的交易场景。<br>④ 更受用户信任。淘宝直播拥有天然的电商基因，而且淘宝已经在买家和卖家之间有了很高的知名度和信任度。与其他直播电商平台相比，用户更愿意相信已经运营了十几年、有一定规模的淘宝平台。基于主播的个人魅力和平台的实力，用户产生购买决策的时间大大缩短，甚至购买频次也增加不少。<br>⑤ 货源充足。由于淘宝成熟的电商基因，淘宝直播的货源充足，主播不需要自己挖掘货源，这给很多缺少资金的小主播带来了机会 | ① 商家直播如果仅靠私域流量会有比较大的难度，很多时候庞大的用户只能带来很少的播放量。<br>② 公域引流的门槛较高。商家直播只有排位较高时才能获得公域流量，如果直接购买公域流量或投放“达人”，成本又相对较高。因此，商家在淘宝直播上未获得成绩之前一直是获取私域流量，用户必须进入店铺或关注店铺。<br>③ 私域流量很难反复触达，一旦用户离开淘宝就难以再次触达，商家与用户之间很难形成强黏性，除非商家用其他方式与用户建立联系，如微信群、微博等。<br>④ 受到电商属性和淘宝直播本身机制的限制，淘宝直播中的主播大多在推销商品，直播内容相对来说比较单一。主播围绕商品努力解说，很多时候主播的销售能力和商品价格决定了直播间的销售量 |

### 2. 淘宝直播的类型

一般来说，淘宝直播通常分为店铺直播、“达人”直播、淘宝全球买家直播和专业生产内容（Professional Generatent Content，PGC）生产者直播。

（1）店铺直播

店铺直播是指商家店铺开通的直播。一般来说，淘宝店铺可以分为天猫店、C 店和企业店。天猫店是指在天猫平台上运营的店铺；C 店是从 C2C 的意义上衍生出来的，C2C 是指个人与个人之间的电子商务（Consumer to Consumer），即消费者之间的交易行为，也就是说 C 店其实就是个人店；企业店是指与个人店相区别的、以企业名义开设的店铺。这些店铺都可以开通直播权限，直播效果较好的商品类目主要集中在服装鞋包和化妆品。

（2）“达人”直播

“达人”直播在淘宝直播中占有一定的比例，“达人”主播也在淘宝内容生态中占据了重要的地位。淘宝内容团队的流量基本集中于一小部分“达人”主播，这些“达人”主播在淘宝直播平台积累了一定数量的用户，形成了一定的影响力，如“烈儿宝贝”“陈洁 kiki”等。“达人”主播与新手主播不同，他们在行业中已经积累了一定的知名度，商家会主动寻求合作，并为“达人”主播支付佣金和“坑位”费。

（3）淘宝全球买家直播

淘宝全球买家是指到世界各地不同的购物中心购物的买家，这些买家开通的直播称为淘宝全球买家直播。淘宝全球买家要想开通直播，一个重要的前提是确保没有严重违规和虚假交易，商店处于正常状态，并具有稳定的综合经营能力。

（4）PGC 生产者直播

专业生产内容指的是在某个领域具有专长，能分享专业领域有价值的内容。PGC 生产者是具有专业身份或组织具有专业身份的人士提供专业内容的内容输出者，如媒体平台的编辑、记者，学术领域的教授和研究学者，传媒领域的制片机构、综艺节目等。

## 二、淘宝直播用户的特点

淘宝直播的用户通常具有以下 4 个特点。

用户活跃时间段：淘宝直播的重度用户（即重复使用频次较高的用户）的规模持续扩大，每天观看时长超过 1 小时的用户数量持续增长，用户活跃时间段主要集中在晚上 6 点之后，一般在晚上 9～10 点达到高峰。

用户年龄特点：在淘宝直播用户中，女性用户占比较大，用户群体集中在 20～40 岁，其次是 40～50 岁，20 岁以下的用户也占有相当大的比重。

用户地域分布：淘宝直播用户群体在一线城市如北京、上海、广州、深圳的人数较多，排名前十的城市还有重庆、杭州、成都、武汉、苏州、东莞。

用户购买偏好：女性用户偏爱女装、美妆、箱包配饰、食品，其中女装是淘宝直播平台中用户最喜欢买的商品类型，而男性用户偏爱数码、家电、家装、汽车、运动户外等类型。

从年龄分布来看，40～50 岁年龄段的用户更偏爱家纺、家居、家电等类型，30～40 岁年龄段的用户偏好整体比较平均，20～30 岁年龄段的用户更偏爱美妆等类型，20 岁以下年龄段的用户更偏爱数码、运动户外等类型。

从城市分布来看，一、二线城市更偏爱美妆和本地生活，五、六线城市更偏爱女装和汽车。

## 三、淘宝直播流量分配规则

不管是传统电商，还是直播电商，都需要流量，淘宝直播自然也是如此。因此，运营淘宝直播，了解淘宝直播的流量分配规则是非常必要的。

淘宝直播流量分配规则主要体现在以下 4 个方面。

### 1. 标签竞争

淘宝直播标签是阿里巴巴网络技术有限公司推出的一款快捷的导购推广服务。在直播间，主播和商家可以为自己的商品添加各种能吸引用户的标签，以此获得更加精准的流量，提升点击率和转化率。

设置直播标签可以为淘宝直播官方和用户精准定位自己的直播属性，淘宝直播官方会根据主播所选择的标签为其匹配对应的流量。有了直播标签后，主播可以利用淘宝直播平台及相关部门对自己的权益进行保障，在遇到问题时有资格享受保障。淘宝直播标签通常以频道栏目的形式来确定，如图 4-1 所示。

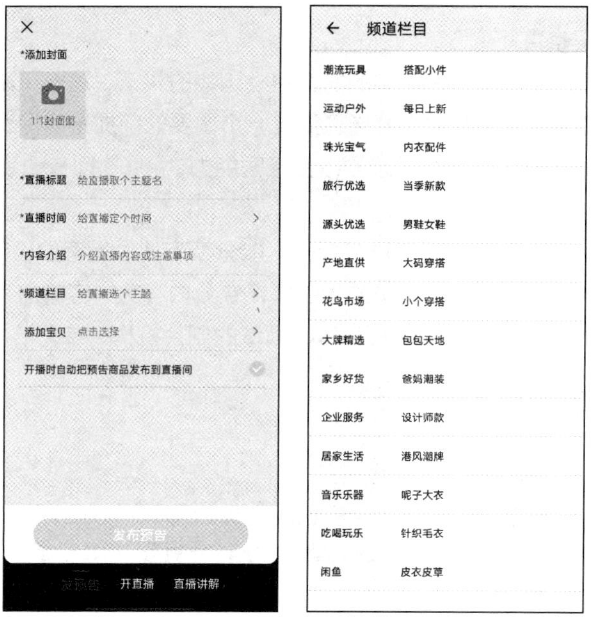


图 4-1 频道栏目标签

随着直播标签数量的增多，淘宝直播的后台会形成数据库，系统会根据直播间的打标签情况对购买人群进行分析，整理出更多相应的场景规则，同时帮助直播间分辨真假订单。

从淘宝直播官方的角度来说，使用同一标签的人越多，在分配流量时可以选择的范围也就越大。在流量总量不变的情况下，同一标签下每个直播间能分到的流量就会变少，这就加大了在同一标签维度下直播间对流量的争夺。

### 2. 账号等级竞争

账号等级是根据淘宝直播账号的直播数据表现进行评定的等级体系。该等级体系分为 7 个等级，从“V1”到“V7”，其中“V1”为最低等级，“V7”为最高等级。不同的等级享有不同的权益，包括更多的产品功能权益、专属活动及流量支持、账号诊断服务等，如表 4-2 所示。同时，账号等级也会影响账号在淘宝直播平台的流量分配、商业化投放等方面的表现。

此外，账号等级各项指标与直播间的成长息息相关，能够反映直播间的运营状况。直播运营团队可以将账号等级指标作为数据分析的参考，以优化直播间数据。

**表 4-2 淘宝直播账号等级及其权益**

| 等级 | 权益 |
| --- | --- |
| V1 | 王者挑战赛、热浪联盟、超级直播礼包 |
| V2 | 平台红包、直播品类日、新人领航计划、会场精选流、实时流量赛马、浮现权 |

续表

| 等级 | 权益 |
|---|---|
| V3 | 平台补贴 |
| V4 | 冲刺领航计划、大促王者挑战赛 |
| V5 | 超级播参与权、金牌主播、品牌好货大卡、品牌营销、发光俱乐部、风控工具使用 |
| V6 | 年度盛典奖项、优秀金牌主播 |
| V7 | 定制营销 IP、平台核心荣誉 |

高等级自动享受低等级的所有权益，等级有升有降。账号等级下降后，不再享受原先等级对应的权益。因此，直播运营团队要持续保持良好的直播数据，这样才能保持高等级的权益。

### 3. 活动排名

淘宝直播官方经常举办各种主题直播和排位赛等活动，直播运营团队把官方活动和官方任务完成得越优秀，就越能证明直播间的实力，其排名也就越靠前。在淘宝直播官方看来，这样的直播间很好地利用了官方为其提供的流量，在他们身上可以获得较高的投资回报率，所以在分配流量时会更倾向于扶持这些直播间。

### 4. 直播内容建设

淘宝直播官方不止一次提到，淘宝直播终将回归到内容建设，而流量倾斜自然也会以内容建设为核心，因此做好内容建设是增加直播间流量的核心点。淘宝直播官方评判直播内容的依据主要有以下 5 个。

内容能见度。内容能见度是指直播内容所能覆盖用户的广度，主要通过直播间的浮现权和订阅触达人群来评判。覆盖的人群越广，内容被看到的概率就越大，这主要是考察直播间的引流推广能力。

内容吸引度。内容吸引度以在单位时间内用户能否在直播间停留、购买，并做出互动动作（如评论、点赞、分享等）作为考虑因素，主要考察的是直播氛围、商品构成及主播吸引力。

内容引导力。内容引导力与内容吸引度息息相关，指的是把用户留在直播间，并引导其进入店铺主动了解商品的能力，主要考察的是主播的直播话术、控场能力和吸引力。

内容获客力。内容获客力是指直播内容与用户购买行为产生引导转化的能力，主要考察的是直播间商品的性价比和主播的直播话术对用户的吸引度。

内容转粉力。内容转粉力是指将只是短暂停留在直播间的用户转化为有目的、停留时间长的黏性用户的能力，主要考察的是主播的持续内容输出能力，以及直播间商品的性价比和主播的直播话术。

## 四、淘宝直播权重分析

权重是指某一因素或指标相对于某一事物的重要程度，倾向于贡献度或重要性。总体来说，淘宝直播权重分为两类，即静态权重和动态权重。

### 1. 静态权重

静态权重主要包括直播预告、直播标签、直播封面图、直播标题、开播时长等。这些数据在主播开播准备期就已经基本确定，相对稳定，不会因直播中的各项表现而产生大的变动。

（1）直播预告

直播预告是指直播间和淘宝直播系统约定的开播时间，这里最忌讳的是公布了直播预告却没有按时直播，或者干脆没有直播，这对直播间的权重有很大的影响，因为这种行为违背了诚信原则，触及了平台的底线，所以直播间的权重肯定会被降低。因此，如果在直播前发生了不可控的情况，可以提前删掉预告，而不是发布预告后不直播。

（2）直播标签

在淘宝直播中，直播间在某个标签下持续直播一段时间后，就会形成累积权重。直播间综合表现的好坏决定了权重的高低，直播间数据表现好，权重就高，获得的流量也就越多；反之，直播间数据表现不好，权重就低，直播间获得的流量也就越少，甚至没有流量。

主播在选择直播标签以后，会和同一标签下的主播在同时段竞争，而每个用户能看到的标签数量有限，系统会根据用户最近观看的主播类型来确定喜好标签，此外，标签下的流量和使用人数一直处于不断变化中，因此主播一旦确定了适合自己的标签，最好固定下来，不要轻易更换。

例如，某直播间为自己的直播选择了 A 标签，并使用这个标签直播了一段时间，直播的数据越好，直播间在 A 标签下的排名就会越高。如果该直播间突然将直播标签换为 B 标签，那么该直播间将会在 B 标签下重新积累权重并重新排名。因此，对于主播和商家来说，最好不要随意更换直播标签，选择一个适合自己的标签并长期耕耘是非常重要的。

（3）直播封面图

人是视觉动物，对于美好的事物有本能的向往。如果主播恰到好处地运用视觉要素，就可以激发用户的观看欲望，从而提升直播间的点击率。直播封面图就是用户观看直播之前对该直播形成第一印象的来源，在没看到直播内容之前，直播封面图就是核心吸引点。

（4）直播标题

直播标题和直播封面图一样，是影响直播间点击率的重要因素。直播标题是指机器推荐到直播间的标题用词，与直播标签有关，字数一般在 12 字左右，突出直播的主题，有明显的利益吸引点。淘宝直播平台会自动审核每个直播标题，并给出基础分。

（5）开播时长

保证直播的时长是每一个主播都必须做到的，一般每次直播要持续 2 个小时以上。

### 2. 动态权重

相较于静态权重，淘宝直播的动态权重更加灵活多变。淘宝直播的动态权重主要包括用户停留时长、同时在线人数、用户回访率、互动量、关注、分享、商品点击率、加购物车数量等。动态权重越高，相应的公域流量就会越多，这对于提高曝光度和吸引新用户会有很大的帮助。

（1）用户停留时长

在淘宝直播平台中，70%的用户在进入一个直播间后会在 3 秒流失，用户停留时长很低。主播可以设置用户亲密度来激励进入直播间的用户，用户在直播间停留时间越长，经验值就越高，等级会以“新粉—铁粉—钻粉”的形式升级，这样可以让老用户和新用户每天都来直播间互动。提升用户停留时长的方法有与其聊天、设置直播间优惠、更新商品等。

（2）同时在线人数

同时在线人数能反映直播间的受欢迎程度。主播通过后台可以看出，直播间在每分钟都有人进有人出，主播可以通过“直播内容+优势商品+福利促销”的方式把用户留在直播间，这样同时在线人数会逐渐增加。

（3）用户回访率

用户回访率也是一个重要数据，官方要评估用户回访率，以排除“刷粉”的可能性。影响用户回访率的因素有商品本身是否让用户有复购的欲望，主播是否能让用户有持续关注的欲望，商品的快速更迭能力，以及用户分级设置等。

（4）互动量

主播可以通过抽奖、向用户提问等方式增加直播间的互动量，营造热烈的直播氛围。

（5）关注

关注是指新增用户数，该数据与商品的核心卖点以及静态权重有很大关系，所以做好各项准备工作和预热动作就显得至关重要。主播尽量少用后台的关注卡片，只在抽奖和发红包时设置一下即可，如果经常发会影响现存用户的心情，容易造成用户流失。

（6）分享

淘宝直播平台希望不断有新的流量进来，所以分享在直播权重中的占比很大，而且主播的直播间也需要不断有新用户进来，所以主播可以在做有趣的互动时提醒用户，让用户分享直播，并给分享的用户提供优惠或返现。

（7）商品点击率

商品点击率代表的是主播对于商品的引导能力。商品点击率越高，说明用户的购买欲望越强，这是淘宝直播平台所希望看到的，所以商品点击率的权重也是占比很大的。因此，主播要善于引导用户经常到购物袋查看商品，尤其是看前置商品。此外，商品主图也要设计得让人特别有点击的欲望。

（8）加购物车数量

到了这一步，就意味着用户要下单成交了。对于直播间来说，用户将商品添加购物车的行为是提升动态权重的，加购物车数量越多，表明用户的购买意向越强烈，但这也需要主播进行引导。

**课堂实训**

在网络上收集淘宝直播的相关资料，如淘宝直播官方发布的资料、第三方数据分析平台发布的资料等，分析淘宝直播的发展概况，如淘宝直播平台的特征、市场占有率、发展趋势以及平台上不同品类商品的“带货”情况等。

## 任务二 筹备淘宝直播活动

不管是商家还是个人，要想开通直播，都要满足特定的条件。在满足条件并成功开通直播后，主播还要进行人设打造，为自己打造一个良好的形象。此外，还要做好直播商品规划，合理地组织直播间商品。

## 一、淘宝直播准入的条件

符合条件的淘宝平台会员可入驻淘宝直播平台成为主播，开展直播内容创作、信息发布和推广活动。淘宝直播准入要求如表 4-3 所示。

表 4-3 淘宝直播准入要求

| 身份 | 准入要求 |
| --- | --- |
| “达人” | 淘宝会员可经由淘宝直播平台入驻成为“达人”主播，须满足以下要求：<br>① 如为个人，须完成个人实名认证，且年满 18 周岁（同一身份信息下只能允许 1 个淘宝账户入驻）；<br>② 如为企业，须完成企业实名认证（同一营业执照下最多允许 10 个淘宝账户入驻）；<br>③ 如淘宝/天猫平台卖家申请成为“达人”主播，须具备一定的店铺运营能力和客户服务能力；<br>④ 账号状态正常，且具备一定的推广素质和能力，满足淘宝直播平台的主播要求。账号实际控制人的其他阿里平台账户历史未被阿里平台处以特定严重违规行为处罚或发生过严重危及交易安全、发布交互风险信息等情形 |
| 商家 | 商家可经由淘宝直播平台入驻成为商家主播，须满足以下要求：<br>① 如为个人，须根据平台要求完成认证，且年满 18 周岁；<br>② 如为企业，须在淘宝/天猫平台开设店铺，且店铺状态正常；<br>③ 未经平台允许，店铺主营类目不可为限制推广的类目；<br>④ 账号状态正常，且具备一定的推广素质和能力，满足淘宝直播平台的主播要求。账号实际控制人的其他阿里平台账户历史未被阿里平台处以特定严重违规行为处罚或发生过严重危及交易安全、发布交互风险信息等情形；<br>⑤ 对商家准入有特殊要求的，从其规定 |

如果用户的淘宝账号没有开设店铺，目前一个身份证件只能开通一个直播账号。如果用户的身份证件下已有“达人”身份的账号或具有开播权限的账号，则无法再使用其他账号申请入驻淘宝直播，且不支持换绑操作。

如果用户有在淘宝网开设店铺，如淘宝店铺、淘宝直播店铺、天猫店铺等，满足准入要求的店铺账号均可入驻淘宝直播。即使店铺注销后重新开店，满足准入要求也可重新再入驻淘宝直播。若其中一个店铺被处罚清退，不会影响其他店铺已有的开播权限。

如果用户同时拥有多个个人账号、店铺账号，则个人账号只能入驻一个账号，并享有开播权限和“带货”权限，店铺账号则均可以开通直播权限。

## 动手实践 1：入驻淘宝直播

微课启学：入驻淘宝直播

入驻淘宝直播的具体操作方法如下。

**步骤 01** 启动淘宝主播 App 并登录淘宝账号，进入“首页”界面，点击“立即入驻，即可开启直播”按钮，如图 4-2 所示。

**步骤 02** 在打开的界面中点击“去认证”按钮，通过人脸识别进行实人认证，选中“我已阅读并同意以下协议《淘宝直播平台服务协议》”选项，然后点击“确认入驻”按钮，如图 4-3 所示。

**步骤 03** 入驻成功后，在界面下方点击“成长”按钮，在打开的界面中进行淘宝直播相关规则和课程的学习，如图 4-4 所示。

图 4-2 立即入驻

图 4-3 确认入驻

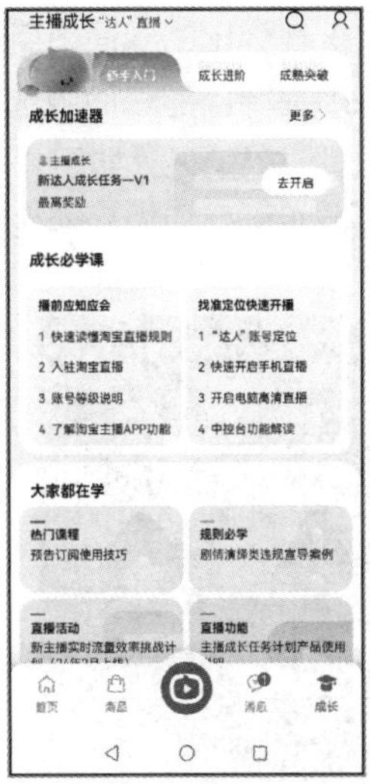


图 4-4 学习直播规则和课程

## 动手实践 2：设置直播绿幕

使用直播间装修功能，“达人”或商家可以在指定位置进行图片、文字、视频和绿幕装修等操作，以增强直播间的吸引力。下面将介绍如何设置直播绿幕，让主播可以通过上传提前制作好的背景图片或商品图片，在直播间背景中展示商品相关信息，具体操作方法如下。

微课启学：设置直播绿幕

**步骤 01** 在“首页”界面中点击“直播间装修”按钮，如图 4-5 所示。

**步骤 02** 弹出“直播间装修”界面后，点击“装修市场”按钮，然后点击“2D 绿幕”按钮。“达人”或商家可以选择官方提供的绿幕模板，点击“立即使用”按钮，然后修改文字和图片即可，如图 4-6 所示。

**步骤 03** 点击“返回旧版”按钮，在弹出的界面下方点击“绿幕大屏”按钮，然后在左侧绿幕背景列表中点击“新建绿幕”按钮，如图 4-7 所示。

图 4-5 点击“直播间装修”按钮

图 4-6 选择绿幕模板

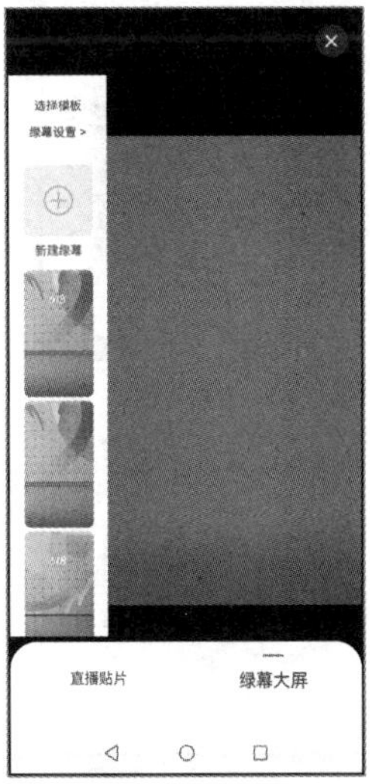


图 4-7 点击“新建绿幕”按钮

**步骤 04** 在弹出的界面中点击“自由上传”按钮，如图 4-8 所示。

**步骤 05** 在弹出的界面中选择所需的背景图片，拖动裁剪框对图片进行裁切，然后点击右侧“确认”按钮✓，如图 4-9 所示。

**步骤 06** 点击“使用”按钮，即可使用该绿幕背景，如图 4-10 所示。

图 4-8　点击“自由上传”按钮

图 4-9　裁切图片

图 4-10　点击“使用”按钮

**步骤 07** 返回“直播间装修”界面，点击“我的素材”按钮，然后点击“2D 绿幕”按钮，即可看到保存的绿幕素材，如图 4-11 所示。

**步骤 08** 在“淘宝主播”App 界面下方点击“直播”按钮◎，进入直播预览界面，点击“开播设置”按钮⚙，如图 4-12 所示。

**步骤 09** 在弹出的界面中选择“装修设置”选项，如图 4-13 所示。

图 4-11　保存的绿幕素材

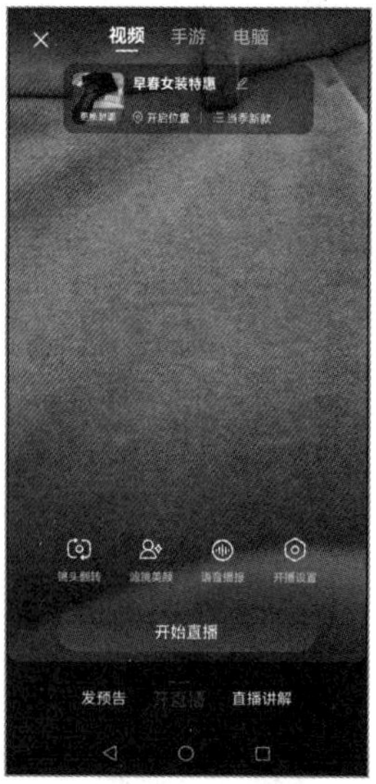


图 4-12　点击“开播设置”按钮

图 4-13　选择“装修设置”选项

**步骤 10** 在弹出的界面中点击“2D 绿幕”按钮，选择绿幕背景，然后点击“投放”按钮，如图 4-14 所示。

**步骤 11** 此时即可设置直播间绿幕背景，如图 4-15 所示。点击“取消投放”按钮，可以取消绿幕背景的投放。

**步骤 12** 点击“高级设置”按钮，在弹出的界面中对绿幕参数进行设置，以满足不同场景的需求，如图 4-16 所示。

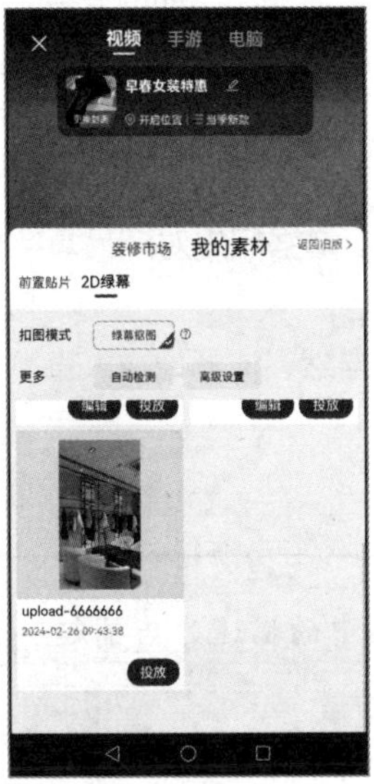


图 4-14　点击“投放”按钮

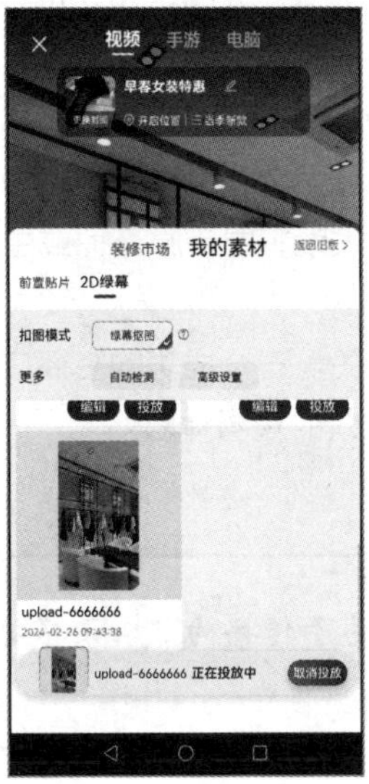


图 4-15　设置绿幕背景

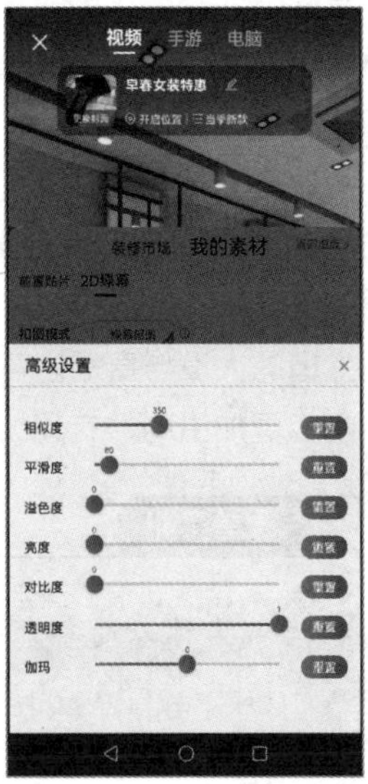


图 4-16　设置绿幕参数

## 二、主播人设的打造

店铺直播是淘宝直播模式中的重要组成部分，商家可以选择由店铺运营者、店铺客服人员来担任主播，或者聘请专业的电商主播。

店铺自播具有较强的品牌化特征，直播间的账号也具有较强的品牌化特征。一般来说，店铺自播直播间的账号就是淘宝网店的账号，店铺的名称和头像也是直播间的名称和头像。为了进一步突出直播间的主播人设及直播间特点，商家应为店铺设置一个差异化、具有吸引力的店铺名称和店铺头像。

商家在设置店铺名称时，可以采取以下 4 种方法。

根据店铺主营商品品类来命名。例如，一个销售礼品的店铺起名为“思思有礼——时尚精品店”。

根据店铺所针对的主要消费群体的心理追求来命名。例如，一个主营女装的店铺起名为“前卫女生”。“女生”是这个店铺的主要销售对象，“前卫”体现了店铺商品的特色，同时也是这类群体的心理追求。这样的店铺名称能够满足这类群体的需求，使她们对店铺产生好感，从而提高店铺的浏览率和成交率。

有些商品属于某地的特产，带有鲜明的地域特色，这时商家可以在店铺名称中明确标出商品的产地，从而使用户对商品的质量更加放心，如山西的陈醋、温州的鞋子、义乌的小商品、新疆的干果等。

商家可以直接以经营的品牌来命名，这样的店名让人感觉商品品牌正规，给人信赖感，如“七匹狼男装旗舰店”“蓝月亮官方旗舰店”。

店铺进行自播活动的目的通常是为了展示品牌形象、推广产品。主播的人设应与店铺的品牌定位相契合，以强化品牌形象，提升用户对品牌的认知和信任。例如，如果店铺定位是高端时尚品牌，主播的人设可以设定为时尚“达人”、潮流引领者，主播通过专业的穿搭展示和对时尚的解读，吸引目标用户的关注。

主播的人设不仅影响着用户对主播个人的认知，也影响用户对店铺和产品的兴趣。一个具有吸引力、独特且符合品牌形象的主播人设，能够吸引更多潜在用户进入直播间，提高直播的观看量和转化率。

例如，主播可以通过打造强货品型人设，突出产品的差异化和竞争力，吸引对产品感兴趣的用户；或者通过打造强资源型人设，展示原产地或生产场景，增强用户对产品真实性和品质的信任。

主播的人设与直播内容密切相关。一个成功的主播应该能够自然、流畅地融入直播，使直播内容更加生动、有趣，提高观众的观看体验。

**课堂实训**

店铺名称以简单、易记、易于传播为宜，请根据表4-4中的描述为店铺起一个名字。

**表4-4　店铺起名**

| 店铺描述 | 店铺名称 |
| --- | --- |
| 主营职业女装 | |
| 主营新疆干果，如巴旦木、葡萄干等 | |
| 主营各种品种的红薯，店铺拥有自己的红薯种植基地 | |

## 三、直播商品规划策略

商家在策划店铺直播时，要对出现在直播间的每一种商品进行定位，分析它们的销售潜力。根据商品的销售潜力、作用功能、库存状况、品类定位等不同，商品的分类与定位如表4-5所示。

**表4-5　商品的分类与定位**

| 商品分类依据 | 商品分类 | 商品定位 |
| --- | --- | --- |
| 销售潜力 | 热销款 | 店铺的主力销售单品，属于店铺销量前列的热门“爆款” |
| | 平销款 | 销售能力尚可，具备提高转化率的潜力，可以在某些时候代替热销款 |
| | 滞销款 | 销售能力不足，转化率不高，属于冷门款 |
| 作用功能 | 引流款 | 性价比高，可以为店铺引流，点击率高 |
| | 特价款 | 提高转化率，以超值降价的利益点带动销量 |
| | 利润款 | 增加店铺利润的单品，尽管转化率一般，但毛利较高 |

续表

| 商品分类依据 | 商品分类 | 商品定位 |
| --- | --- | --- |
| 库存状况 | 深库存款 | 库存较多，如果销售受到影响，会带来库存风险 |
| | 清仓款 | 库存较少，一般存在库存不足的风险，可用来清仓的商品 |
| 品类定位 | 主营类目款 | 店铺重点经营的商品 |
| | 次要类目款 | 提高主营类目的连带销售，与主营类目商品有很强的关联性 |

当然，商品的定位并不是唯一的，有些商品既是店铺内的热销款，又是特价款，而滞销款也可能是利润款。在不同的营销阶段，商家要根据营销目标进行商品的定位或转换定位。由于商品可能存在多种销售目的，商家要对商品进行深度了解，灵活判断商品在不同阶段的定位。

为了提高不同阶段商品的转化率和销售额，商家要对店铺进行精细化运营，让上架的商品能够满足平台营销玩法的需求。因此，商家要了解不同阶段的不同目的，重新定位商品，调整商品的定位。

### 1. 日销小促阶段

为了促使更多用户来直播间购买商品，商家可以在直播间自建营销活动，实现日销状态下的销量小高峰，这时可以把直播间看作店铺的促销专区。日销小促可以为店铺积累日常流量，促进该阶段的新用户引流，提高用户的复购率，用日销“爆款”推动店铺整体销售额的增长。

在这个阶段，上架商品的种类、数量占比和作用如表 4-6 所示。

**表 4-6 日销小促阶段上架商品的种类、数量占比和作用**

| 商品种类 | 数量占比 | 作用 |
| --- | --- | --- |
| 热销款 | 50% | 引流，保证基础销量，主播可做详细讲解，主要用于留存直播间的新用户 |
| 特价款 | 30% | 培养用户的观看习惯，用低客单价的商品冲销量 |
| 平销款 | 20% | 每天都有新款，让用户每天都有新鲜感，同时拉动店铺的销售额 |

### 2. 上新阶段

由于直播具有强大的“带货”能力，能够为商品带来足够多的展现量，因此直播是做新品孵化启动的重要渠道。如果店铺已经积累了一定数量的用户，在直播间推广新品时就具有巨大的优势。

在上新阶段，商家要把购物袋中最前排的位置留给新品，因为购物袋的前排位置更容易获得用户的关注。具体上架商品的种类、数量占比和作用如表 4-7 所示。

**表 4-7 上新阶段上架商品的种类、数量占比和作用**

| 商品种类 | 数量占比 | 作用 |
| --- | --- | --- |
| 店铺新款 | 60% | 当场主推新品，详细介绍，高频次露出，提升直播间的商品丰富度 |
| 引流款/利润款 | 30% | 具有引流和保证销售额的作用，在推荐商品时与新品相结合，配合新品带动销售 |
| 特价款 | 10% | 用于上新 1 小时前的预热动作，给用户提供福利，吸引有意向购买的用户来直播间购买新品，提高复购率 |

### 3. 排位赛活动阶段

商家可以通过参与不同类目和不同项目的排位赛来实现大促预热和促销转化的目的。在排位赛期间，用户可以在直播间点击进入榜单，在榜单上看到冲榜前列的商家，然后一键跳转到商家的直播间。也就是说，只要商家能进入榜单前列，就可以获得一定的公域流量，能够促进拉新。

在这一阶段，具体上架商品的种类、数量占比和作用如表 4-8 所示。

表 4-8 排位赛活动阶段上架商品的种类、数量占比和作用

| 商品种类 | 数量占比 | 作用 |
| --- | --- | --- |
| 直播专享价款 | 50% | 以直播专享价来打动用户，提升转化率，营造冲榜的氛围 |
| 热销流量款 | 40% | 具有引流和保证销售额的作用，主播要重点讲解，为拉新带来更好的成效 |
| 特价款 | 10% | 吸引用户回流，设置几个流量的高峰点，刺激阶段性销售，截留新用户 |

排位赛的玩法更灵活，也更复杂，在这个商家比拼的擂台上，商家要在直播过程中实时监测数据，努力学习榜单前列商家的策略，以进一步提高直播间的直播效果。

# 任务三 执行淘宝直播活动

淘宝直播活动的执行重点包括直播商品的讲解（下文以食品类商品为例）、直播活动的引流，以及直播间气氛的维护。下面就这三项内容进行详细讲解。

## 一、食品类商品讲解的技巧

在讲解食品类商品时，主播可以围绕以下 3 个主要方面来展开。

### 1. 安全性

食品类商品要达到安全标准，不能对人体健康造成任何危害。安全是食品消费的基本要求。主播在讲解食品类商品时，可以围绕商品的原材料选取、清洗、加工、制作、包装、储存、运输等一系列流程来介绍商品的安全性，用数据和食品安全国家标准来进行背书，或者采用现场检测、做实验的方式获得用户的信任。

例如，“这款三明治蒸蛋糕为什么让人吃得放心？因为专业、卫生。生产制作这款蛋糕的厂家有专业、卫生的生产车间，消毒、防护措施做得非常好；有先进的生产流水线和同步检测线，基本实现自动化；生产厂家严格按照卫生标准进行管理；厚工水蒸，锁住新鲜原味，好吃不上火，而且现蒸现卖，留住新鲜，口感非常好。”

### 2. 口味

不同地区都有其特色美食，人们的口味需求也存在差异。因此，主播要找准目标群体，强调食品特色，突出该食品与其他食品的差异。在介绍食品时，主播可以通过语言、面部表情来表达食品的美味，围绕食品的色、香、味等方面进行描述，最好配上图片、视频或实物，这样对用户更有诱惑力。

例如，“这是一款源自菲律宾的进口玉米片，一口酥脆，两口软绵，三口留香，口感非

常好，轻轻一咬嘎吱脆响，不仅好吃、酥脆，还不油腻，不管是居家休闲、补充能量，还是聚会分享，在哪里吃都不会忘了这份美味。”

### 3. 营养价值

人们更喜欢营养价值高的食品，因此主播在介绍食品类商品时，可以强调商品在某一方面具备的营养价值，以及食用后对人体的好处。

例如，“这种全麦面包可以代餐，它营养丰富，富含蛋白质、碳水化合物和膳食纤维，还含有少量的优质脂肪酸。如果你比较忙，来不及做早餐，可以吃一块全麦面包，再喝一杯豆浆，就能让你整个上午都充满活力。”

除了以上 3 个方面，主播还可以从食品的产地、主料、辅料、规格、价格、包装、加工方法、储存方法、食用方法等方面来对其进行讲解。

主播试吃食物时，要当场拆包食用，用近景展示食物的全貌，详细描述食物的外观，试吃后再描述食物的香味、味道、口感等。例如，主播在介绍一款烤羊腿商品时，可以先用近景向用户展示肉质和光泽，通过挤压的方式展示肉的肥美、多汁。在试吃时，可以使用一些刺激人们食欲的语言来形容肉的口感，如“肉质肥而不腻，鲜嫩多汁，没有膻味”等，也可以通过面部表情来表现烤羊腿的美味。

主播讲解食品的加工方法时可以现场试做食物，主播要当场拆包，当场加工，例如，当推荐一款烤冷面时，主播可以向用户展示冷面的制作过程。主播要多用近景展示食物的全貌，详细描述食物的外观，试做、试吃后再描述食物的味道、口感等，既向用户传递了食物的烹饪方法，又展示了食物的美味。

**课堂实训**

选择一款食品类商品，提炼商品卖点，并为该商品撰写单品脚本，然后采用直播的形式向其他同学们讲解这款商品。

## 二、淘宝直播引流

在直播过程中，直播运营团队需要采用各种方式为直播间引流，以增加直播间的曝光量，吸引更多的用户进入直播间观看直播。

### 1. 免费方式引流

运用各种免费引流的方法为直播间引流，不仅可以让直播间获得一定的流量，还能节约运营资金，在一定程度上帮助商家减轻在资金方面的压力。

在淘宝直播中，常见的免费引流方式有以下 5 种。

（1）运用店铺渠道获得流量

对拥有淘宝店铺的商家来说，要充分利用店铺渠道的流量资源。店铺内获得流量的区域主要是店铺首页的直播大卡和商品详情页。

① 直播大卡引流

商家要想更好地运用直播大卡为直播间进行引流，可以采用以下技巧。

第一，保证直播时长。只有在直播时才会显示直播大卡，所以为了获得更多的店铺流量，商家要尽可能地延长直播时长，让直播时间覆盖店铺访客高峰值时间段，这样才能让直播大卡获得更多在首页展示的时间，否则用户在首页看到的只能是直播回放或预告的小信息条，很难吸引其点击。

第二，提升直播大卡的吸引力。在店铺首页展示直播大卡的主要作用是吸引访问店铺首页的用户点击进入直播间，所以商家需要思考的是如何才能让访问店铺首页的用户对直播大卡产生兴趣并进行点击。一般来说，进入店铺首页的用户通常是对店铺商品、商品品牌感兴趣的人，他们在直播间购买商品的意愿也比较强。因此，商家增加访客对直播大卡产生点击兴趣的前提是让直播大卡足够吸引人。例如，商家可以为直播间增加红包雨、抽奖等活动的设置，为直播间设置吸引人的营销贴片信息，如图 4-17 所示，增加直播大卡的营销氛围，吸引用户进行点击。

为了增强直播大卡对用户的引导效果，商家可以利用店铺首页海报的设计逻辑，在首页前屏增加直播间权益海报对用户进行引导，从而提高直播间的用户进入率，如图 4-18 所示。

图 4-17　设置贴片信息

图 4-18　直播间权益海报

② 商品详情页引流

对于正在直播的店铺，当用户浏览商品详情页时，详情页会显示“直播中”的小标签（见图 4-19），此时，如果商家想借助某款商品为直播间引流，可以在该款商品详情页设置直播间内容贴片或直播间引导海报，从而形成醒目的视觉引导，如图 4-20 所示。

此外，商家可以提前录制直播讲解内容，这样在商品详情页中会显示“直播讲解”标签，如图 4-21 所示。当用户浏览商品详情页时，即使店铺当前并没有在直播，用户点击“直播讲解”标签也能观看商品的直播讲解内容，从而帮助商家实现结束直播后的引流。

图 4-19　显示“直播中”标签

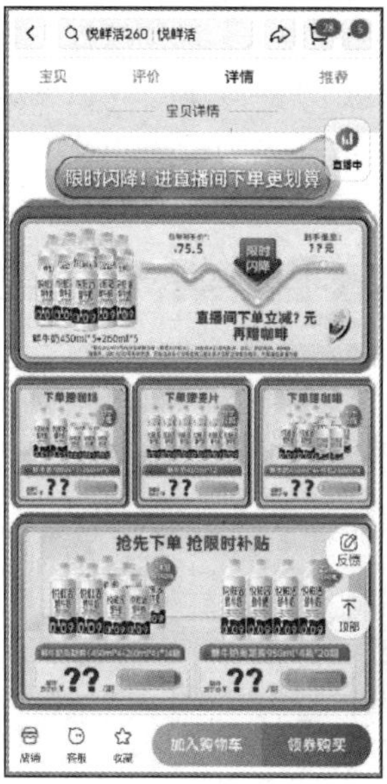


图 4-20　设置内容贴片

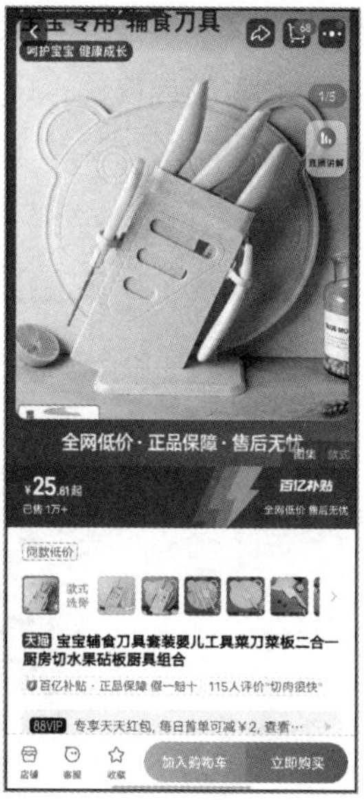


图 4-21　显示“直播讲解”标签

## 动手实践 1：设置直播贴片

微课启学：设置直播贴片

下面在淘宝直播间添加信息贴片，以提升用户对直播内容的感知度和参与度，降低主播反复口播的成本，具体操作方法如下。

**步骤 01** 打开“直播间装修”界面，点击“前置贴片”按钮，选择所需的贴片，然后点击“立即使用”按钮，如图 4-22 所示。

**步骤 02** 在弹出的界面中根据需要对贴片内容进行编辑，点击“保存”按钮，如图 4-23 所示。

**步骤 03** 在直播间进行装修设置时，点击“我的素材”按钮，找到要投放的贴片，点击“投放”按钮，即可将其添加到直播间中，如图 4-24 所示。

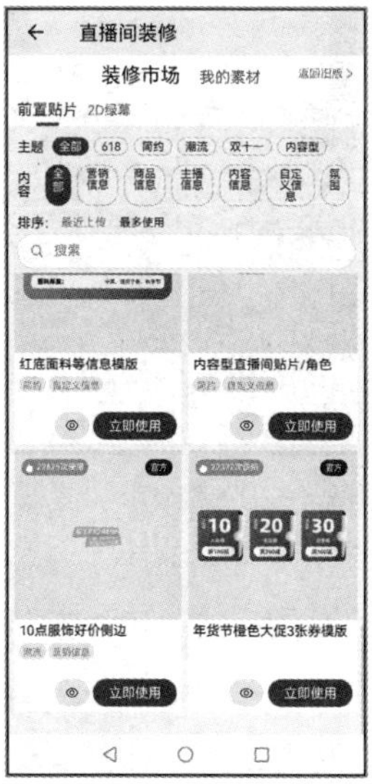


图 4-22　选择贴片

图 4-23　编辑贴片

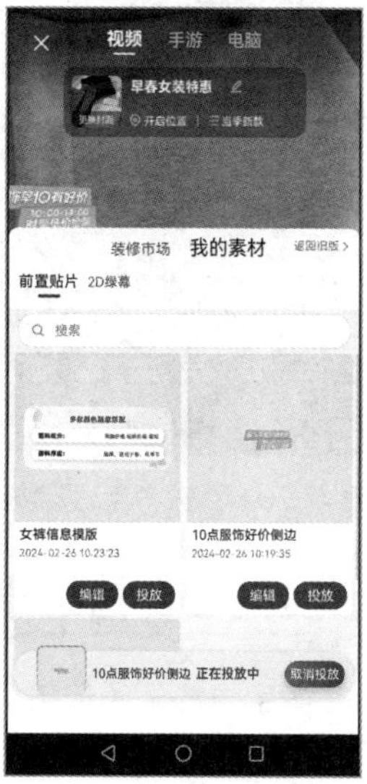


图 4-24　点击“投放”按钮

步骤 04 此外，也可向直播间添加信息卡。添加信息卡需要在 PC 端“淘宝直播”网页的“直播装修”页面操作，对主播信息卡进行编辑。可以编辑信息卡组件，也可以上传图片。编辑完成后单击“保存”按钮，如图 4-25 所示。

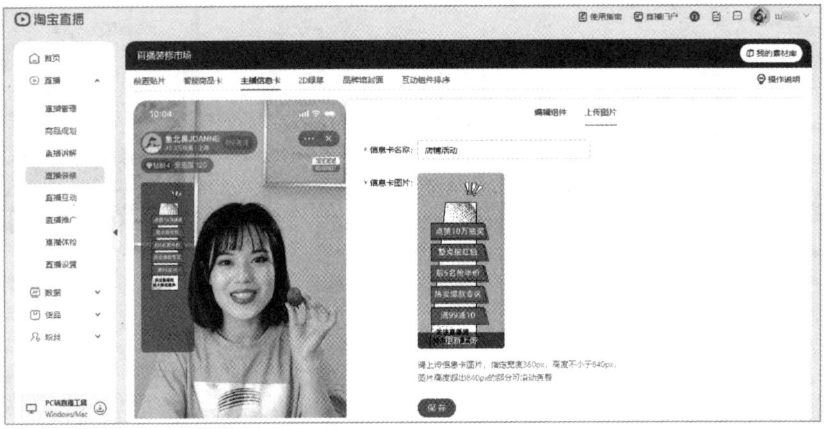


图 4-25　编辑主播信息卡

步骤 05 信息卡设置完成后，在淘宝直播间的界面下方点击“互动”按钮，如图 4-26 所示。
步骤 06 在弹出的界面中点击“信息卡”按钮，如图 4-27 所示。
步骤 07 在弹出的界面中点击信息卡，然后点击“确认”按钮，即可在直播间添加信息卡，如图 4-28 所示。

图 4-26　点击“互动”按钮

图 4-27　点击“信息卡”按钮

图 4-28　确认添加信息卡

## 动手实践 2：管理直播商品

在淘宝直播间添加与管理商品的具体操作方法如下。

步骤 01 在“淘宝主播”App 界面下方点击“商品”按钮，进入“商品中心”界面，点击“热销榜单”按钮，如图 4-29 所示。

微课启学：管理直播商品

**步骤 02** 在弹出的界面中可以查看直播热销榜和“带货”热推榜，点击商品下方的“加入带货车”按钮，即可将商品添加到“带货车”中，如图 4-30 所示。

**步骤 03** 也可在商品中心搜索要添加的商品，并将需要的商品添加到“带货车”，如图 4-31 所示。

图 4-29　点击“热销榜单”按钮

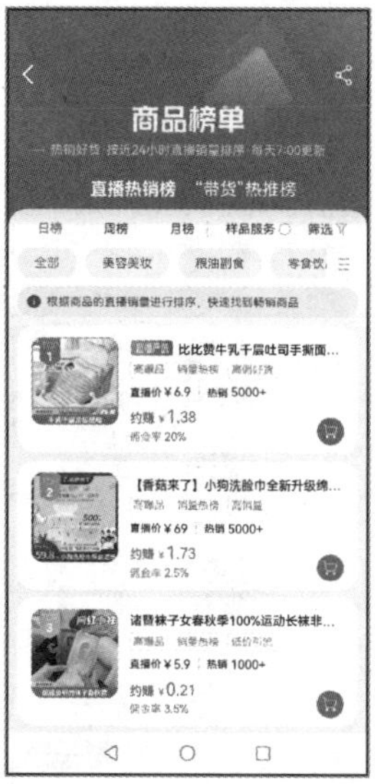


图 4-30　加入“带货车”

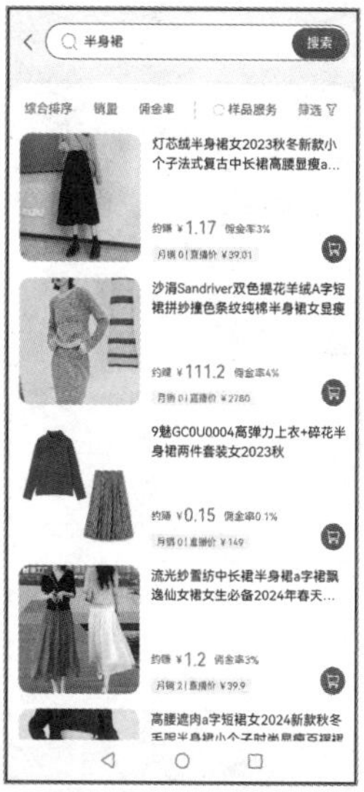


图 4-31　搜索商品

**步骤 04** 在“商品中心”主页中点击“带货车”按钮，查看已添加到“带货车”中的商品，如图 4-32 所示。主播还可以在“带货车”中对商品进行删除或分组处理。

**步骤 05** 在“淘宝主播”App 界面下方点击“直播”按钮，进入直播预览界面，设置直播标题、直播封面等，然后点击“开始直播”按钮，如图 4-33 所示。

**步骤 06** 开始淘宝直播，在直播间界面下方点击“宝贝”按钮，如图 4-34 所示。

图 4-32　查看“带货车”商品

图 4-33　点击“开始直播”按钮

图 4-34　点击“宝贝”按钮

**步骤 07** 在弹出的界面中点击“口袋商品”按钮，然后点击“添加商品”按钮，如图 4-35 所示。

**步骤 08** 弹出“商品上架”界面，在左侧选择“带货车”选项，在右侧选择要上架的商品，然后点击“推送到口袋”按钮，如图 4-36 所示。

**步骤 09** 在弹出的界面中调整商品顺序，然后点击“确认”按钮，如图 4-37 所示。

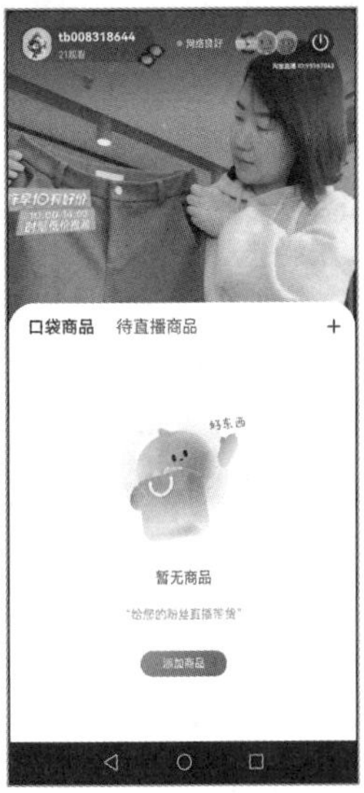


图 4-35 点击“添加商品”按钮

图 4-36 选择商品

图 4-37 调整商品顺序

**步骤 10** 此时即可将商品添加到直播间，点击商品右下方的“更多”按钮[⋯]，如图 4-38 所示。

**步骤 11** 在弹出的界面中可以为商品添加优惠券、编辑利益点、设置爆品置顶或下架商品等，在此选择“编辑利益点”选项，如图 4-39 所示。

**步骤 12** 在弹出的界面中编辑商品利益点信息，然后点击“确认”按钮，如图 4-40 所示。

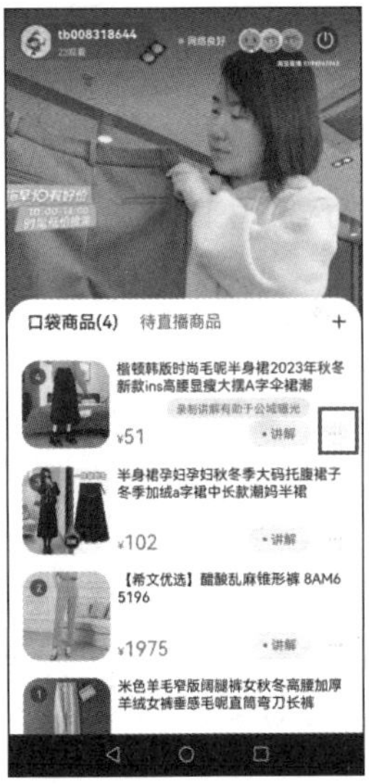


图 4-38 点击“更多”按钮

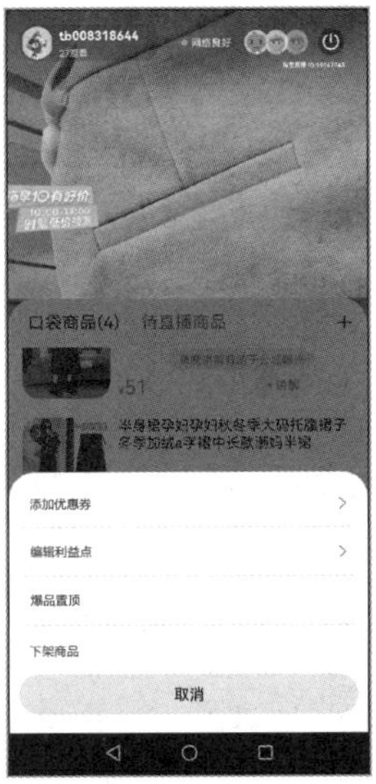


图 4-39 选择“编辑利益点”选项

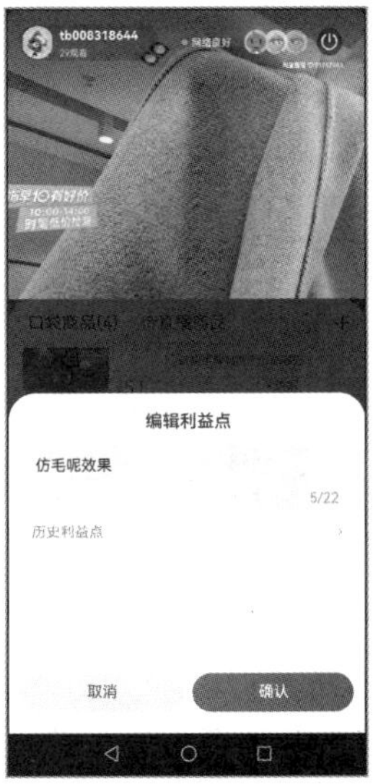


图 4-40 编辑利益点信息

**步骤 13** 在商品更多操作界面中选择“爆品置顶”选项，在弹出的提示信息框中点击“确认”按钮，如图 4-41 所示。

**步骤 14** 此时即可将商品设置为爆品并置顶显示，商品图片上显示爆品图标，如图 4-42 所示。

**步骤 15** 在直播间界面右下方点击“直播讲解”按钮，如图 4-43 所示。

图 4-41　确认爆品置顶

图 4-42　成功设置爆品置顶

图 4-43　点击“直播讲解”按钮

**步骤 16** 此时显示商品浮现层，左右滑动选择要讲解的商品，点击“开始讲解”按钮，如图 4-44 所示。

**步骤 17** 开始讲解商品，并自动录制讲解视频，讲解完成后点击“结束讲解”按钮，如图 4-45 所示。

图 4-44　点击“开始讲解”按钮

图 4-45　开始讲解商品

（2）发布直播预告

主播可以通过淘宝直播中控台设置直播预告，发布成功后，直播预告会出现在首页预告模块，并在直播时获得优先浮现权。主播还可以在淘宝直播进行焦点图投放，投放的焦点图集中展示在“今日必看”板块。

主播在设置直播预告时，需要注意以下 4 个方面。

预告视频尽量不要有水印，禁止添加字幕。

视频应为横屏，画面长宽比例为 16：9。

视频画面要整洁，内容主次分明。

对于第二天的直播，直播预告至少要在当天 16 点前发布，否则淘宝直播平台将不予审核浮现。

（3）设置优质的直播封面图

封面图是用户对直播间形成第一印象的重要途径，一个足够吸引人的封面图可以为直播间带来流量。打造优质的直播封面图要注意以下几点。

① 保持美观、清晰

封面图保持美观、干净、整洁，除了官方提供的角标、贴图等带有促销元素的内容以外，不能添加任何文字或其他贴图，否则会显得杂乱无章，影响用户阅读，导致用户在看到封面图的第一眼就划走。

图 4-46 所示的两张直播封面图就非常干净、整洁、清晰，能够给人良好的视觉体验。

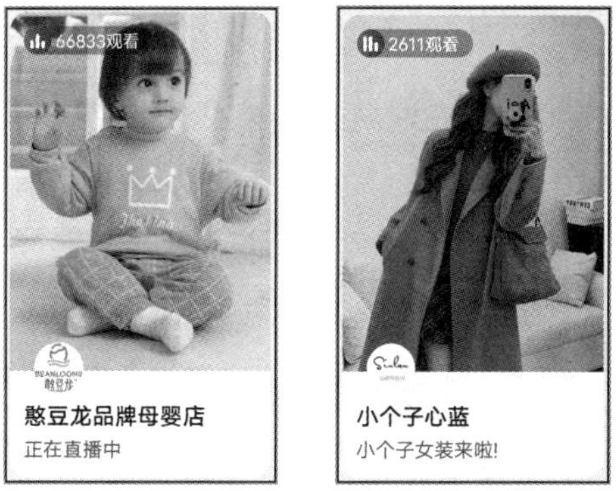


图 4-46　直播封面图

② 色彩要适当

直播封面图的色彩要鲜艳，但不要过分华丽，只要能体现直播主题即可。坚决杜绝任何形式的“牛皮癣”，否则会影响重要内容的呈现效果。另外，由于直播封面图的背景本身就是白色，如果封面图中仍然选择白色背景，就会导致图片不够醒目、突出，很难吸引用户，所以封面图中的背景应避免使用白色。

③ 图片尺寸合理

直播封面图的尺寸一般为 750 像素×750 像素，最小尺寸不能低于 500 像素×500 像素。

④ 封面图要考虑固定信息的展现

封面图的固定信息包括左上角的直播观看人数和右下角的点赞量，封面图的重要内容要避开左上角和右下角，以免与直播观看人数、点赞量等构成部分相互干扰，影响用户的观看体验。

⑤ 禁用合成图

为了不影响直播整体的浏览体验，封面图要放置一张自然、简洁的图片，禁用合成图，要让直播封面图看起来美观，呈现出良好的视觉效果。

⑥ 拒绝不当信息

直播封面图中不要出现令人不适的图片或低俗的图片等，这样的图片被官方检测到后，封面图就会被重置，以致降低封面图的吸引力，严重者还会被封禁账号。考虑到这一点，类似内衣等贴身衣物的直播封面图一般不要出现任何人物元素，直接展示商品即可。

⑦ 符合直播主题

封面图要符合直播主题，让用户在看到直播封面图时就能了解直播的大致内容，进而决定是否要进入直播间。例如，主播在工厂直播实地看货，封面图可以选择工厂、车间等实景图；主播在档口直播，封面图可以选择档口实拍图；主播在直播间介绍商品，封面图最好不用模特或主播的人像图片，而是选择精美的商品细节图。

（4）设置吸引人的直播标题

主播在设置直播标题时，需要注意以下几点。

① 设置利益点

利益驱动是最基础、最直观的，在完成活动策划以后，主播可以将商品中最有吸引力的一个利益点提炼出来放到标题中，如“每日坚果 1 元特价，超值优惠”“‘新粉’下单送面膜”等，这样能够抓住用户想从直播中获得实际利益的心理。

在直播过程中，主播要如标题所说，给用户相应的利益，不要弄虚作假。例如，在“每日坚果 1 元特价，超值优惠”为标题的直播中，主播可以选择几个销售核心时间点，定时、定量地为用户提供特价商品福利，这不仅能够激发用户的参与度，还能让用户回流，在下一个特价活动时段进入直播间抢购，从而提升直播间的热度。

在标题中使用数字会让利益点更醒目，可以增强标题的辨识度，降低用户思考的难度，从而迅速引起用户的注意。另外，主播可以在标题中写一些能够增加紧迫感的语句，如“今天 12 点，直播间福利大放送，快来围观”，让用户因为怕错过好货或福利而迫不及待地进入直播间进行抢购。

② 借势热点

主播作为直播内容的运营者，应该具备对时下热点的敏感度，从新闻和流行元素中找到借势的内容。主播可以通过在标题中借势热点，在短时间内获得较高的点击率。例如，以节日为标题的“中秋节送好礼，爸爸妈妈超喜欢”，以热门节目为标题的“学乘风破浪的姐姐选口红色号”。当然，借势热点的标题必须与商品之间有一定的关联，如果没有关联，就有可能让用户产生“挂羊头卖狗肉”的感觉，觉得自己受到了欺骗。

③ 能激发好奇心

主播可以在标题中用一句话编一个短小精悍的故事，激发用户的想象力，让用户意犹未尽，产生强烈的好奇心，进而忍不住点击进入直播间，例如美妆商品店铺的直播间标题为“剧组化妆师的小秘密”。在直播标题中提问也是一个不错的激发好奇心的方法，主播可以通过提问强调问题的存在，而人们在看到问题时会对问题进行思考，进而不知不觉地点击进入直播间一探究竟，如“宝宝总是红屁股怎么办”。

④ 戳中痛点

主播要以用户在生活中的烦恼为核心，将商品与解决方式联系在一起，并巧妙地运用到直播标题中。这类直播标题更注重商品的功能与用户使用场景的结合，符合用户的购买心理，如“办公室好冷，空调毯来了”。

⑤ 逆向表达

为了引导用户点击进入直播间，一些直播间的标题往往自卖自夸，用户在多次看到这样的标题后会产生疲劳感，不太容易被吸引。主播可以运用逆向思维，通过从不同的角度看待事物，进行逆向表达，从而吸引用户的注意力，如“小贵，但有很多人买”。

（5）选择合适的直播标签

直播间在某一个标签下播出一段时间后，就会积累相应的权重，但是权重的排名仅限于该标签，如果主播在 A 标签获得了足够高的权重，突然更换成 B 标签，权重就会降低很多。因此，主播要选择一个适合自己的标签，并不断积累权重。

在设置直播标签时，主播可以采用以下策略。

① 统计头部主播的直播时段和标签

主播可以做一个表格，专门统计不同类别的头部主播每日的直播时段和直播标签。

头部主播拥有顶级的推广级别，一开播就拥有顶级权重，可以吸引平台大部分流量，形成强大的“马太效应”，强者愈强，而中小主播很难吸引到足够的流量。头部主播大多在晚上 8 点到 10 点直播，所以中小主播要尽量选择在竞争压力较小的冷门时段直播，如下午 2 点到晚上 8 点之间，甚至凌晨。

主播要根据商品种类选择更细化的领域，尽量选择竞争压力小的新标签，率先占领蓝海市场，此时排名也会相对靠前。当然，新标签不能是流量稀少的冷门标签，因为这种标签很难做到大规模。

② 根据自身竞争力选择标签

尽管淘宝直播平台会为商家或“达人”提供相应的标签作为参考，但主播在选择标签时还是要根据实际情况来决定，应分析自身优势、竞争对手、市场前景、商品定位、目标人群等因素。

如果主播缺乏竞争力，粉丝基数小，可以借鉴以下两种思路来选择标签。

第一，通过优化直播间商品来匹配最精准的流量，在新标签中迅速占领制高点。新标签的权重可能是 0，这时最应该做的是迅速抢占新标签。

第二，利用 3 至 5 天把每个相关标签轮番测试一遍，从中选出最合适的标签。

主播通过以上两种方法找到最适合自己、对自己流量帮助最大的标签以后，要长期使用，不断积累权重。

如果主播本身竞争力强，粉丝基数大，则需要注意以下两个问题。

第一，如果是垂直领域的主播，就不要盲目更换标签，即使更换也要选择相近的标签，否则用户流失严重。如果主播在“每日上新”标签下直播了很长时间，销售数据表现很好，在淘宝的推荐排名非常靠前，突然把标签更换为“运动服饰”，直播间的权重就会被削弱，推荐排名会出现下滑，以致销售业绩受到影响。主播可以使用相近的标签，如“上新联播”，从而把“每日上新”的权重转移到新的标签。

第二，如果是综合性主播，每次直播推荐品类完全不同的商品，就要及时更新标签，提示本期的直播内容。例如，本场直播是日化用品专场，下一场直播是美妆类专场，主播要将每次直播的新标签标注清楚，以吸引更多感兴趣的新用户。

**知识拓展**

很多淘宝主播会在微博、微信公众号等平台进行直播预热宣传，告诉用户具体的直播时间，同时会将自己直播间的亮点展现出来，以吸引更多用户进入直播间。例如，“烈儿宝贝”和“陈洁 kiki”经常在微博发布淘宝直播的预告，向用户说明具体的直播时间和直播主题，有时还会通过号召通过“转发+关注”的方式扩大直播预告的传播范围，为直播间增加新的用户。“烈儿宝贝”的公众号“烈儿宝藏局”也会在“烈儿宝贝”直播前发布直播预告，公布直播的具体时间和直播中推荐的主要商品。

## 动手实践 3：发布直播预告

微课启学：发布直播预告

下面介绍如何发布淘宝直播预告，具体操作方法如下。

**步骤 01** 在“淘宝主播”App 下方点击“开直播”按钮，进入“开直播”界面，在界面下方点击“发预告”按钮，添加直播封面或预告视频，然后设置直播标题、直播时间、内容介绍、频道栏目等，如图 4-47 所示。

**步骤 02** 点击“添加宝贝”选项，在打开的界面中点击“添加”按钮，如图 4-48 所示。

**步骤 03** 弹出“直播商品”界面，点击“带货车”按钮，选择要添加的商品，然后点击“确认”按钮，如图 4-49 所示。

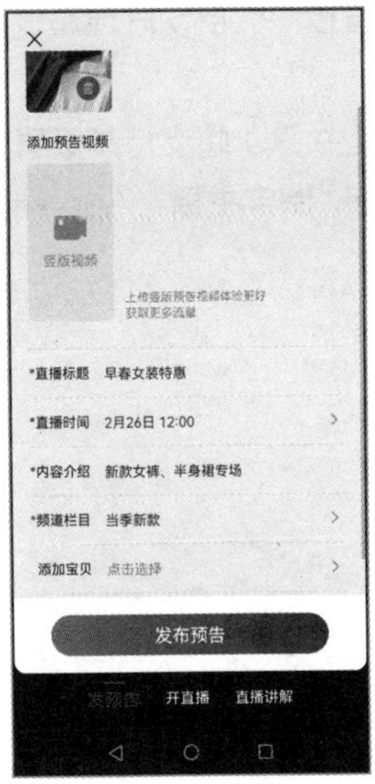


图 4-47　设置预告信息

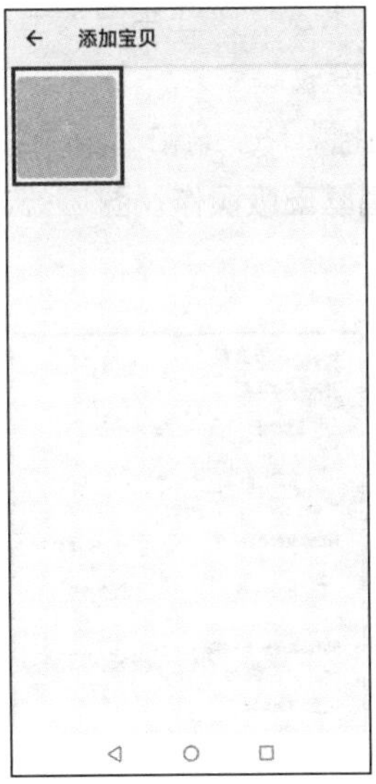


图 4-48　点击“添加”按钮

图 4-49　添加商品

**步骤 04** 勾选“开播时自动把预告商品发布到直播间”选项，然后点击“发布预告”按钮，即可发布直播预告，如图 4-50 所示。

**步骤 05** 在“淘宝主播”App 首页界面中点击“我的直播”图标，如图 4-51 所示。

**步骤 06** 打开“直播列表”界面，查看发布的直播预告，如图 4-52 所示。主播可以根据需要对直播预告进行编辑、分享、删除等操作。

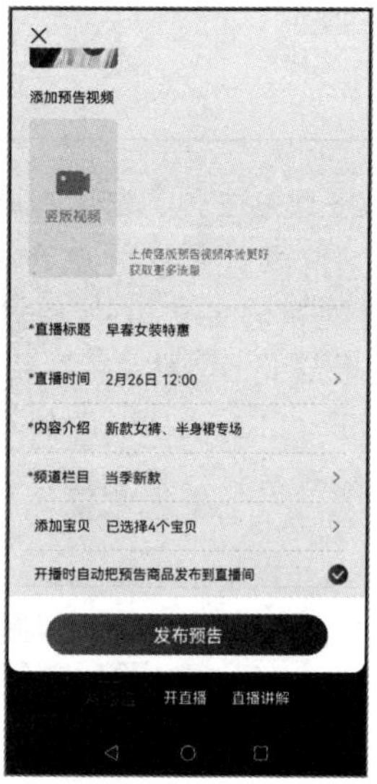


图 4-50　发布直播预告

图 4-51　点击“我的直播”按钮

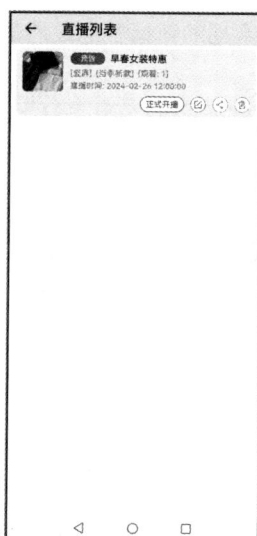


图 4-52　查看直播预告

## 2. 付费方式引流

除了运用店铺渠道获得流量、发布直播预告、设置直播封面图/标题/标签等免费引流方式提高直播权重外，主播还可以直接通过以下付费的方式进行引流。

（1）超级直播

超级直播是淘宝直播平台推出的付费引流工具，它能提高直播间的观看量，增加互动，促进直播商品转化。开播次数大于 1 次、关注用户大于 1 个的直播间会自动开通超级直播功能，商家可以根据自身需要进行投放。

目前，超级直播支持“淘宝主播”PC 端和 App 端投放，其中 PC 端支持超级直播专业版操作，App 端仅限于超级直播基础版操作。图 4-53 所示为“淘宝主播”App 端超级直播基础版的投放页面。

图 4-53　超级直播基础版的投放页面

要想获得良好的投放效果，商家在投放超级直播时可以采用以下策略。

① 投放时间段的选择

超级直播推广流量的高峰时段基本上集中在 20:00—23:00，这个时间段投放的商家数量较多，流量竞争较激烈。因此，对于全天直播的商家来说，可以选择错峰投放，如 10:30—11:30、12:30—16:00、23:00—01:00 这几个时间段就是不错的选择。

此外，商家可以根据直播的节奏来设置投放时间段。例如，12:00—13:00 直播间有特价优惠活动，那么商家可以将投放时间段设置为 12:00—13:00，将流量集中起来。而 13:00 之后，直播间恢复常规直播，没有优惠活动，此时商家可以暂停超级直播。到了 18:00—19:00 直播间有抽奖互动，商家可以再次开启超级直播，并将投放时间段设置为 18:00—19:00，再次吸引流量集中进入直播间。

② 投放出价

在超级直播专业版的投放过程中，商家可以选择自主出价的投放方式，参考后台计划创建页面提供的市场平均价来设置自己的出价，出价可以与市场平均价相同或略高于市场平均价。

针对不同的人群，商家可以设置不同的出价。品牌人群、店铺人群和“粉丝”人群的转化系数较高，对超级直播的投放效果影响较大，商家可以为这些人群建立单独的投放计划，出价略高于市场平均价；而对于新客人群、行业人群和场景人群，由于他们人群规模、日常流量需求度较低，商家可以为这类人群设置略低于市场平均价的出价。

商家要及时关注投放数据，根据数据表现不断调整出价，从而找到适合自己的出价区间，获得满意的投入产出比。

③ 投放人群设置

对于缺少投放经验的新手商家来说，可以选择智能推荐人群和系统精选人群进行投放。商家可以创建多个投放计划，并为每个计划匹配核心人群，然后观察每个计划的投放效果，从而找到适合自己的投放人群。

（2）超级互动城

超级互动城是手机淘宝主流互动玩法的聚合阵地，包括日常互动和大促互动两种形态。日常互动包含“芭芭农场”“淘金币”“淘宝人生”“火爆连连消”等，场景多样，互动玩法多；大促互动是指仅在促销期间上线的“快闪型”互动玩法，如“6·18”“双 11”“年货节”等。

超级互动城推广计划中的“持续推广”包含店铺推广和直播推广两个部分。其中直播推广是超级互动城专门为淘宝主播和商家提供的快速提升直播间观看量、增加直播间用户互动，进而促进“吸粉”与转化的一站式直播推广工具。图 4-54 所示为“超级互动城 - 直播推广”设置页面。商家可以根据自身需要使用该工具来为直播间引流。

商家在使用“超级互动城-直播推广”工具为直播间引流时，可以采用以下 3 种策略。

“套餐包”的选择：直播推广为商家提供了“直播间提升场观包”“直播间拉新‘涨粉’包”“直播间下单成交包”3 个“套餐包”。直播新手或刚入驻淘宝的主播可以选择“直播间提升场观包”；具备一定投放经验、希望拓展私域人群的商家可以选择“直播间拉新‘涨粉’包”；具备一定投放经验、希望促进直播间下单的商家可以选择“直播间下单成交包”。

图 4-54 “超级互动城-直播推广”设置页面

投放周期的选择：建议新商家连续投放 5 天及以上，对于老商家的新创意类型，连续投放 3 天及以上。

预算设置：为了避免出现大流量进入和超限额投放的情况，商家应在能够承担的预算范围内，尽可能提高预算上限，给系统预留及时停止投放的时间；商家应避免选择高活跃、大流量的人群包，可以选择关键词定向等方法，缩小人群包的量级。

## 动手实践 4：设置超级直播

微课启学：设置超级直播

在“淘宝主播”App 中使用超级直播功能的具体操作方法如下。

**步骤 01** 在淘宝直播间下方点击“推广”按钮，如图 4-55 所示。

**步骤 02** 弹出“推广”界面，点击“分享直播间”按钮，如图 4-56 所示。

**步骤 03** 在弹出的界面中会生成带有二维码的分享图片，还可以点击相应的按钮将直播间分享到微信、QQ 或支付宝等其他平台，如图 4-57 所示。

图 4-55 点击“推广”按钮

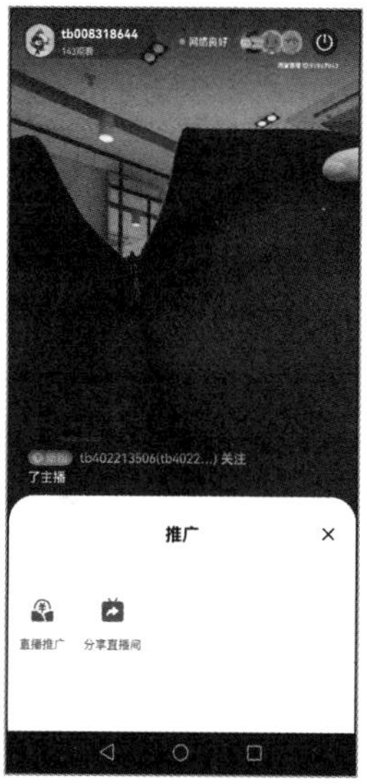


图 4-56 点击“分享直播间”按钮

图 4-57 分享直播间

**步骤 04** 在“推广”界面中点击“直播推广”按钮，弹出“超级直播”界面，选择投放模式和营销目标，如图 4-58 所示。

**步骤 05** 选择下单金额、投放开始时间、期望曝光时长等选项，如图 4-59 所示。

**步骤 06** 点击“设置人群”按钮，在弹出的界面中可以设置要推荐的目标人群，然后点击“确认”按钮，如图 4-60 所示。点击“确认创建”按钮，即可创建推广计划并支付订单。推广计划开始后，即可在“超级直播”界面中看到推广的实时数据，主播可以根据需要结束推广计划或者创建新的推广计划。

图 4-58 选择投放模式和营销目标

图 4-59 推广设置

图 4-60 设置人群

## 三、维护直播间气氛

主播在淘宝直播时不能只顾自己说话，要引导用户热情地互动，以提升直播间的氛围。直播间的热烈氛围可以感染用户，吸引更多人进入直播间。

### 1. 设置吸睛的贴纸

贴纸是提高直播间效率的重要工具，主播在创建贴纸后，可以直观地向用户展示商品信息和店铺优惠信息，减少重复口播带来的时间浪费，为商品讲解留出更多的时间，促进购买转化。

贴纸分为文字贴纸和图案贴纸，一般展示主播信息（如身高、体重、尺码）、主题活动、优惠购买方式等。主播在设置贴纸时要考虑好大小和位置，保证用户看清贴纸信息的同时不遮住主播，一般把贴纸放在直播画面的两侧。

主播在设置贴纸时，要根据自己直播间的背景来选择合适的贴纸。为了让贴纸更加吸引眼球，贴纸的颜色与直播间的背景颜色对比要鲜明，而且贴纸上的文字不能太小。一般来说，图案贴纸比文字贴纸更有趣，更具个性化。

### 2. 巧妙派发红包

为了活跃直播气氛，增加用户在直播间的互动，主播可以在直播间发放红包，给用户具体、可见的利益。淘宝直播常见的红包类型、特点及使用要点如表 4-9 所示。

表 4-9 淘宝直播常见的红包类型、特点及使用要点

| 红包类型 | 红包特点 | 红包使用要点 |
|---|---|---|
| 红包雨 | 直播间新用户在手机淘宝、点淘平台可以通过关注主播领取红包雨。在点淘平台，红包领取前支持用户分享链接，邀请好友一起抢红包，翻倍红包金额 | ① 红包雨设置的间隔时间不要太长，主播在红包雨开始之前要口播引导用户点击右上角的“红包”按钮，关注主播；<br>② 主播积极引导用户在点淘平台点击“邀请好友红包加倍”按钮，让用户将直播间分享给好友，从而获取新增用户；<br>③ 主播要向用户强调红包无门槛抵用，鼓励用户下单成交 |
| 新客红包 | 仅针对直播间新客（365 天未在直播间下单的用户）展示，新客关注直播间后才能领取新客红包 | ① 主播要对未关注直播间的用户进行重点引导，引导其领取红包的同时关注直播间；<br>② 根据自身直播间的新客比例、首单客单价等因素，若想重点提升直播间的用户数量，可以搭配使用小额“宠粉”红包 |
| “宠粉”红包 | 直播间“宠粉”红包需要设置领取条件，可以针对不同用户行为设置门槛，例如观看××时长/分享/点赞/关注/查看宝贝/评论后才可以领取的红包。也可以设置不同等级的用户可领取的不同权益，例如“铁粉”/“钻粉”/“挚爱粉”才可以领取的红包 | ① 建议设置多维度、多阶梯的领取条件；<br>② 从用户等级的维度设置红包领取条件时，要注意红包金额的区分度，适度的金额区分有利于实现用户分层运营；<br>③ 在设置用户领取条件时，分享任务的设置要求用户通过做任务，将直播间的链接分享给其他用户后才算完成任务 |
| 渠道红包 | 针对特殊渠道进行权益的投放，用户点击渠道链接进入直播间，且满足对应的条件后才能领取渠道红包 | 建议在进行站外广告投放时，可以将渠道红包的领取条件设置为关注直播间，从而提高直播间的用户数量 |
| 口令红包 | 用户输入指定口令才能领取的红包 | ① 主播可以在微博和微信等私域流量渠道发布红包口令，用户回到手淘、点淘平台输入口令直接领取红包，实现站外引流；<br>② 主播在直播中使用话术引导用户在评论区输入完整的红包口令领取红包，如“大家注意啦！现在打开评论区，输入我的红包口令‘×××’，关注直播间就可以领取红包！” |

**知识拓展**

主播在发放红包之前，要先约定时间，提前告诉用户，自己将在 5 分钟或 10 分钟之后准时发放红包，并引导用户进入直播间抢红包。到了约定时间，主播要兑现承诺，准时发放红包。为了营造热烈的氛围，主播可以在发放红包之前进行提醒，使用户积极参与抢红包活动。

### 3. 设置抽奖环节

直播间抽奖是主播常用的互动玩法之一，但很多主播对抽奖的效果并不满意。有的主播觉得抽奖花费了很多时间，影响了销售商品的节奏；有的主播认为用户只是为了抽奖，抽奖完便退出直播间，几乎不购买商品。

这些主播之所以有这种看法，主要是因为他们没有理解抽奖互惠互利的本质。用户能够停留在直播间抽奖，这一行为本身就是在为直播间贡献流量，而且用户也在直播间花费了时间，用户是在用自己的时间和贡献的流量与奖品进行兑换。其实，并不是所有用户在抽奖之

后都会立刻离开直播间，部分用户会被直播内容吸引，从而关注主播，甚至产生购买行为。

主播要慢慢培养用户黏性，只要能够增加用户的平均停留时间，就是值得采用的做法。主播在设计抽奖环节时，应遵循以下 3 个原则。

奖品为直播间推荐过的商品，或“爆品”，或新品。

奖品不能集中抽完，而要分散在各个环节中。

主播要尽量通过点赞数和弹幕数把握直播抽奖的节奏。

抽奖环节的设置形式主要有 4 种，如表 4-10 所示。

**表 4-10　抽奖环节的设置形式**

| 抽奖环节的设置形式 | 说明 | 效果和作用 |
|---|---|---|
| 签到抽奖 | 主播要每日定时开播，在签到环节，如果用户连续七天来直播间签到、评论，并保存好评论截图发给主播，当主播核对评论截图无误后，用户即可获得一份奖品 | 主播积极地与用户互动，营造热烈的互动氛围，这会让主播和用户的情绪高涨，有利于延长用户的停留时间，进而产生更好的销售效果，形成良性循环 |
| 点赞抽奖 | 主播在做点赞抽奖时，可以设置每增加 20000 次点赞就抽奖一次。这种活动的操作比较简单，但要求主播有较强的控场能力，尤其是在做特价商品专享活动时，如果刚好到 20000 次点赞，主播可以和用户沟通，承诺在做完特价商品专享活动以后会立刻抽奖 | 点赞抽奖的目的是给用户持续的停留激励，让黏性更高、闲暇时间更多的用户在直播间停留更长的时间，而黏性一般的用户会增加进入直播间的次数，直接提高了用户回访量，从而增加每日观看数量 |
| 问答抽奖 | 主播在做问答抽奖时，可以根据主推款商品详情页的内容提出一个问题，让用户在其中找到答案，然后在评论区评论，主播从回答正确的用户中抽奖 | 问答抽奖可以提高商品点击率，而用户在寻找答案的过程中会对商品的细节有更深的了解，增加对商品的兴趣，进而延长停留的时间，提高购买的可能性。另外，用户的评论互动可以提高直播间的互动热度 |
| 剧透商品抽奖 | 剧透商品抽奖分两次，第一次是在主播剧透直播间专享价新商品之前抽奖；第二次是主播剧透新商品之后抽奖 | 主播在剧透商品时要做好抽奖提示，这样可以让用户更仔细地了解商品的信息，增加下单数量，同时延长用户的停留时间 |

为了更好地引导用户进行互动，将抽奖环节的作用发挥到极致，主播应尽量避免出现以下错误。

无明显告知：用户在进入直播间时无法在第一时间知道抽奖信息。主播可以通过口播、小喇叭公告、小黑板等多种组合方式说明抽奖的规则和参与方法。

无规则、随意：主播要明确抽奖的参与方式，以点赞量达到某个标准为规则开始抽奖，避免整点抽奖。

抽奖环节无任何互动：主播提醒用户评论指定的弹幕，以活跃直播氛围，然后启动后台抽奖界面，提醒用户关注主播，提高中奖的概率。

抽奖只有一次，或者没有节奏：抽奖要有节奏，一次抽奖以后，主播要先公布中奖用户的名单，然后告知下一次抽奖的条件，这样不仅可以延长直播时间，还能增加用户数量。

### 4．发起互动小游戏

在淘宝直播间发起互动小游戏，可以让直播间的互动率和观看时长大幅度提升。所谓互动小游戏，是指以挑战赛的形式让主播与用户互动，用户点赞数量会影响主播的分值，而主播挑战成功才能送出福利，主播要通过不断口播与用户形成良好的互动，营造出挑战感、紧张感和综艺感。

互动小游戏的核心要素有以下几点。

（1）充分预告

直播开始之前，主播要发出预告，让用户有动力为了好玩的互动内容和预期的权益准时进入直播间，从而提高直播间的观看时长，如“××挑战赛，晚上 8 点开始，为主播点赞可以领取红包！”预告方法可以是直播间顶部公告通知、贴纸预告，也可以是主播不断口播预告。

（2）引导用户点赞

用户点赞数量会影响主播在游戏中获得的分值，分值越高，主播发出的权益才会越高。因此，主播要引导用户点赞，以提升直播间的互动率。

（3）配置权益

主播要为挑战游戏配置一定的权益，可以是大额优惠券、红包或小样礼品。主播在设置权益时，可以根据用户玩互动游戏获得的不同分值设置不同的档位，也可以从点赞的用户中抽取几位，额外赠送小礼品。

主播可以在游戏之前向用户说明规则：主播会根据分值的不同发放不同层级的权益。例如，挑战超过 80 分，主播会发出 500 元的红包；挑战超过 60 分，主播会发出 300 元的红包。这种规则通过利益引导，可以有效地增加用户的点赞数量，提升互动量。

## 动手实践：设置直播间互动活动

微课启学：设置直播间互动活动

下面在淘宝直播间进行互动活动设置，如投放优惠券红包、福利抽奖、用户连线、发送直播间公告等，具体操作方法如下。

**步骤 01** 在淘宝直播间下方点击“商品”按钮，在弹出的界面中点击“优惠券红包”按钮，如图 4-61 所示。

**步骤 02** 在弹出的界面中设置领取条件，选择“选择权益”选项，如图 4-62 所示。

**步骤 03** 在弹出的界面中添加优惠券或红包，点击“添加红包”按钮，如图 4-63 所示。

图 4-61　点击“优惠券红包”按钮

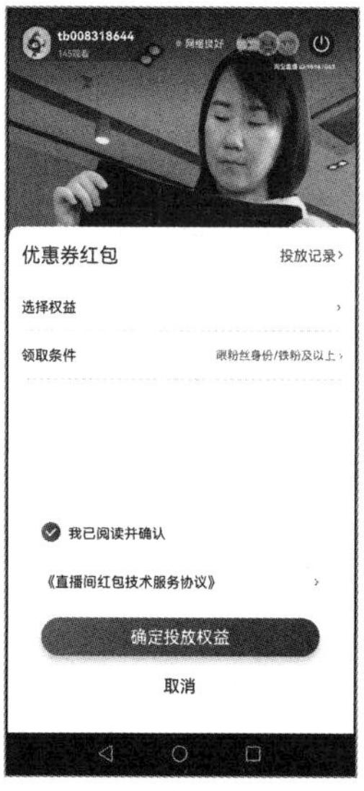


图 4-62　选择“选择权益”选项

图 4-63　添加红包

**步骤 04** 在弹出的界面中设置红包名称、红包类型、红包面额、发放总量、发放结束时间、使用期限等，点击“确认”按钮，如图 4-64 所示。点击“确定投放权益”按钮，即可在直播间投放红包。

**步骤 05** 在直播间界面下方点击“互动”按钮，弹出“互动”界面，点击“福利抽奖”按钮，如图 4-65 所示。

**步骤 06** 在弹出的界面中选择抽奖类型，设置评论文案、奖品名称、奖品价值、奖品数量、开奖时间等信息，然后点击“开始抽奖”按钮，如图 4-66 所示。

图 4-64　设置红包

图 4-65　点击“福利抽奖”按钮

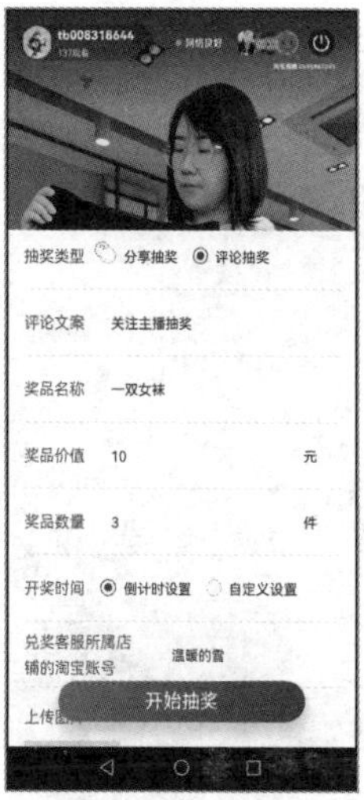


图 4-66　设置抽奖信息

**步骤 07** 在弹出的界面中确认奖品投放信息，点击“确定”按钮，如图 4-67 所示。

**步骤 08** 用户点击直播间的抽奖图标参与抽奖，抽奖结束后将显示中奖信息，如图 4-68 所示。

**步骤 09** 若直播间有用户要进行连线，可以在“互动”界面中点击“粉丝连麦”图标，在弹出的界面中查看连线请求，点击“连线”按钮，如图 4-69 所示。

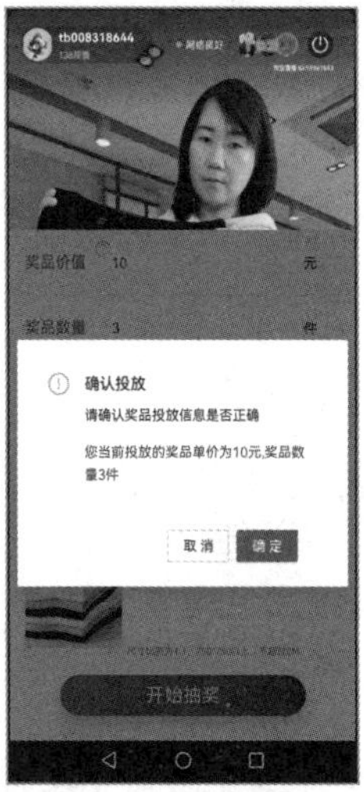


图 4-67　确认投放

图 4-68　显示中奖信息

图 4-69　点击“连线”按钮

**步骤 10** 在弹出的界面中确认发起连线，即可与用户进行视频连线，如图 4-70 所示。点击“挂断”按钮，可以结束连线。

**步骤 11** 在直播间界面下方点击“更多”按钮，在弹出的界面中设置在直播间进行更多操作，如语音播报、通知“粉丝”、直播间公告等，在此点击“直播间公告”按钮，如图 4-71 所示。

**步骤 12** 在弹出的界面中编辑公告信息，点击“确认发送”按钮，如图 4-72 所示。此时，即可向直播间发送公告信息，在用户看播端界面上方会显示该公告信息。

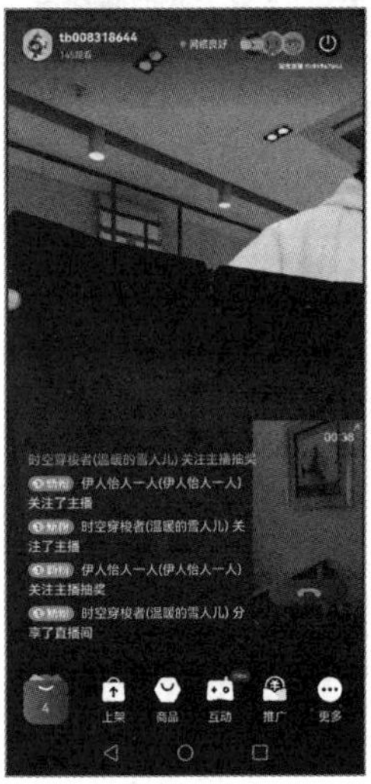

图 4-70 与用户连线

图 4-71 点击“直播间公告”按钮

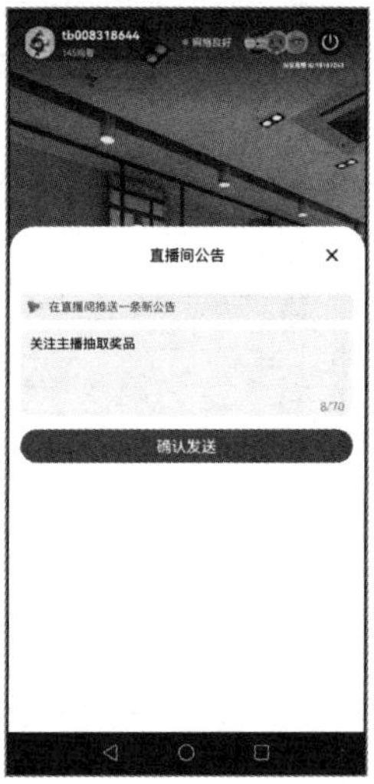


图 4-72 编辑公告信息

# 项目实训：在淘宝直播平台直播销售食品类商品

## 1. 实训目标

掌握在淘宝直播平台开播及进行直播运营管理的方法。

## 2. 实训内容

每 3 至 5 人一组，在淘宝直播平台注册账号，通过直播的方式销售食品类商品，并做好直播间运维工作，包括注册直播账号、配置直播活动人员、规划直播间商品、搭建直播间、撰写直播脚本、讲解商品、进行直播引流、处理直播中的突发状况、进行直播活动复盘等。

## 3. 实训步骤

（1）学习直播规则并入驻淘宝直播平台

进入淘宝直播官方平台，学习淘宝直播平台的相关规则，详细了解在淘宝直播平台开播的相关要求，避免在直播运营过程中出现违规行为。

了解直播规则后在淘宝直播平台申请直播平台权限，成功入驻淘宝直播平台。

（2）设定主播人设并规划直播账号

小组成员进行商议设定主播人设，并根据主播人设定位设置账号信息，如账号头像、账号名称、账号简介等，填写“实训作业\项目四\主播人设定位与直播账号规划”文件。

（3）配置直播活动人员

在小组内挑选具备相应能力的人员组建一个满足食品类商品直播“带货”基本需求的直播团队，并明确直播团队各成员的职责分工，填写“实训作业\项目四\直播团队成员职责分工”文件。在直播团队中，至少应该包括 1 名主播、1 名运营和 1 名场控。

（4）规划直播商品

直播团队应根据主播人设、账号定位、直播活动主题并结合账号目标用户画像进行选品，确定组货方式、直播商品的款式和数量、上播商品及时间安排，并为直播商品制定合适的价格，填写“实训作业\项目四\直播商品规划”文件。

（5）撰写直播脚本

直播团队成员应讨论、设计整场直播活动的流程，并撰写直播活动脚本，填写“实训作业\项目四\直播活动脚本”文件。直播团队成员应认真分析每款上播商品的特点，提炼每款商品的卖点，为每款商品撰写脚本，填写“实训作业\项目四\商品脚本”文件。

（6）搭建直播间场景

根据食品类商品直播“带货”的需求，直播团队成员应在分析自身特点的基础上，讨论并确定直播间场景的表现形式。例如，是选择室内直播还是室外直播，是选择实景直播还是绿幕直播，是选择真人出镜还是手部出镜等。

根据确定的直播间场景的形式，准备直播所需的软硬件设备和物料，选择并规划直播场地，布置直播间背景和灯光，并填写“实训作业\项目四\直播间场景设置方案”文件。

（7）开启直播

各个岗位的人员就位后，正式开启直播。主播在镜头前向用户讲解各款商品，其他成员各司其职，配合好主播的工作，灵活应对直播中遇到的各种突发状况。

为了维持直播间的人气，直播团队成员应根据自身情况选择合适的方式为直播间引流，运用淘宝直播平台的各种工具维护直播间气氛，并填写“实训作业\项目四\直播引流方案”文件和“实训作业\项目四\直播间气氛维护方案”文件。

（8）直播活动复盘

直播活动结束后，直播团队应通过内部讨论和外部评价（包括其他小组的成员和教师对此小组的直播活动的评价）的方式对本场直播活动进行复盘，总结直播数据表现和直播策略，如直播商品规划、场景布置、团队分工、道具使用是否合理，以及团队成员表现等，填写“实训作业\项目四\直播活动复盘”文件。

### 4. 实训总结

| | |
|---|---|
| 学生自我总结 | |
| 教师总结 | |

# PART 05

# 项目五
# 抖音直播运营

学习目标

【知识目标】

- 了解抖音平台的特点、流量分配规则和抖音直播电商的生态特点。
- 掌握打造主播人设的方法。
- 掌握直播间商品规划的策略。
- 掌握为抖音直播间引流和维护直播间气氛的方法。

【能力目标】

- 能够打造具有差异化的主播人设。
- 能够根据直播活动主题进行直播商品规划。
- 能够掌握服装类商品的讲解技巧，并在直播中对商品进行全面讲解。
- 能够根据直播间的人气情况合理运用引流工具为直播间引流。
- 能够运用抖音直播间的各种互动工具维护直播间气氛。

【素养目标】

主播作为公众人物，应严格约束自己，在直播中坚持弘扬正能量，传播真善美。

## 引导案例

对于品牌来说，抓住热点开展营销活动是促进销售转化的有效策略。在“多巴胺”“美拉德”“五金女孩”“热力感穿搭”热门话题流行之际，波司登紧跟潮流步伐，借助这些热门话题提升品牌销量。

2023年10月，抖音平台发起“热力感穿搭”话题，波司登品牌快速响应，发布了与“热力感穿搭”相关的短视频，在“双11”预热期的直播预告中也突出关键词“热力感”。

在预热期的直播中，波司登会从不同商品的特点出发采用不同的讲解方式。主播不仅会为用户试穿同款羽绒服的不同颜色，还会根据羽绒服的时尚特点搭配下装、鞋袜和配饰，为用户展示羽绒服的穿搭效果。在讲解价位较高的功能型羽绒服时，主播会现场对羽绒服进行防水等测试，降低用户对羽绒服性能的疑虑，促进销售转化。

在预热期直播的引流策略上，波司登主要采用付费引流的方式，在抖音搜索主题页面进行深度布局，抢占了在抖音搜索结果页面关键词“羽绒服”的大量流量，成为第一个出现在搜索结果页面的品牌类引导词。

**案例分析**

对于品牌来说，搜索引流是需要重点关注的引流场域。通过布局精准搜索关键词，有利于提高用户对品牌的关注度。此外，借助热点营销也是促进销售的重要手段，为商品添加热门话题元素有利于提高品牌曝光度和用户的互动性。

# 任务一 分析抖音平台

抖音是一款音乐创意短视频社交软件，于 2016 年 9 月 20 日上线。随着平台的不断发展，抖音的用户量不断攀升，2018 年抖音正式启用全新的品牌口号“记录美好生活”，强调平台的普适性。如今，直播和短视频融合发展，抖音平台不只在短视频领域发展势头较好，在直播电商方面也与淘宝网和快手展开了激烈的竞争。

## 一、抖音平台的特点与流量分配规则

抖音是一个典型的内容电商平台，众多创作者在抖音平台通过短视频和直播等丰富的内容形式，为用户带来了更个性化、更生动、更高效的消费体验。

### 1. 抖音平台的特点

与其他平台相比，抖音平台具有以下特点。

（1）短、平、快

抖音短视频的时长一般很短，创作周期短，制作门槛低，每个人都可以创作，而且视频的浏览速度快，一般在 10～20 秒。抖音默认打开的是“推荐”页面，只需用手指轻轻一划，就可以播放下一条视频，用户的不确定感更强，更能吸引用户观看，从而打造出了沉浸式的娱乐体验。

（2）受众广泛

抖音平台的用户群体量大，且用户多元化，活跃度高，用户兴趣爱好分布广泛，平台上的各种内容和商品都能找到数量可观的受众。

（3）能够进行精准推送

抖音平台可以利用画像分析用户的兴趣爱好，有针对性地为用户推送他们感兴趣的内容，这不仅能减少无效信息对用户的干扰，还能帮助广告主找到精准用户。

（4）霸屏模式

抖音采取霸屏阅读模式，降低了用户注意力被打断的概率，用户在观看视频时很容易忽略时间的流逝。

（5）互动性强

抖音会定期推出视频标签，鼓励用户参与到同一主题视频的创作中。这些视频标签激发了用户的创作灵感，用户创作出来的内容具有很高的参与感和娱乐性，被其他用户分享的概率也大大提升。

（6）流量体量大

抖音平台得到了今日头条、西瓜视频、抖音极速版等多款 App 的流量支持，流量体量巨大。

### 2. 抖音流量分配规则

在抖音平台上，当用户发布内容后，内容会被分配一定的基础流量。当内容的核心指标（如完播率、互动率、成交率、停留时长等）突破设定的阈值，该内容会被分配进入更大的流量池。如果该内容继续突破下一层级的阈值，则会被继续推进进入下一个更大的流量池，依此类推。

发布内容的用户也可以通过付费购买流量的方式推动内容的传播，然而，内容最终能传播多远，关键的影响因素是内容本身的质量。也就是说，内容质量越高，其传播的范围就会越广，也就越能节约营销资金。

## 二、抖音直播电商生态分析

抖音直播电商的核心在于“货找人”的兴趣电商模式，让用户在浏览内容的过程中产生非计划性的购物需求。在抖音兴趣电商中，借助短视频、直播的形式，商品能够以内容化的方式呈现，其使用场景被具象化，能够最大限度地激发用户对商品的兴趣。

抖音平台采用去中心化的兴趣推荐模式，实现内容匹配用户兴趣，这样就将内容化的商品与用户的兴趣联系起来，并为商品销售创造条件。商品在抖音平台上以内容化的方式触达用户，使原本没有购物计划的用户明确了自己的需求，并进行购物。

### 1. 抖音直播电商“人”“货”“场”的特点

抖音直播电商“人”“货”“场”的特点如表 5-1 所示。

**表 5-1 抖音直播电商“人”“货”“场”的特点**

| “人” | “货” | “场” |
|---|---|---|
| ① 年龄特点：“80 后”“90 后”用户占比较大，“95 后”用户的数量增长较快；<br>② 城市分布：三线城市用户占比较高，一线、新一线城市用户数量增长速度较快；<br>③ 性别分布：以女性用户为主 | ① 品类：新品类有较高的市场渗透率；<br>② 品牌：国产品牌、新成立品牌等品牌不断进入抖音 | ① 直播风格：单场直播时间较长；<br>② “达人”直播：“达人”主播类型多样化；<br>③ 商家自播：大量品牌旗舰店入驻，形成常态化的商家自播 |

### 2. 抖音直播电商服务体系

抖音平台凭借其流量优势，已经构建了比较完善的直播电商服务体系。其服务内容覆盖了商品供应、内容运营、运营指导、数据诊断、广告投放、支付交易、售后履约等直播电商运营的各个环节，如表 5-2 所示。

**表 5-2 抖音直播电商服务内容**

| 直播电商运营环节 | 抖音平台服务内容 | 服务支持 |
|---|---|---|
| 商品供应 | 抖店 | 为运营者提供电商运营平台，并提供丰富的商品资源，保障前端商品供应的稳定 |
| 内容运营 | 巨量星图、巨量百应 | 撮合主播和平台商家，优化短视频、直播内容营销场景 |
| 运营指导 | 抖音电商大学 | 为运营者提供技能指导，帮助运营者提高运营能力 |

续表

| 直播电商运营环节 | 抖音平台服务内容 | 服务支持 |
|---|---|---|
| 数据诊断 | 巨量引擎、电商罗盘 | 帮助运营者实施数据分析，调整与优化运营策略，提高商品转化率 |
| 广告投放 | 巨量千川 | 为运营者提供广告投放服务和数据分析，帮助其实现流量变现 |
| 支付交易 | 抖音支付 | 为运营者提供支付支持，促进交易的完成 |
| 售后履约 | 安心购 | 覆盖整个交易过程，为用户提供售前、售中、售后全链路的服务保障 |

# 任务二 筹备抖音直播活动

在抖音平台进行直播“带货”，首先需要创建抖音账号，然后获得电商“带货”权限，打造主播人设，并做好直播商品规划。

## 一、申请抖音电商“带货”权限的条件

“带货”权限是指“达人”在抖音平台获得的经营“达人”商品橱窗、发布短视频添加商品、发布图文添加商品、直播间添加商品的权限。“达人”获得“带货”权限后，可以通过自己的抖音账号在抖音平台推广和销售该账号绑定的抖店的商品，或者推广销售其他抖店的商品。

“达人”在抖音平台完成实名认证后，才可以申请开通电商“带货”权限。当“达人”账号的被关注用户数量少于 1000 时，“达人”账号只能获得橱窗“带货”权限。当“达人”账号的被关注用户数量达到 1000 后的次日，可以进一步开通直播间和短视频“带货”权限。

“达人”申请电商“带货”权限时，需要填写“带货”资质，即“达人”在抖音电商“带货”时所使用的身份资料信息，它分为个人、个体工商户和企业 3 种。选择的“带货”资质不同，需要准备的资料、资质认证要求等也不同，如表 5-3 所示。资质类型一旦选择并提交完毕就不能修改，仅支持升级，如个人资质升级到个体工商户或企业资质，个体工商户资质升级到企业资质。

**表 5-3 抖音电商“带货”权限资质认证要求**

| 相关要求 | 资质类型 | | |
|---|---|---|---|
| | 个人 | 个体工商户 | 企业 |
| 准备资料 | 清晰的身份证正反面图片、个人银行卡账号 | 公司名称、统一社会信用代码、营业期限、经营地址、清晰的营业执照照片、经营者姓名、经营者身份证号码、身份证件有效期、身份证正反面图片、个人或企业银行卡账号、开户行名称、开户支行名称 | 公司名称、统一社会信用代码、营业期限、经营地址、清晰的营业执照照片、法人姓名、法人身份证号码、法人身份证件有效期、法人身份证正反面图片、企业银行卡账号、开户行名称、开户支行名称 |

续表

| 相关要求 | 资质类型 | | |
|---|---|---|---|
| | 个人 | 个体工商户 | 企业 |
| 资质认证要求 | 必须与抖音实名认证保持一致 | 必须与抖音实名认证保持一致，如果进行过企业号/巨量千川认证，则会复用企业号/巨量千川资质。如果资质不一致，需要注销对应资质 | 无限制，可以与抖音实名认证不一致。但是，个人独资企业需要与抖音实名认证保持一致 |
| 是否支持对公账户结算 | 不支持 | 支持 | 支持 |

**知识拓展**

在抖音平台能够“带货”的账号包括官方账号、店铺授权号、混合经营账号、“0元0粉”账号，各类“带货”账号的区别如表5-4所示。

**表5-4　抖音“带货”账号的区别**

| 对比项目 | 账号类型 | | | |
|---|---|---|---|---|
| | 官方账号 | 店铺授权号 | 混合经营账号 | “0元0粉”账号 |
| 账号释义 | 每个店铺选定唯一的抖音号与店铺进行绑定，作为店铺的官方账号，以实现抖音账号与店铺的一体化关联，在用户端增强店铺的概念 | 商家在经营过程中通过绑定账号的方式获得给店铺“0”佣金“带货”的账号。为了进一步规范账号的使用和运营，特对账号功能和定位进行了升级 | “达人”通过精选联盟“带货”的同时，发展自身的供应链或者品牌，开设抖音小店，在一个账号运营下实现自卖和“带货”的经营模式。这种模式既能让“达人”推广“带货”赚佣金，又能使其开设店铺，“0”佣金推广本店商品 | 账号无须1000个“粉丝”、无须10条短视频，只要完成实名认证，即可开通电商“带货”权限，经营橱窗“带货”赚佣金 |
| 账号身份 | 店铺身份 | 店铺身份 | 达人身份 | 达人身份 |
| 橱窗“带货” | 只能添加本店商品 | 只能分享账号绑定的店铺的商品 | “0”佣金自卖和“带货”赚佣金 | 可以橱窗带货 |
| 短视频“带货” | 只能添加本店商品 | 只能分享账号绑定的店铺的商品 | “0”佣金自卖和“带货”赚佣金 | 需满1000个“粉丝” |
| 直播间“带货” | 只能添加本店商品 | 只能分享账号绑定的店铺的商品 | “0”佣金自卖和“带货”赚佣金 | 需满1000个“粉丝” |
| 用户进入主页展示 | 个人主页等页面会展示“进入店铺”或者“店铺”选项，用户可直接点击选项进入店铺 | 个人主页等页面会展示“进入店铺”或“店铺”选项，用户可直接点击选项进入店铺 | 个人主页等页面会展示“进入橱窗”或“橱窗”选项 | 个人主页等页面会展示“进入橱窗”或“橱窗”选项 |

## 动手实践：开通商品橱窗

微课启学：开通商品橱窗

在抖音平台开通商品橱窗的具体操作方法如下。

**步骤 01** 打开抖音 App，在界面下方点击“我”按钮，进入个人主页界面。点击界面右上方的“菜单”按钮，打开侧边栏菜单，选择“抖音创作者中心”选项，如图 5-1 所示。

**步骤 02** 进入抖音创作者中心界面，点击“全部”按钮，如图 5-2 所示。

**步骤 03** 在弹出的界面中可以看到“电商带货”按钮为灰色不可用状态，点击“电商带货”按钮，如图 5-3 所示。

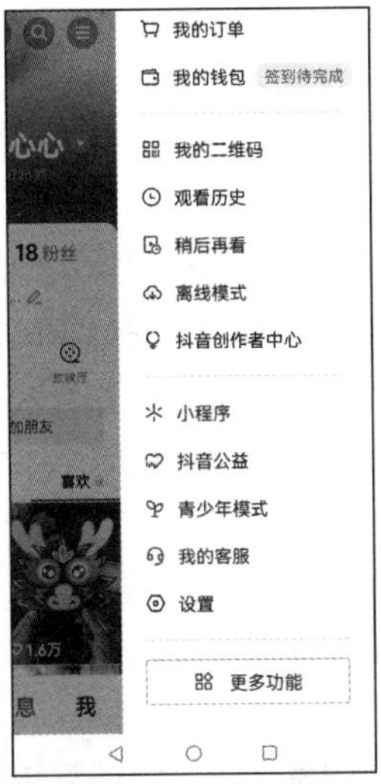


图 5-1 选择“抖音创作者中心”

图 5-2 点击“全部”按钮

图 5-3 点击“电商带货”按钮

**步骤 04** 在弹出的界面中点击“立即加入抖音电商”按钮，提示“抖音‘粉丝’不足 1000 时可以在商品橱窗内‘带货’，1000‘粉丝’以上可以在视频/直播间‘带货’”，如图 5-4 所示。

**步骤 05** 在弹出的界面中依次填写“带货”资质、开通收款账户等选项，逐步开通商品橱窗，如图 5-5 所示。

**步骤 06** 商品橱窗开通后，在抖音个人主页界面中会出现“电商‘带货’”按钮，点击该按钮即可进入商品橱窗界面，如图 5-6 所示。

图 5-4 立即加入抖音电商

图 5-5 开通商品橱窗

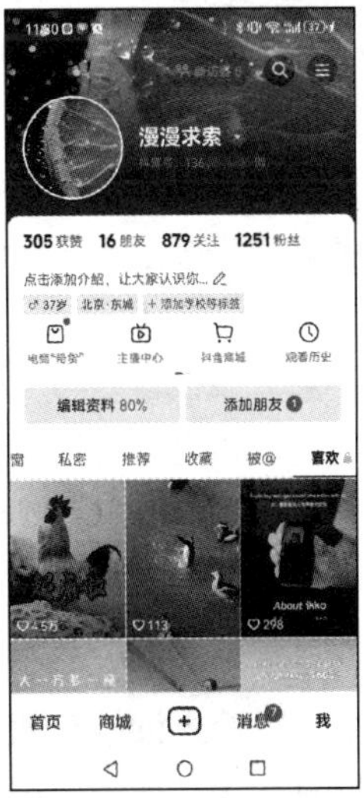


图 5-6 点击“电商带货”按钮

## 二、主播人设的打造

在直播电商中，鲜明的人设定位有助于主播脱颖而出。因为基于人设定位形成的个人品牌不仅代表了知名度和认可度，也代表了个人的信誉和口碑，有助于用户了解主播。主播的人设越鲜明，就越容易获得用户的认可，由此提升个人影响力，带来流量，放大个人的价值。

### 1. 主播人设的类型

主播在打造人设时，要根据自己的爱好及特征用一两个关键词来定位，使用两三个标签即可。主播的人设一般分为以下 4 种。

（1）专家人设

主播在面对新用户时，若想吸引用户关注直播间并时常来观看直播，就要增强用户的信任度，而专家的人设可以利用权威效应来增强新用户对自己的信任度。但是，要想定位为专家，主播就要持续地进行专业内容输出，强化用户的认知。专家人设的门槛较高，一般需要机构或职称认证，并有专业技术支持，所以很难批量复刻，但这类人设可以在短时间内获得用户信赖，更容易促成转化。

（2）“达人”人设

与专家人设相比，“达人”人设对专业背书的要求不高，但建立人设需要前期运营，需要有丰富的内容为人设做铺垫。

主播要想打造“达人”人设，就要在一个垂直领域做精做深，切忌在多个领域跳转，否则多领域尝试不但不能通吃，反而会降低自己的权威性。例如，抖音账号“种草丛一丛姐”的人设就是“居家小能手”，从家居收纳到锅碗瓢盆，生活中的每个细节都有对应的妙招。主播会推荐一些新奇好物，而这种对“向往的生活”的展示增强了商品“种草”的说服力。

（3）低价人设

低价人设分为两种，一种是背靠货源地，如生鲜水产、珠宝玉石等，用原产地现货、没有中间商等优势来强调自己商品的物美价廉；另一种是背后有强大的供应链支持，可以打通链路中的各个环节，能够最大幅度地让利给用户。某些主播拥有大面积的仓储基地，或者在各大品牌总部直播“带货”，用全网最低价吸引用户。

例如，抖音账号“扬叔来了”是传统原产地海鲜“种草”类账号的升级版，不再是海鲜吃播，而是转型为剧情内容，每条视频篇幅不长，但都紧跟平台热点，且配合反转剧情，用户黏性极强。在剧情内容中，海鲜商品并没有强制露出，只是作为道具呈现，但也非常吸睛。朴实的渔村场景配合高品质的食材，将低价、亲民的人设展现得淋漓尽致。

（4）励志人设

励志人设很容易与用户建立起深层的情感认同，这类人设的重点在于对人有情有义，对用户一片赤诚之心，对弱势群体充满爱心，对不良现象重拳出击。这种人设与用户之间的情感链接会吸引有着相同或相似经历的用户，他们怀着同情、敬佩或羡慕的情绪，在这个大家庭氛围中抱团取暖。这种情感链接一旦形成就很难被打破，用户黏性非常强，用户会形成惯性，在从众效应的影响下购买商品，直播转化率很高。

### 2. 打造人设的步骤

打造主播人设可按照以下 4 个步骤进行。

（1）明确细分领域

主播要进入合适的细分领域，找到适合自己的发展方向，可以从以下两个方面来确定。

才华天赋：才华天赋决定主播的擅长领域，主播只有找到能够尽情施展自身才华的领域，才能更快地获得成功。

经验积累：所谓“厚积薄发”，一个主播只有在其所处领域积累了足够多的专业知识和经验，才能达到顶尖水平。例如，抖音平台上的美妆主播“仙姆 SamChak”是一名专业化妆师，专注彩妆十几年，这些就是他的身份背书，有利于增强用户对他的信任度。

（2）挖掘自身特色

在数量庞大的主播群体中，主播要想脱颖而出，就必须打造独一无二的形象，把自己与其他主播区分开，这就需要主播具有较高的辨识度和鲜明的特点。

在挖掘自身特色时，主播可以从以下两个方面来展开。

研究头部主播：主播要学习借鉴所在领域的头部主播，学习他们的经验，如引流方式、运营方式和互动方式等，将这些技巧和策略为自己所用。

深耕细分市场：主播要凭借自己在某一细分领域积累的经验，深耕该领域，通过对行业内竞争对手及直播间用户需求的分析，找到最适合自己的细分的领域进行深耕，力求做到最好，最大化地展现自身优势，从而逐渐扩大自己的影响力。

（3）拟定合适的名字

在注意力稀缺的时代，主播的名字只有被用户记住才能有继续打造人设的可能性。一般来说，好名字要朗朗上口，简单好记，最好能与主播所在的领域相关，且不容易产生歧义。主播名字最好用中文，字数不要太多，最好控制在 5 个字以内。

（4）打造良好形象

一个好名字只能让用户短暂地产生兴趣，主播要想维持热度，就要内外兼修，打造良好的形象。在打造个人形象时，主播要注意以下 3 点。

外在形象：主播要注重外在形象的塑造，可以请设计师根据自己的气质为自己设计一套形象。

言谈举止：言谈举止也是影响主播人气的重要因素，在直播“带货”过程中，主播要保持微笑，耐心讲解，绝不能乱发脾气，同时注意自己的行为举止，动作要文雅。

内在形象：主播不仅要打造良好的外在形象，还要注重内在形象。只有拥有正确的价值观，为网络带来正能量，主播才能为社会做出更大的贡献。如果主播不注重正面形象的维护，不仅会受到网友的抵制，而且有可能被平台封禁。

**课堂实训**

在抖音平台收集 2 至 3 个“带货”“达人”主播，分析这些“达人”的人设类型，然后参照其打造主播人设的步骤对自己进行人设定位。

## 三、直播商品规划

为了提高直播间商品的转化率，直播运营团队要精心制定排品策略和组品策略，这样才能让商品更有吸引力。

### 1. 排品策略

直播运营团队可以采用表 5-5 所示的排品策略。

**表 5-5 直播间商品排品策略**

| 排品策略 | 操作要点 |
| --- | --- |
| 主推单品 | 以主推款商品开场，并在整场直播中循环讲解主推款商品。同时在购物车中上架其他商品链接，但不对这些商品进行重点讲解。购物车中上架的其他商品最好能与主推款商品形成搭配，如主推款商品是打底裤，可以在购物车中上架与之搭配的打底衫、衬衣、T 恤等 |
| “AB + X” | A 款商品的主要作用是刺激直播间用户下单购买，B 款商品的主要作用是留住用户。直播过程中主要讲解 A 款商品和 B 款商品。X 款商品是在 A 款商品和 B 款商品后面展示的商品，用户可以直接购买，但主播不会对 X 款商品进行过多的讲解，只有在用户提出讲解要求才会对其进行讲解 |
| 组合循环 | 将直播间内商品按照一定的标准划分为不同的类型，如以福利款、主推款、利润款为例，福利款（1 款）+ 主推款（4 款）+ 利润款（1 款）为一个循环单位，在直播过程中不断循环 |
| 六段循环 | 对直播间的商品进行组合，形成 3 个单位，第 1 个单位为福利款 A（1 款）+ 独家款（1 款）+ 商品组合 1 + 福利款 B（1 款），第 2 个单位为福利款 A（1 款）+ 独家款（1 款）+ 商品组合 2 + 福利款 B（1 款），第 3 个单位为福利款 A（1 款）+ 独家款（1 款）+ 商品组合 3 + 福利款 B（1 款）。在直播间将这 3 个单位进行循环。其实，不断循环的是福利款 A、独家款和福利款 B，并对其进行重点讲解，商品组合 1、商品组合 2、商品组合 3 可以简单讲解，甚至不讲解，只需在购物车中挂上链接即可 |

### 2. 组品策略

组品就是将若干个单品组合起来，形成一个个商品组合。优秀的组品策略可以将单个商品的吸引力变成组合商品的吸引力，同时提高直播间的用户停留时长、成交总额和独立访客（Unique Visitor，UV）价值。直播运营团队可以采用表 5-6 所示的策略来组合商品。

**表 5-6 直播间商品组合策略**

| 组合策略 | 操作要点 |
| --- | --- |
| 功能组合 | 根据商品的功能进行组合搭配，例如，主播推荐一款耳环，可以设置一个“耳环 + 手链 + 项链”的组合商品链接；推荐一款防晒喷雾，可以设置一个“防晒喷雾 + 卸妆水 + 卸妆棉 + 洗面奶”的组合商品链接等 |
| 延伸组合 | 将主推商品与其延伸品进行组合，例如，主播推荐一款方便面，可以设置一个“方便面 + 火腿肠 + 卤蛋”的组合商品链接；推荐养生壶，可以设置一个“养生壶 + 红枣 + 杯子”的组合商品链接等 |
| 同类组合 | 将同类商品的不同款式进行组合，例如，将同款不同颜色的袜子进行组合 |
| 外观组合 | 根据商品的外观进行组合搭配，例如，主播推荐一款女式风衣，可以设置一个“风衣 + 围巾 + 袜子”的组合商品链接 |

设计好商品组合后，直播运营团队可以运用营销工具“搭配购”实现商品组合销售。搭配购是抖音平台为商家提供的场景化商品搭配及促销工具，该工具能够实现跨品多件促销，满足直播运营团队对搭配营销场景的需求，并突出高单价商品搭配后的价格，让用户直接感受到搭配后的优惠。此外，直播运营团队可以通过商品组合销售，提升客单价，实现商品之间互相引流，提高直播间的整体销量。

用户可以在直播间购物车（见图 5-7）、讲解卡（见图 5-8）、中间页（见图 5-9）等入口查看商家推荐的搭配组合，搭配组合支持一键成套购买，用户可以享受搭配组合价格。当然，也支持用户单独购买其中部分商品，但这种情况下用户不能享受搭配组合价格。

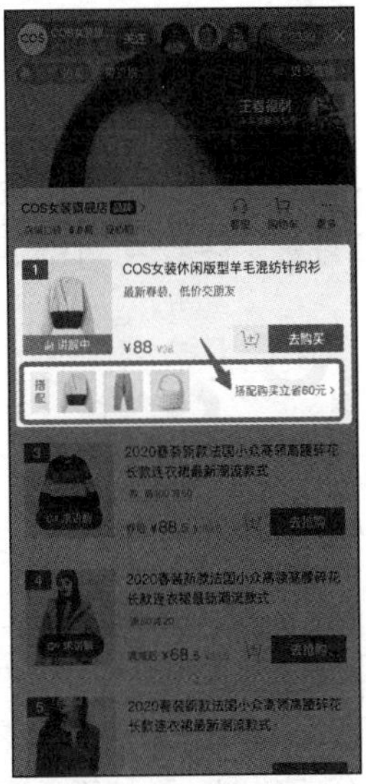


图 5-7　直播间购物车入口

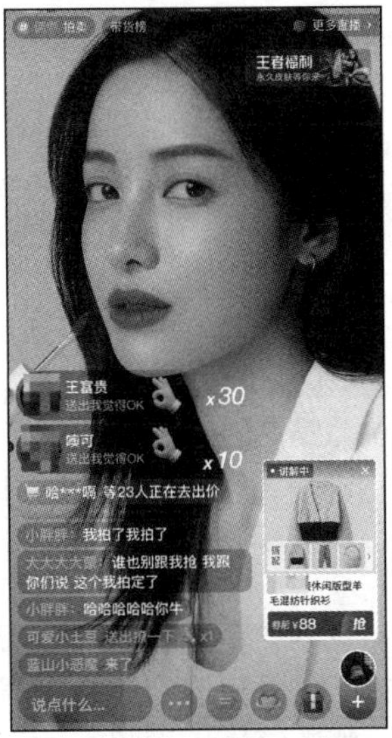


图 5-8　直播间讲解卡入口

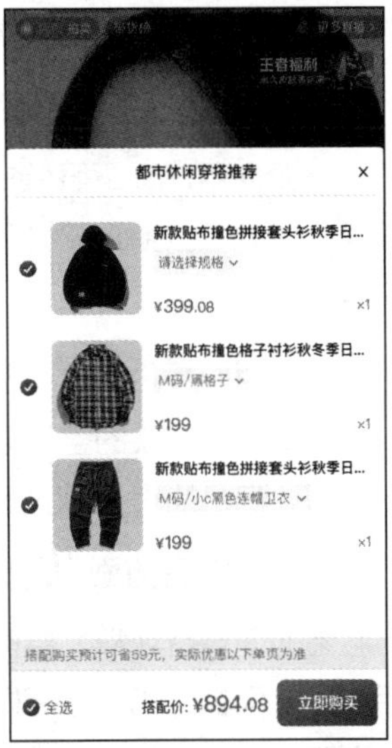


图 5-9　直播间中间页入口

**知识拓展**

一场直播中的商品数量不能太多也不能太少。以一场时长为 3 小时的直播为例，假设平均每款商品讲解 5 分钟，则需要大概准备 40 款商品。对于组合循环过款的直播间来说，每个循环单位可以循环讲解 2～3 遍，因此，差不多需要准备 10～20 款商品。对于主推单品的直播间来说，即使只有一款主推商品，也要在直播间中上架其他测试款商品的链接。

# 任务三　执行抖音直播活动

抖音直播活动的执行主要包括讲解直播商品、为直播间引流和维护直播间气氛。下面以销售服装类商品为例，分别对其进行介绍。

## 一、服装类商品讲解的技巧

主播在讲解服装类商品时，需要遵循两个原则：一是对商品进行全方位展示，主播要展示服装的面料、设计风格、设计细节、上身效果等；二是描述准确，主播对服装的尺寸、面料、颜色等属性的介绍要准确，不能欺瞒用户。

为了增加商品讲解的吸引力，主播可以采用以下方法。

### 1. 亲自上身试穿

主播应亲自试穿服装，向用户展示服装的试穿效果，并且确保从前后左右多个角度向用户展示清楚。主播展示试穿效果时要注意走位，使用远景向用户展示服装的整体效果，使用近景向用户展示服装的设计细节和亮点。

### 2. 介绍服装的风格

服装的风格有很多种，如“中式风”“学院风”“淑女风”等，主播在介绍商品时，要向用户说清楚所讲解的服装属于哪种风格。

### 3. 介绍服装的尺码与版型

主播要向用户介绍服装的尺码，如上衣需要介绍腰围、胸围，裤子需要介绍腰围、臀围和裤长。此外，主播还要介绍服装的版型，例如，宽松型服装包容性强，会显得人比较瘦；修身型服装凸显身材，显得人比较精神等。

### 4. 介绍服装的颜色

主播要介绍服装的整体颜色，说清楚这种颜色能够给人带来什么样的感觉或具有哪些优势。例如，白色显得典雅，紫色显得高贵，粉色显得可爱，黑色显得酷感十足等。

### 5. 介绍服装的面料

服装的面料有纯棉、聚酯纤维、皮革、羊羔绒等类型。主播要先说明服装的面料类型，然后介绍该面料的优点。例如，纯棉面料透气、吸汗性强；聚酯纤维面料造型挺括、不易变形；皮革面料防风；羊羔绒面料保暖效果好，悬垂性好。主播在介绍面料时，要使用近景镜头向用户展示面料的纹理和柔软度等。

### 6. 介绍服装的设计亮点

主播要介绍服装在图案、工艺等方面的设计亮点，突出服装的时尚感。例如，可以介绍服装制作工艺的精细度和独特性；展示服装领口、袖口、下摆等位置的设计细节，如袖口带有印花，印花采用纯手工刺绣工艺等。

### 7. 介绍服装的穿着场景或搭配

展示服装的穿着场景或搭配是服装商品介绍中的一个非常重要的环节，“一衣多穿”是体现服装性价比高的关键点。主播在介绍服装搭配时，不能只是单纯地说它可以与其他某种款式的衣服搭配，最好将整套的服装搭配展现在镜头面前，甚至可以展示与整套服装相搭配的鞋子、眼镜、帽子等其他配饰。

如果条件允许，主播可以针对直播间的某款主推服装做两套甚至更多不同风格的搭配方案，以满足用户上班、游玩等不同场景的需求。

**课堂实训**

请自选一款服装，提炼该服装的卖点并为其撰写直播脚本，然后以直播的方式向大家讲解该款服装的卖点。

## 动手实践 1：添加精选联盟商品

微课启学：添加精选联盟商品

下面在抖音商品橱窗中添加精选联盟商品，并对橱窗内商品进行管理，具体操作方法如下。

**步骤 01** 进入抖音商品橱窗界面，点击“橱窗”按钮，然后点击“选品广场”按钮，如图 5-10 所示。

**步骤 02** 打开抖音电商精选联盟选品广场界面，点击“橱窗”按钮，可以看到橱窗精选好货，点击“橱窗爆款榜”按钮，如图 5-11 所示。

**步骤 03** 在打开的界面中浏览精选联盟榜单商品，榜单按照商品类目和商品主题分类，并提供“爆款榜”“热推榜”“趋势榜”“常销榜”等榜单。点击榜单上方的“实时”按钮，还可按照实时榜、日榜、周榜、月榜来排序商品。点击商品下方的“加选品车”按钮，即可将商品添加到选品车，如图 5-12 所示。

图 5-10　点击“选品广场”按钮

图 5-11　点击“橱窗爆款榜”按钮

图 5-12　点击“加选品车”按钮

**步骤 04** 也可在搜索框中搜索要添加的商品，然后点击商品下方的“加选品车”按钮，如图 5-13 所示。

**步骤 05** 返回精选联盟首页，在界面下方点击“选品车”按钮，打开“选品车”界面，可以看到所有添加到选品车中的商品。选中要添加到橱窗的商品，点击界面下方的“批量带货”按钮，如图 5-14 所示。

**步骤 06** 在弹出的界面中选择“上架橱窗”选项，即可将所选商品添加到橱窗中，如图 5-15 所示。

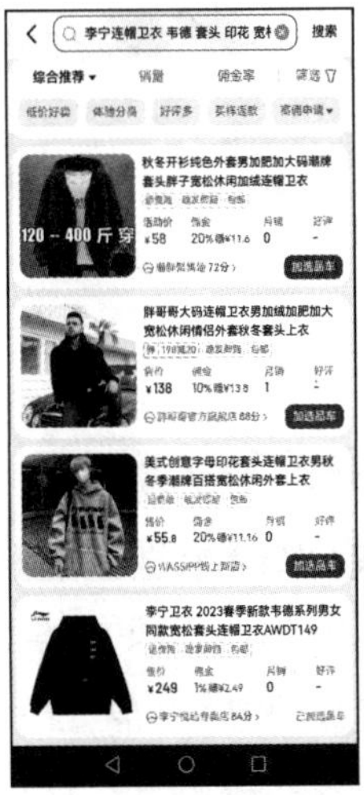


图 5-13　搜索商品并加选品车

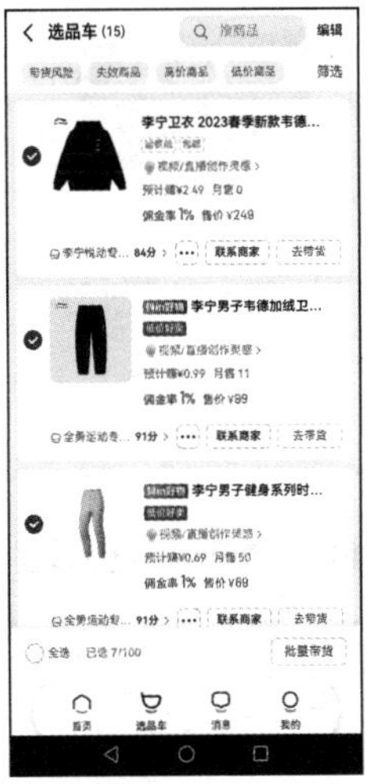


图 5-14　点击“批量带货”按钮

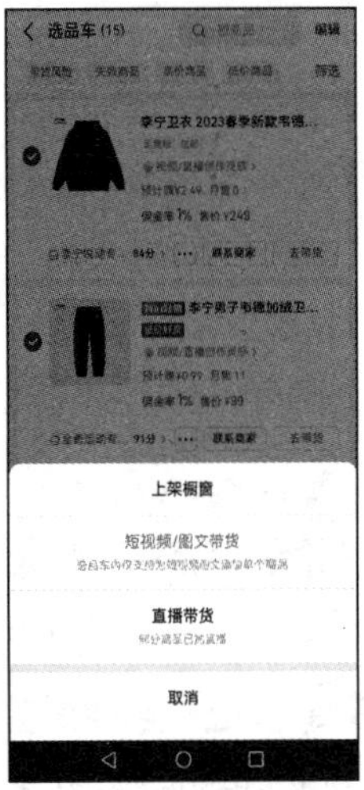


图 5-15　选择“上架橱窗”选项

**步骤 07** 返回商品橱窗界面，点击“商品管理”按钮，如图 5-16 所示。

**步骤 08** 在弹出的界面中可以看到添加到橱窗中的商品，在该界面中可以对商品进行置顶、删除等操作，点击商品下方的“更多”按钮⋯，如图 5-17 所示。

**步骤 09** 在弹出的界面中可以对商品进行更多操作，选择“编辑推广信息”选项，如图 5-18 所示。

图 5-16 点击“商品管理”按钮

图 5-17 点击“更多”按钮

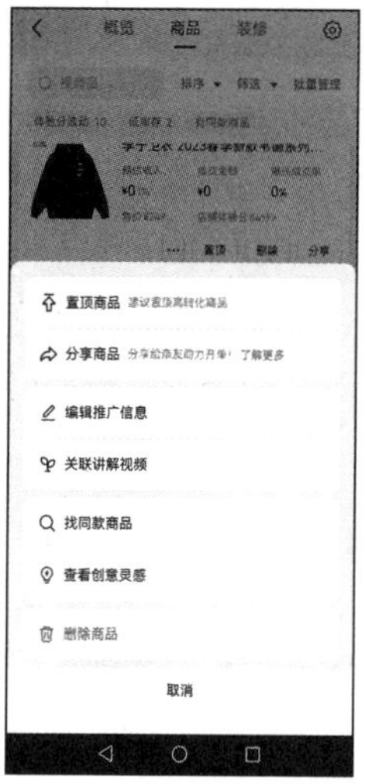


图 5-18 选择“编辑推广信息”选项

**步骤 10** 在弹出的界面中编辑商品橱窗推荐语和直播间推广卖点，然后点击“确定”按钮，如图 5-19 所示。

**步骤 11** 在界面上方点击“清单管理”按钮，然后点击“新建清单”按钮，如图 5-20 所示。

**步骤 12** 在弹出的界面中选择清单类型，然后点击“下一步”按钮，如图 5-21 所示。

图 5-19 编辑推广信息

图 5-20 点击“新建清单”按钮

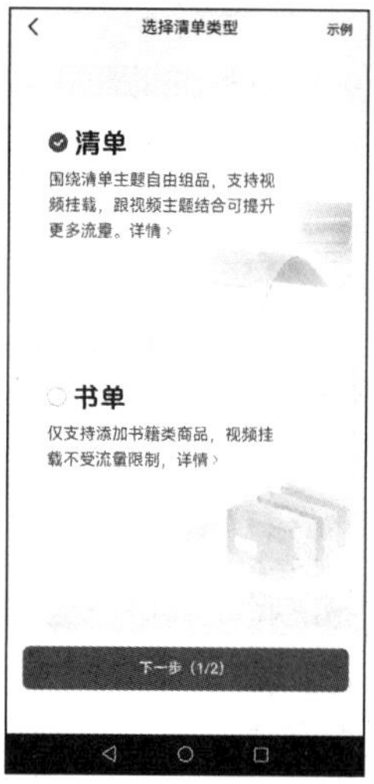


图 5-21 选择清单类型

**步骤 13** 弹出“创建清单”界面，编辑清单标题和清单亮点，然后添加相关商品，点击“确定并发布”按钮，如图 5-22 所示。

**步骤 14** 查看创建的清单，点击清单下方的“更多”按钮⋯，在弹出的界面中可以设置分享清单、编辑清单或将清单挂载到视频等操作，如图 5-23 所示。

**步骤 15** 在商品橱窗界面上方点击“概览”按钮，然后点击“预览橱窗”按钮，在弹出的界面中预览橱窗效果，如图 5-24 所示。

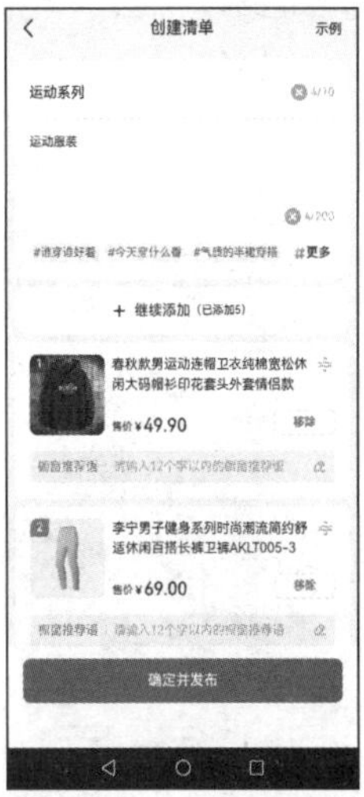


图 5-22　创建清单

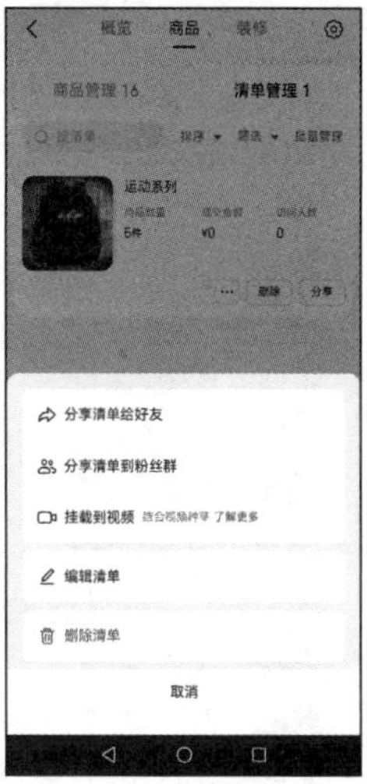


图 5-23　更多清单操作

图 5-24　预览橱窗效果

## 动手实践 2：直播间购物车管理

微课启学：直播间购物车管理

下面对抖音直播间的购物车进行管理，具体操作方法如下。

**步骤 01** 进入抖音“开直播”界面，点击“商品”按钮，如图 5-25 所示。

**步骤 02** 在弹出的界面中点击“添加”按钮，弹出“添加商品”界面，在界面上方点击“我的橱窗”选项，然后选中要添加到直播间的商品，点击“添加”按钮，如图 5-26 所示。

**步骤 03** 此时即可将商品添加到购物车，选中商品后可以对商品进行置顶、删除等操作，点击界面上方的“设置”按钮，如图 5-27 所示。

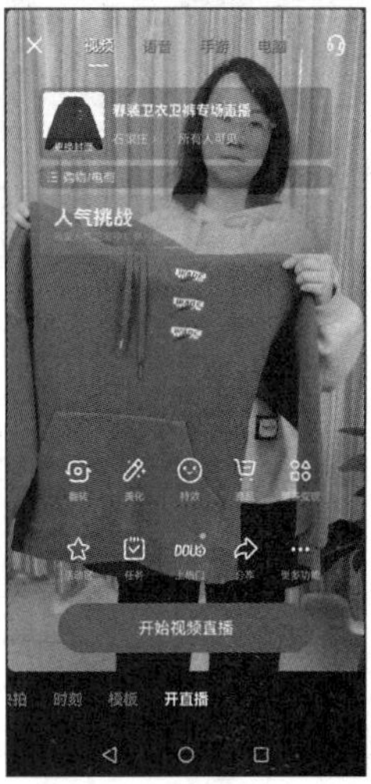


图 5-25　点击“商品”按钮

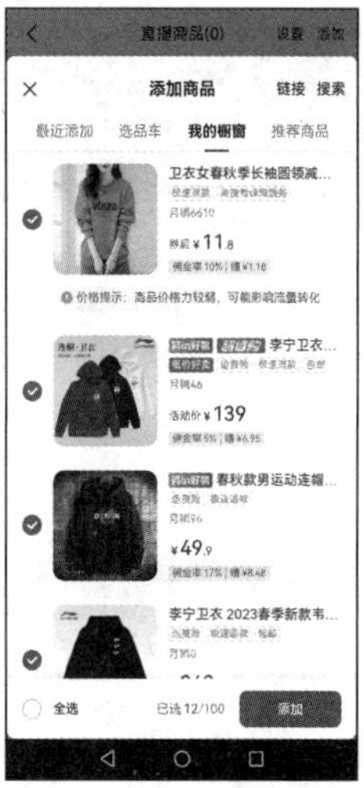


图 5-26　添加橱窗商品

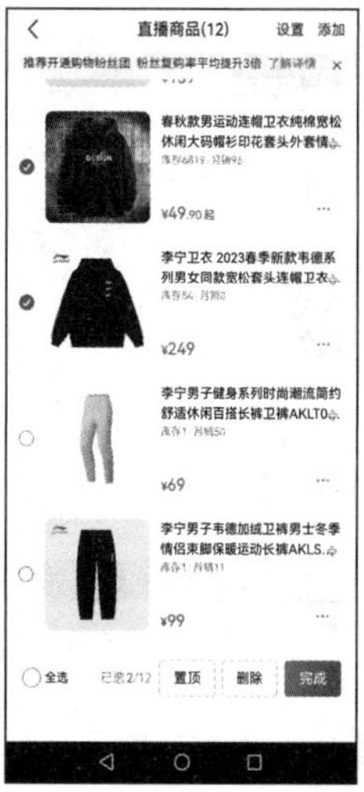


图 5-27　点击“设置”按钮

**步骤 04** 进入“设置”界面，选择“主推商品设置”选项，如图 5-28 所示。

**步骤 05** 选中要设置为主推商品的商品，在下方点击“已选 4 个，设为主推”按钮，如图 5-29 所示。设置主推商品后，购物列表会显示“本场主推”类目。

**步骤 06** 点击“开始视频直播”按钮，开始抖音直播，在直播间界面下方点击“电商”按钮，如图 5-30 所示。

图 5-28　选择“主推商品设置”选项

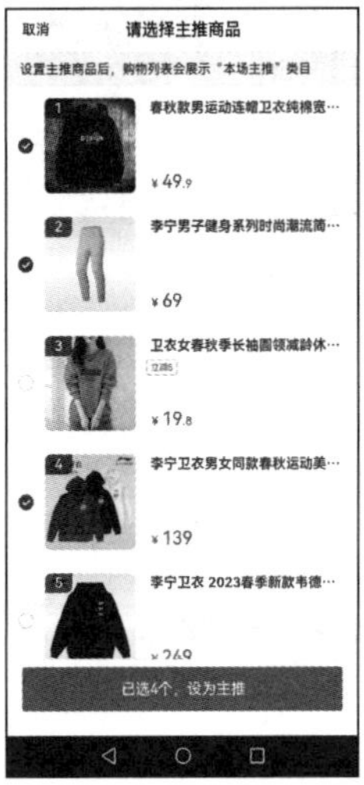


图 5-29　选择主推商品

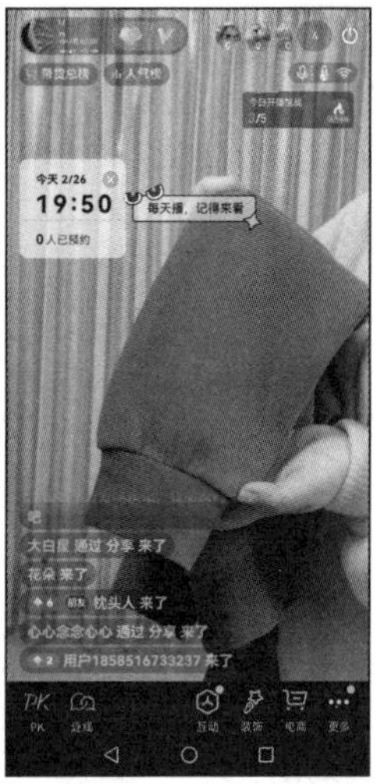


图 5-30　点击“电商”按钮

**步骤 07** 弹出“直播商品”界面，可以看到购物车内已添加的商品，点击商品下方的“更多”按钮，如图 5-31 所示。

**步骤 08** 在弹出的界面中选择“设置卖点”选项，如图 5-32 所示。

**步骤 09** 在弹出的界面中编辑卖点信息，然后点击“确认”按钮，如图 5-33 所示。

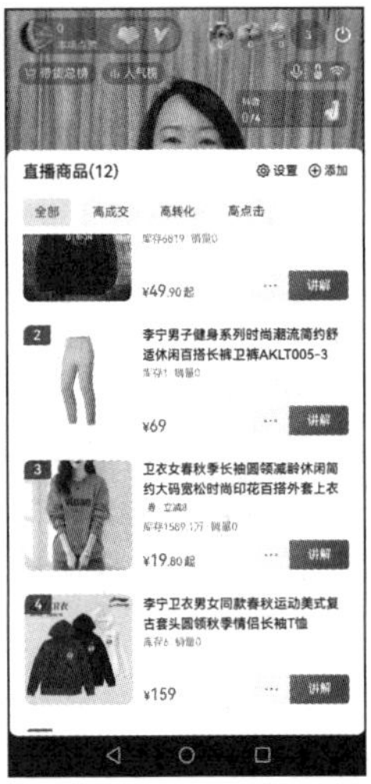


图 5-31　点击“更多”按钮

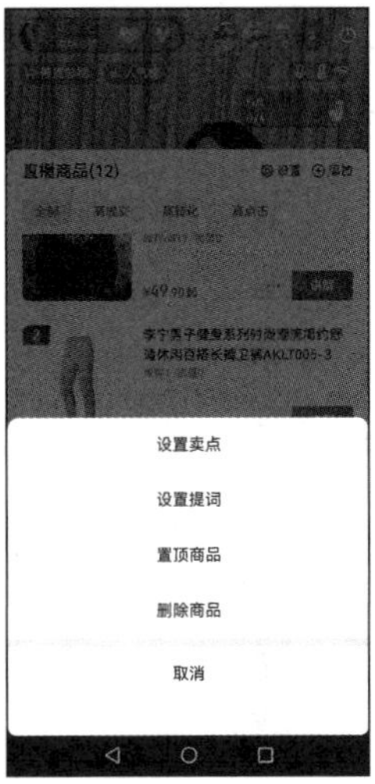


图 5-32　选择“设置卖点”选项

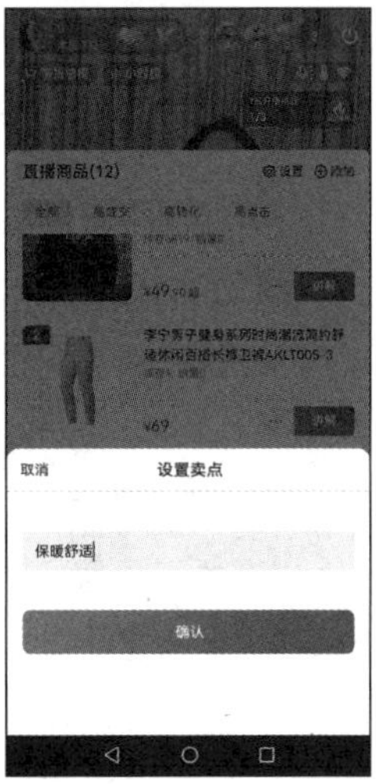


图 5-33　编辑卖点信息

**步骤 10** 此时在商品名称下方会显示卖点信息，点击“直播商品”界面上方的“设置”按钮，如图 5-34 所示。

**步骤 11** 在弹出的界面中选择“查看主推商品”选项，如图 5-35 所示。

**步骤 12** 在弹出的界面中查看当前的主推商品，点击“去编辑”按钮，如图 5-36 所示。

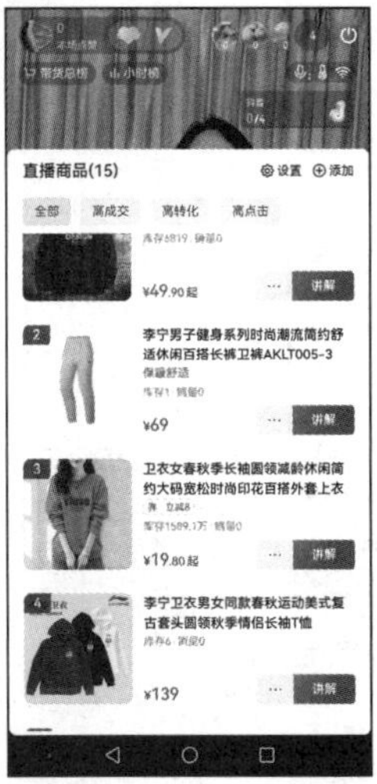

图 5-34 点击“设置”按钮

图 5-35 选择“查看主推商品”选项

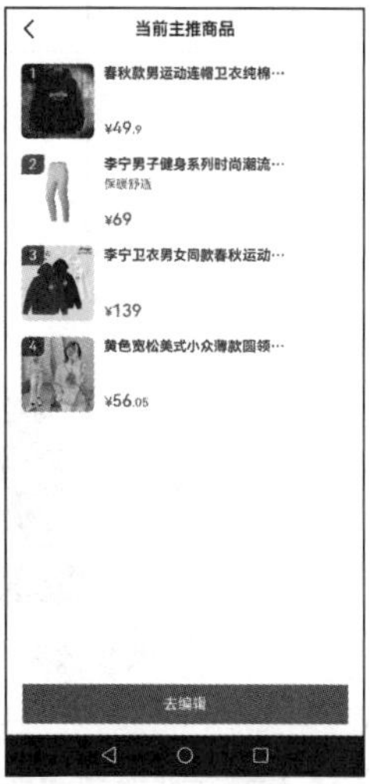

图 5-36 点击“去编辑”按钮

**步骤 13** 在弹出的界面中选择主推商品，点击“已选 5 个，设为主推”按钮，如图 5-37 所示。

**步骤 14** 在“直播商品”界面中，点击商品下方的“讲解”按钮，如图 5-38 所示。

**步骤 15** 此时直播间会显示正在讲解的商品卡片，并自动录制讲解视频，如图 5-39 所示。点击“取消”按钮，可以结束商品讲解。

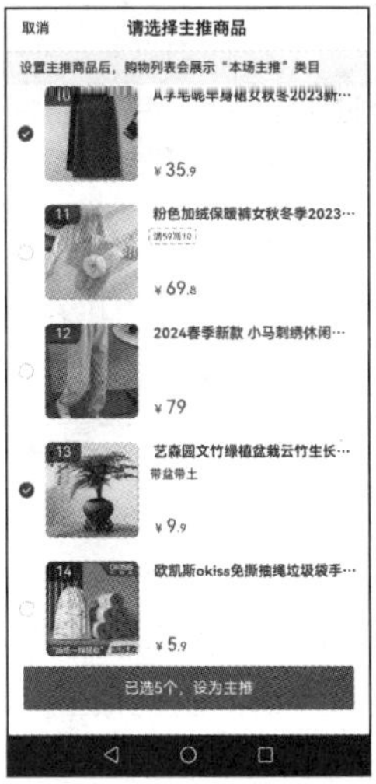

图 5-37 选择主推商品

图 5-38 点击“讲解”按钮

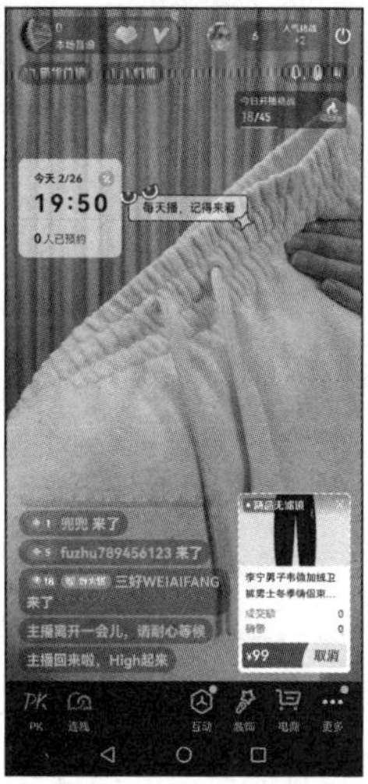

图 5-39 讲解商品

**步骤 16** 除了在直播间管理商品外，主播还可以使用另一台手机登录抖音 App，进入“商品橱窗”界面，点击“直播中控”按钮，如图 5-40 所示。

**步骤 17** 进入“直播中控”界面，查看直播实时数据，对直播商品进行管理，如调整商品顺序、设置卖点、设置提词、添加商品等，如图 5-41 所示。

图 5-40　点击“直播中控”按钮

图 5-41　管理直播商品

## 二、抖音直播引流

提高直播间商品的转化率并非易事，首先最基础的是直播间要有流量和人气。而要想解决直播间的流量问题，主播就要掌握直播间引流的技巧，这样才能有源源不断的流量进入直播间。

### 1. 免费方式引流

主播可以运用各种免费方式为直播间进行引流，如发布引流短视频、优化直播间封面图、优化直播标题、设置账号主页信息和发布直播预告等。

（1）发布引流短视频

主播一般要在开播前 3 小时发布短视频为直播预热，这样在开播时将会有更多的用户进入直播间。主播可以采用以下技巧来设置引流短视频的内容。

① 短视频常规内容+直播预热

“短视频常规内容+直播预热”方式是指在短视频的前半段输出与平时风格相同的垂直内容，吸引固定的用户观看，然后在后半段进行直播预热。主播不要在一开始就告诉用户自己要直播，而要像往常一样输出垂直领域的内容，只是在短视频快要结束时才宣布直播的主题和时间。

② 纯直播预告

纯直播预告是主播采用真人出镜的方式，通知用户具体的开播时间。这种形式可以给人更真实、更亲近的感觉。例如，抖音账号“美洋 MEIYANG”的主播会在平时的短视频中向用户介绍各种服装的穿搭技巧，在直播预告中一般也会以真人出镜的形式口播直播的时间和主题。由于该账号的用户黏性较强，所以用户在看到直播预告后进入直播间观看直播的可能性较高。

③ 添加利益点

对于没有关注主播的用户来说，如果主播的话术在直播预热视频中没有强大的诱惑力，他们是很难进入直播间的，所以主播可以在视频中添加利益点。例如，主播会在直播间抽奖，奖品有品牌包、新款手机、新上市的护肤品等，这样可以激发用户的兴趣，使其定时进入直播间。

④ 视频植入直播预告

主播可以在日常发布视频时植入直播预告，让用户在不知不觉中对直播时间和直播主题有了印象。

⑤ 发布直播片段视频

很多影视剧在正式播出之前会放出很多花絮片段，目的是让用户对成片感兴趣。开直播之前发布直播片段也是如此。如果上一场直播中发生过一些有趣的事情，主播可以截取出来发短视频，为即将开始的下一场直播引流造势。

在直播过程中，主播也可以发布一些以第三视角拍摄的直播花絮，从而为直播间导流。

（2）优化直播间封面图

用户在直播广场浏览时可以看到很多直播间，这时决定用户是否进入直播间的重要因素是直播间封面图。精心设计了封面图的直播间，比使用默认头像的直播间的流量要大得多。

好的直播间封面图有以下几个标准。

① 封面图干净、清晰

如果封面图模糊不清，用户可能会在看到第一眼时就划走，这样主播就错失了吸引用户进入直播间的机会。因此，直播间的封面图要干净、清晰，简洁大方，给用户留下良好的印象。

② 封面图要与直播内容有所关联

为了精准地吸引目标用户，直播间封面图要与直播内容密切相关。如果直播间封面图与直播内容毫无关联性，用户在进入直播间后会产生心理落差。

③ 直播间封面图不能低俗

有的主播为了博人眼球，会使用一些低俗的封面图吸引用户进入直播间，这种方式是直播平台严令禁止的，一旦被检测到，封面图就会被重置，严重者会被封禁警告。

④ 不要频繁更换封面图

如果主播的直播已经形成了明显的 IP 或有稳定的内容，直播间封面图就可以直接稳定使用，不必频繁更换。

⑤ 封面图上的文字要简洁

封面图上的文字不要超过 30 个字，主播在做封面图时要提炼出最关键的内容；文字要处于尤为关键的位置，能让用户一眼就看清直播主题。同时，文字要大，不低于 24 磅，才能让用户迅速抓住要点。

（3）优化直播标题

主播在设置抖音直播标题时可以使用以下方法。

① 巧借数字

在直播广场浏览直播间时，用户在每一个直播间标题上的停留时间不会超过 1 秒。要想在如此短的时间内吸引用户的眼球，主播可以巧借数字，让直播标题变得更加直观和简洁。

② 提出疑问

在标题中使用问号是好标题创作的技巧之一。问号的作用在于强调问题的存在，标题中有了问号，就是在向用户说明这是一个问题。通常情况下，人们在遇到问题后会进行思考。因此，提出疑问可以达到引起用户注意的效果。

③ 提供价值

主播只有不断地提供有价值的干货，才能得到用户的持续关注，而在用户关注干货之前，主播要让用户从标题中了解直播内容有干货这一事实。

主播提供的价值可以是理论知识，也可以是实践知识，前者解决用户在理论中遇到的难题，后者是指导用户实践的方法或技巧。如果能解决用户的某一个难题或困惑，用户打开直播间的概率就会增加。因此，主播在起标题时应该换位思考，思考能帮助用户解决什么问题，提供什么价值，这样创作出来的标题才能更契合用户的需求。

（4）设置账号主页信息

主播可以通过设置主页信息让用户了解直播，如在账号昵称和简介处添加直播时间，这样用户在浏览短视频时看到主播账号发布的短视频，或者是浏览主播账号主页时也能从账号昵称和简介处了解到直播时间。

（5）发布直播预告

直播运营团队可以利用直播预告功能发布直播时间、推广商品等预告信息，帮助用户提前了解直播的相关信息，提升推广交易效率。

等级为 L4 级及以上，且带货口碑分不低于 70 分（官方旗舰店/专卖店/专营店/个体店/企业店/个人店的店铺官方账号或授权号对应店铺的体验分不低于 70 分）的创作者，可以使用电商直播预告功能。

创作者可以在“巨量百应达人工作台（链接）”的“直播管理”界面中选择“直播预告”，查看和创建直播预告，也可在移动端发布短视频时添加预告贴纸，绑定预告商品或已经在百应端创建好的预告。只要创作者的账号之前开过直播，就可以在发布视频时一键使用直播预告贴纸功能。

发布成功的直播预告会展示在创作者个人主页的直播动态、店铺页（仅限绑定官方店铺的）以及绑定商品预告贴纸的短视频上。

发布的直播预告信息要符合以下要求。

每场直播预告须至少添加 3 件商品或服务，最多可以添加 100 件商品或服务。

添加直播预告商品时，如果设置商品“卖点”信息，卖点信息须符合法律法规及抖音平台的相关规定，不得出现违规信息或行为。

## 动手实践 1：添加直播预告贴纸

微课启学：添加直播预告贴纸

下面创建抖音直播预告并添加直播预告贴纸，为直播间引流，具体操作方法如下。

**步骤 01** 进入抖音“开直播”界面，点击“更多功能”按钮，如图 5-42 所示。

**步骤 02** 在弹出的界面中选择“直播预告”选项，如图 5-43 所示。

**步骤 03** 在弹出的界面中点击“创建新预告”按钮，如图 5-44 所示。

**步骤 04** 在弹出的界面中设置开播时间、每周重复和预告内容等，然后点击“创建预告”按钮，如图 5-45 所示。

**步骤 05** 在“新建直播预告”界面中点击“更多设置”选项，在弹出的界面中启用“直播间内展示预告贴片”选项，用户即可在直播间看到预告，如图 5-46 所示。

**步骤 06** 主播也可以在直播间置顶预告，在直播间打开“更多”界面，点击“预告”按钮，如图 5-47 所示。

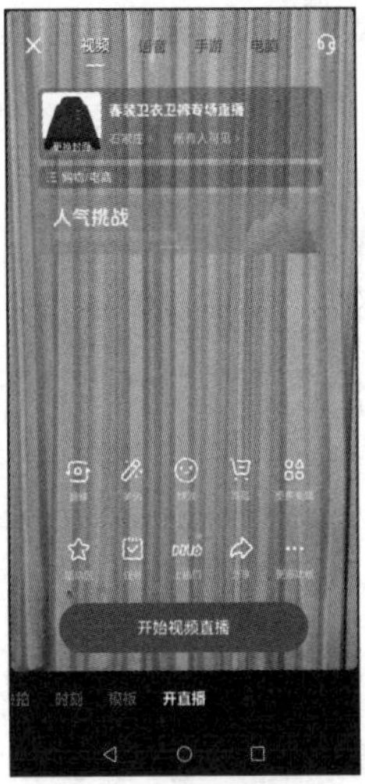


图 5-42　点击“更多功能”按钮

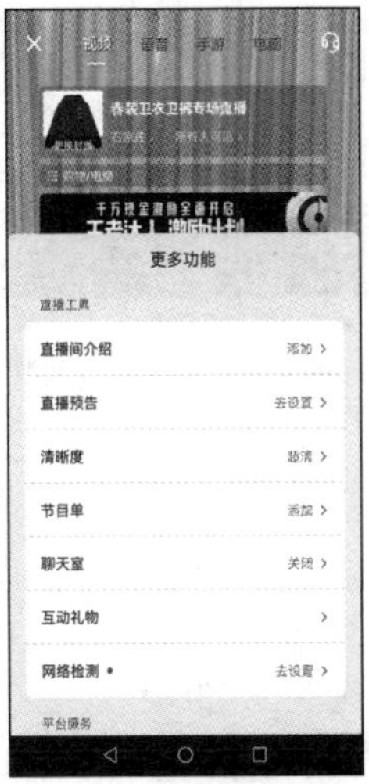


图 5-43　选择“直播预告”选项

图 5-44　点击“创建新预告”按钮

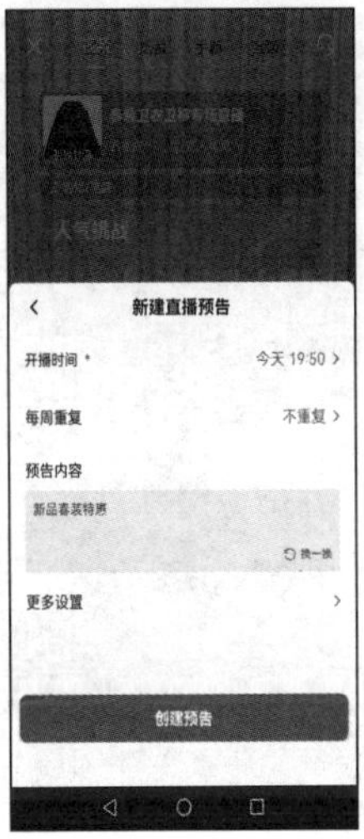


图 5-45　点击“创建预告”按钮

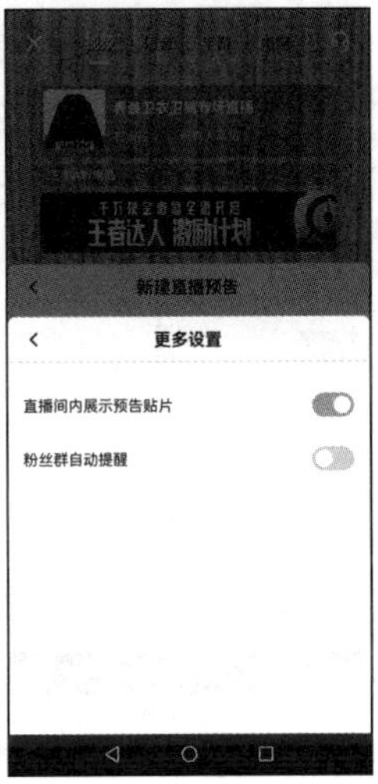


图 5-46　启用预告贴片

图 5-47　点击“预告”按钮

**步骤 07** 在弹出的界面中点击预告右侧的“置顶”按钮，如图 5-48 所示。

**步骤 08** 此时，即可在直播间显示直播预告贴片，如图 5-49 所示。

**步骤 09** 在抖音个人主页中点击“主播中心”按钮，进入“主播中心”界面，点击“直播动态”按钮，如图 5-50 所示。

**步骤 10** 弹出“直播动态”界面，点击“创建直播预告”按钮，如图 5-51 所示。

**步骤 11** 在弹出的界面中新建直播预告，设置预告信息，然后点击“创建预告”按钮，如图 5-52 所示。

**步骤 12** 直播预告创建成功后，点击“关联作品”按钮，如图 5-53 所示。

**步骤 13** 在弹出的界面中选择“关联至已有作品”选项，如图 5-54 所示。

**步骤 14** 在弹出的界面中选择想要关联的抖音作品，最多可以关联 10 个作品，然后点击“确认”按钮，如图 5-55 所示。

**步骤 15** 此时在抖音作品浏览界面中会显示直播预告信息，用户可以点击“预约直播”按钮进行预约，如图 5-56 所示。

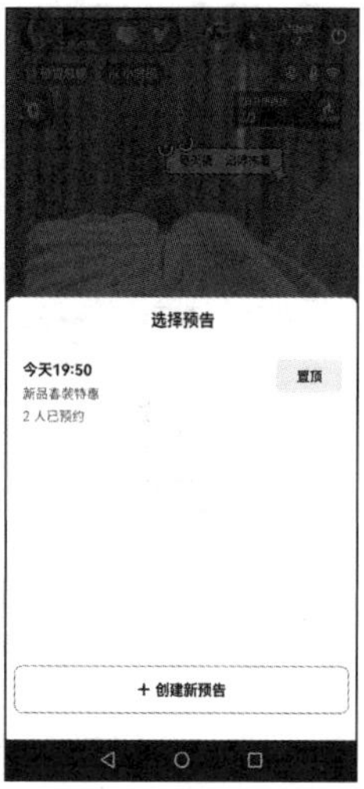


图 5-48 点击“置顶”按钮

图 5-49 显示预告贴片

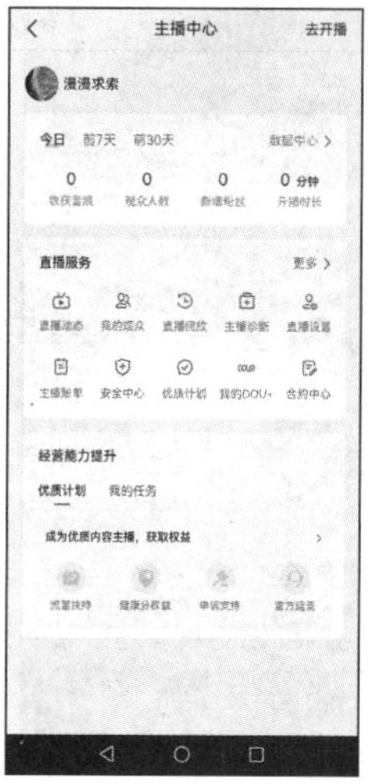


图 5-50 点击“直播动态”按钮

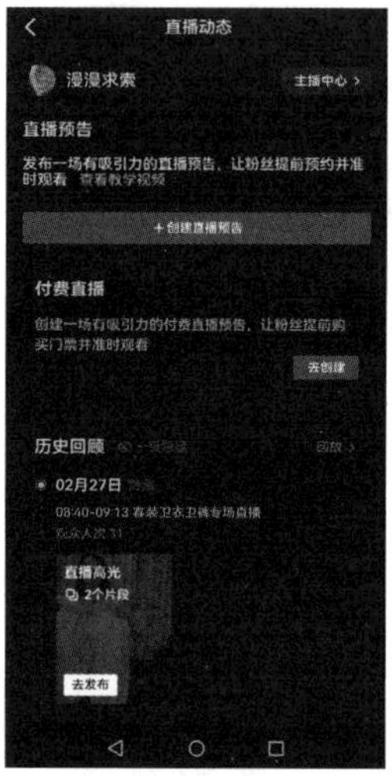


图 5-51 点击“创建直播预告”按钮

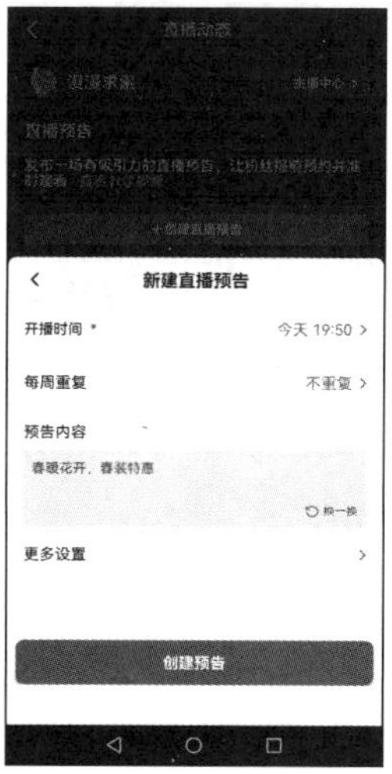


图 5-52 新建直播预告

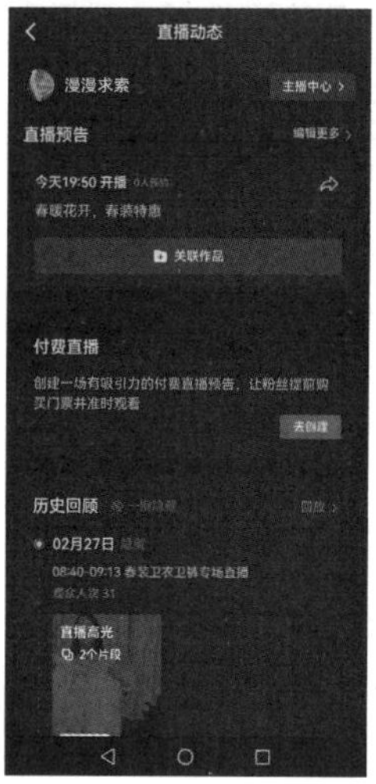


图 5-53 点击“关联作品”按钮

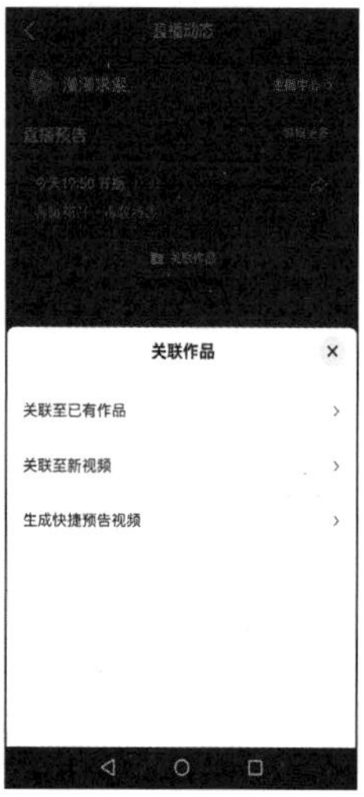


图 5-54 关联至已有作品

图 5-55 选择关联作品

图 5-56 显示直播预告

## 2. 付费方式引流

直播运营团队在抖音平台直播时，还可以采用付费的方式为直播间引流。

（1）投放 DOU+

抖音平台对 DOU+的定位是一款专门针对内容创作者的内容加热工具。DOU+的投放门槛很低，只要是抖音的注册用户，最低花费 100 元就可以投放 DOU+。

DOU+分为直接“加热”直播间和视频“加热”直播间两种加热方式。视频“加热”直播间是通过提高短视频的曝光来带动直播间的人数，多了一层转化。例如，直播运营团队在直播前发布一条直播预热视频，然后对该预热视频投放 DOU+。很多用户看到预热视频，其中有一部分用户会点进直播间，这样就完成了引流目的。直播运营团队选择视频“加热”直播间时，要保证所选择视频质量较高，视频内容对用户具有吸引力，这样才能达到较好的引流效果。

直接“加热”直播间无须选择视频即可“加热”直播间，提高直播间在推荐流的曝光量，吸引愿意观看直播的用户进入直播间，从而提高直播间的热度。

直播运营团队投放 DOU+的目的主要是提升用户进入直播间后的互动数据，包括给用户“种草”、用户互动、直播间“涨粉”、直播间人气提升等，其中给用户“种草”这一维度只出现在“带货”直播中。要想优化 DOU+的投放效果，直播运营团队要在以下 4 个方面下功夫。

给用户“种草”：设计“宠粉”商品、“爆款”商品，引导用户点击购买。

用户互动：多提问，引导用户互动，如“在屏幕上扣 1”。

直播间“涨粉”：发红包吸引关注、话术引导、设计“宠粉”商品。

直播间人气提升：优化直播间的布置，开启“连麦”进行多人互动，增加用户的停留时长。

（2）投放信息流广告

适用于推广直播间的抖音信息流广告包括推荐和 Feedslive 两种类型。推荐是指广告以短视频的形式展示在抖音信息流内容中，能让用户在浏览短视频的过程中不自觉地浏览广告，用户点击账号头像即可进入直播间，如图 5-57 所示。Feedslive 是指在抖音信息推荐流中展示直播间的实时直播画面和卡片。用户点击推荐流中的直播画面即可进入直播间，如图 5-58 所示。

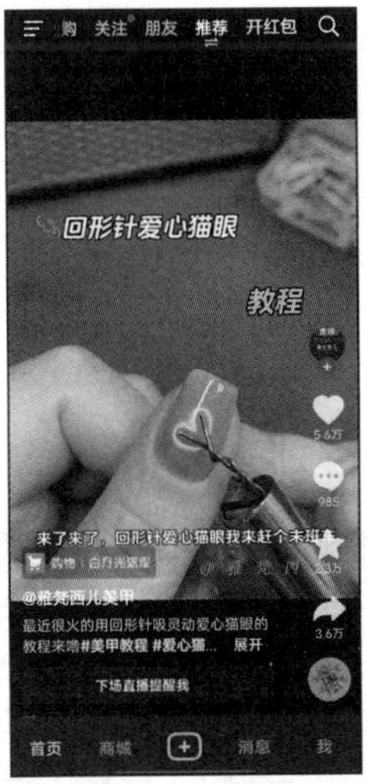


图 5-57　推荐广告

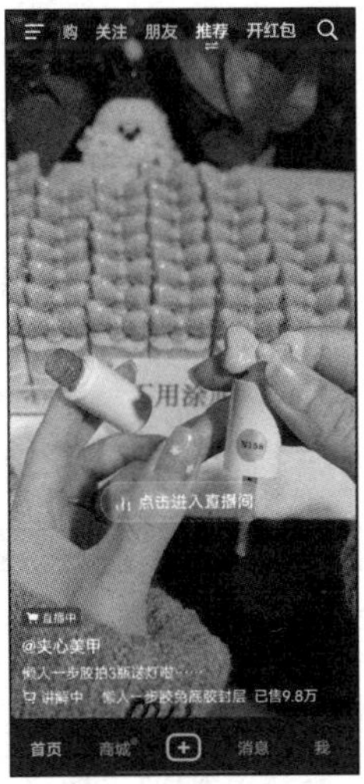


图 5-58　Feedslive 广告

推荐、Feedslive 各具优劣势（见表 5-7），直播运营团队可以根据自身情况灵活选择。

**表 5-7　推荐和 Feedslive 优劣势**

| 信息流广告类型 | 优点 | 缺点 | 适用人群 |
| --- | --- | --- | --- |
| 推荐 | ① 质量好的短视频引流效果较好，且引入直播间的用户更加精准，用户转化意向较高；<br>② 短视频的内容可控性强，短视频点击通过率优化空间较大 | ① 对短视频质量要求较高，如果短视频的质量较差，则不会产生较好的引流效果，花费的成本较高；<br>② 审核速度较慢，一般需要提前 1 天搭建引流计划 | 适用于有短视频素材或拥有较高短视频创作能力的直播运营团队 |
| Feedslive | ① 不需要制作引流素材，能有效减轻运营者创意制作方面的压力；<br>② 引流样式与平台原生内容相似，审核速度快 | ① 对主播直播能力、直播间内容要求较高；<br>② 广告展示页面点击通过率与直播间实时内容强相关，点击通过率优化难度较大 | 适用于直播经验充足、直播能力强、直播内容有吸引力的直播运营团队 |

## 动手实践 2：投放 DOU+

微课启学：投放 DOU+

下面为抖音直播间投放 DOU +，具体操作方法如下。

**步骤 01** 在抖音直播间界面下方点击“更多”按钮■，在弹出的界面中点击“上热门”按钮，如图 5-59 所示。

**步骤 02** 弹出“小店随心推”界面，选择“加热”方式、希望提升的项目以及期望曝光时长等，如图 5-60 所示。

**步骤 03** 设置投放人群为“系统智能投放”，选择投放金额，如图 5-61 所示。

图 5-59　点击“上热门”按钮

图 5-60　推广设置

图 5-61　设置投放人群和金额

**步骤 04** 在“投放人群”选项中点击“自定义定向投放”按钮，然后根据需要设置限运地区、性别、年龄、“达人”相似“粉丝”等选项，点击“支付”按钮进行订单支付即可，如图 5-62 所示。

**步骤 05** 主播也可以通过短视频推广直播间，在抖音“推荐”页触达更多用户，引导其通过该视频作品进入直播间。在作品浏览界面中点击“更多”按钮，在弹出的界面中点击“上热门”按钮，如图 5-63 所示。

**步骤 06** 在弹出的界面中选中要推广的作品，在“我想要”选项中选择“直播间推广”选项，在“更想获得什么”选项中选择所需的项目，如图 5-64 所示。

图 5-62　自定义定向投放

图 5-63　点击“上热门”按钮

图 5-64　选择推广项目

**步骤 07** 选择所需的推广套餐，如图 5-65 所示。

**步骤 08** 在“我想选择的套餐是”选项右侧点击“切换至自定义推广”按钮，然后设置期望曝光时长和投放金额，如图 5-66 所示。

**步骤 09** 选中“自定义定向投放”选项，设置性别、年龄、兴趣标签、“达人”相似“粉丝”等，然后点击“支付”按钮进行订单支付，如图 5-67 所示。

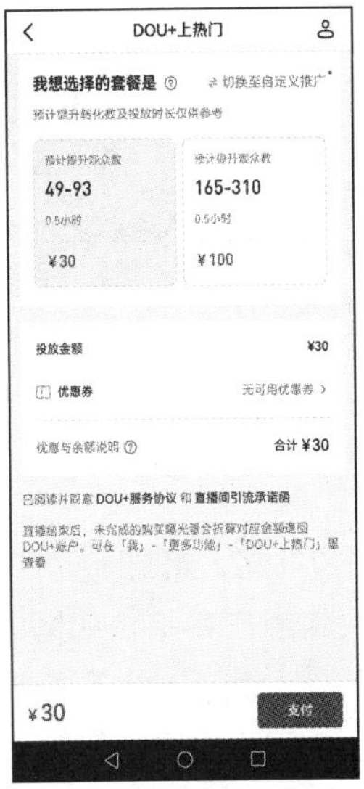


图 5-65　选择推广套餐

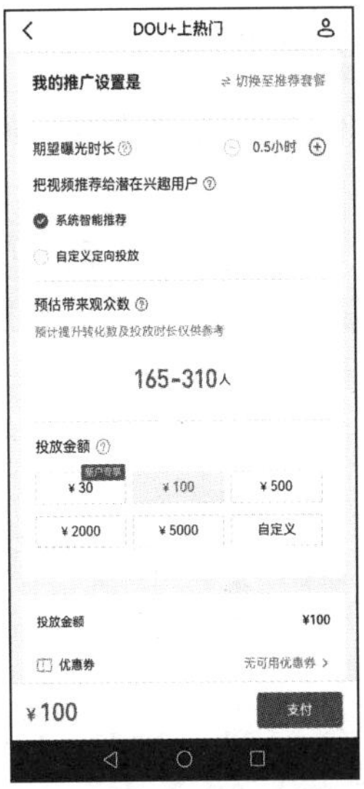


图 5-66　推广设置

图 5-67　自定义定向投放

**课堂讨论**

如果直播运营团队投放DOU+时选择“视频‘加热’直播间”，那么选择什么样的短视频进行“加热”，才能更好地发挥DOU+的作用？

## 三、维护直播间气氛

主播在直播时不能毫无激情地自顾自说话，更不能沉默不语，要采用各种方法来引导用户热情互动，在活跃直播氛围的同时感染用户，吸引越来越多的用户进入直播间观看直播。

### 1. 运用平台互动组件

主播可以运用平台提供的各种组件来与用户进行互动，带动直播间的氛围，提升直播效果。抖音直播常用的互动组件与操作要点如表5-8所示。

**表5-8 抖音直播常用的互动组件与操作要点**

| 组件名称 | 互动效果 | 操作要点 |
|---|---|---|
| 红包 | 主播在直播间发放红包，激发用户互动热情 | 主播在某个关键节点发放红包，在发放红包之前要口播告知用户，如“直播间内观看人数达到××人将发放红包” |
| 福袋 | 通过福袋发放奖品，提升用户的互动率，增加关注、评论和“粉丝”团的人数 | 福袋中设置的奖品要对用户具有吸引力，同时要设置领取福袋的条件，例如，将领取福袋的条件设置为“仅‘粉丝’”，推动看播用户成为直播间的“粉丝” |
| 分享瓜分红包 | 通过用户裂变分享的方式，增加直播间的观看人数 | 红包设置的奖金要吸引人，可以设置金额较高的奖金。设置的分享任务要明确，并且主播要通过口播的形式向用户介绍分享任务的内容和玩法，激励用户在自己的社交圈内进行分享 |
| 看播任务 | 延长用户看播的时长，激发用户互动的热情，提升直播间互动、“涨粉”、“带货”的效果 | 主播设置的看播任务可以是普通任务，也可以是红包翻倍任务。普通任务如关注主播或观看直播××秒或评论××次；红包翻倍任务如用户在直播间完成一次购买。任务参与的门槛要稍高于日常直播的平均门槛，例如，在日常直播中，人均评论次数为2次，任务参与门槛可以设置为“评论3次” |

## 动手实践1：设置直播互动组件

微课启学：设置直播互动组件

下面在抖音直播间进行互动组件设置，以提升直播间的人气，具体操作方法如下。

**步骤01** 在抖音直播间界面下方点击“互动”按钮，如图5-68所示。

**步骤02** 弹出“功能”界面，选择要使用的功能，如点击“福袋”按钮，如图5-69所示。

**步骤03** 弹出“钻石福袋”界面，设置人均可得钻石、可中奖人数、参与对象、参与方式、倒计时等，然后点击“发起福袋”按钮，如图5-70所示。

**步骤04** 此时用户点击直播间左上方的福袋图标，即可参与福袋抽奖，如图5-71所示。

**步骤05** 福袋抽奖倒计时结束后，显示抽奖结果，可以看到中奖用户名单，如图5-72所示。

**步骤06** 在“功能”界面中点击“‘宠粉’红包”按钮，在弹出的界面中设置红包个数和钻石个数，然后点击“塞钻石进红包”按钮，如图5-73所示。

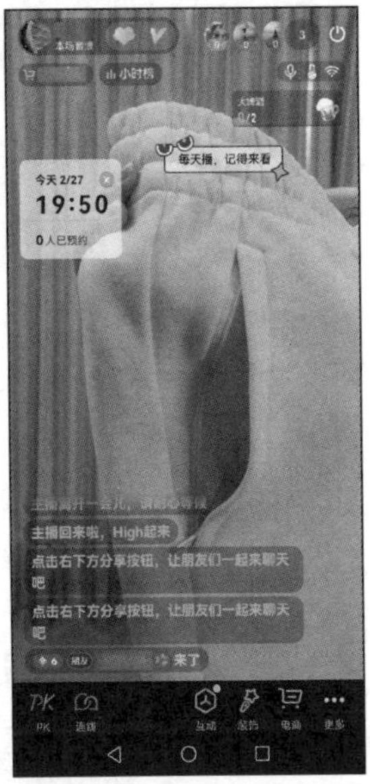


图 5-68 点击“互动”按钮

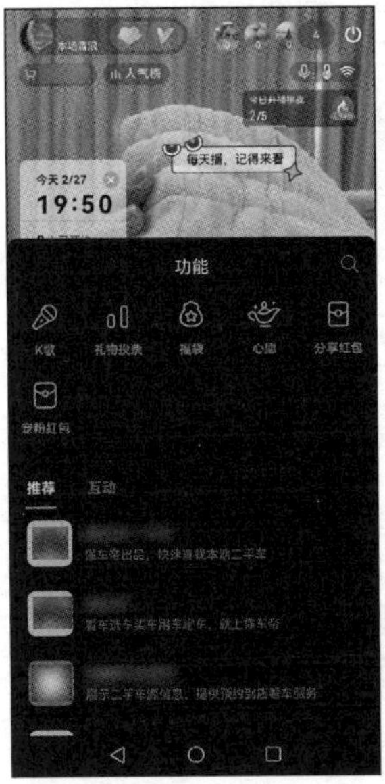


图 5-69 点击“福袋”按钮

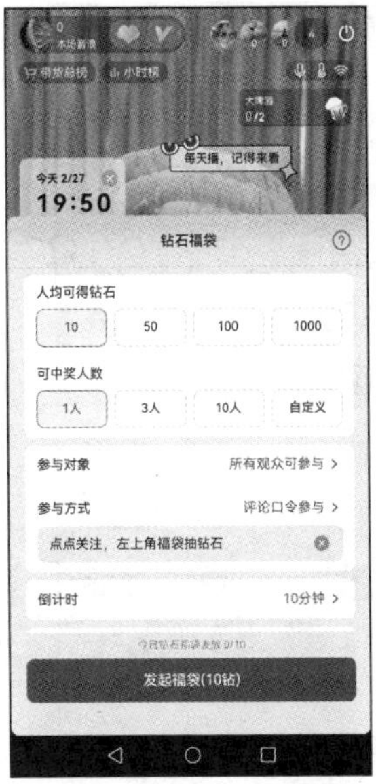


图 5-70 设置“钻石福袋”

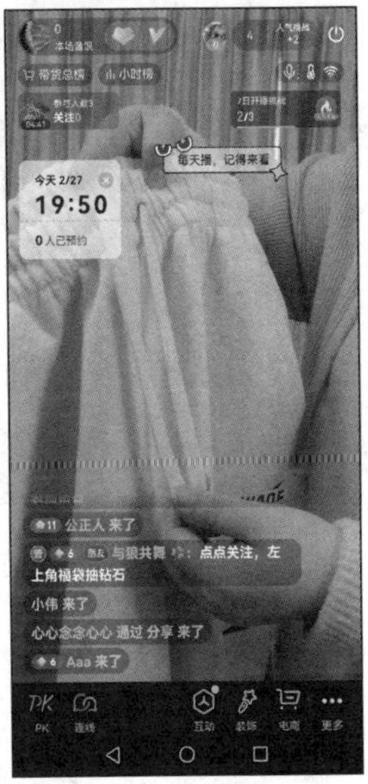


图 5-71 点击福袋图标

图 5-72 查看中奖名单

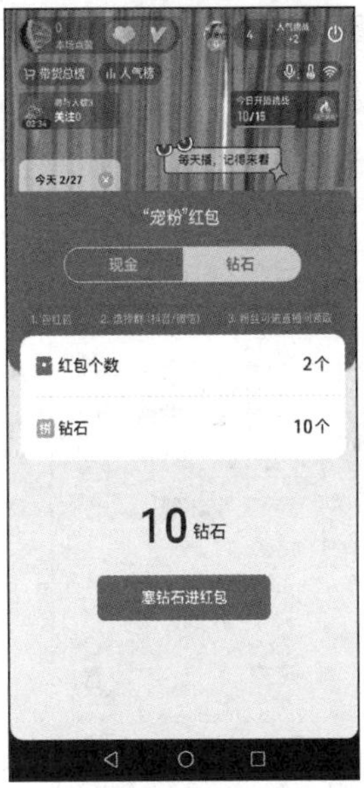


图 5-73 设置“宠粉”红包

**步骤 07** 在弹出的界面中选择红包要发放的群，然后点击“发红包”按钮，如图 5-74 所示。

**步骤 08** 此时，在直播间界面左上方会出现“粉丝”红包图标，“粉丝”进入直播间后点击该图标即可领取，如图 5-75 所示。

**步骤 09** 点击“粉丝”红包图标，查看红包领取情况，如图 5-76 所示。

**步骤 10** 在直播间“更多”界面中点击“评论”按钮，如图 5-77 所示。

**步骤 11** 在弹出的界面中输入评论内容，打开“弹”选项，然后点击“发送”按钮，如图 5-78 所示。

**步骤 12** 此时，在直播间就会滚动出现此条评论，如图 5-79 所示。

图 5-74　点击“发红包”按钮

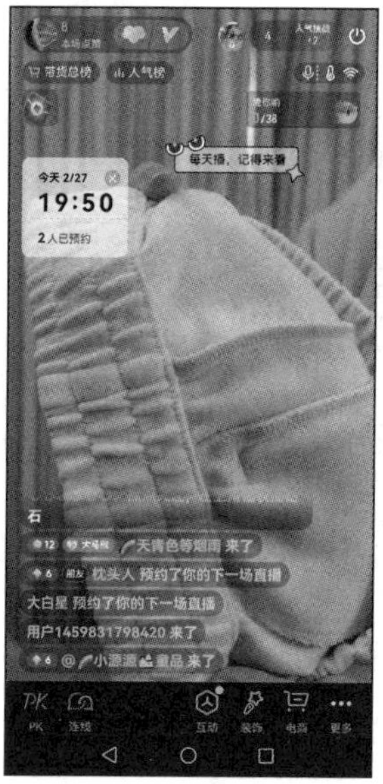


图 5-75　点击“‘粉丝’红包”图标

图 5-76　查看红包领取情况

图 5-77　点击“评论”按钮

图 5-78　评论

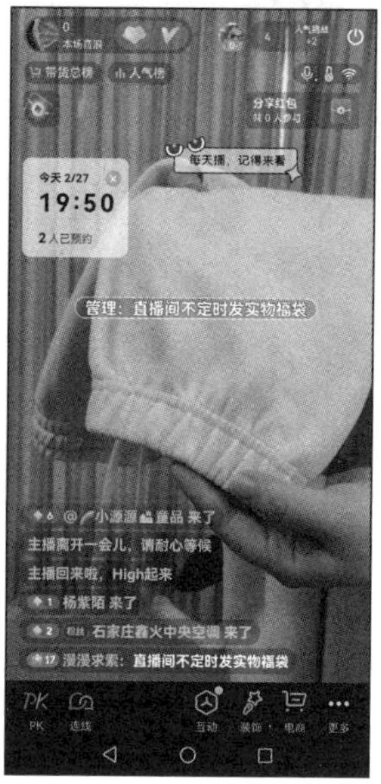


图 5-79　查看评论

## 2. 连麦互动

抖音平台连麦的玩法有 3 种，分别是账号“导粉”、连麦 PK（挑战）和与“粉丝”连麦。

（1）账号“导粉”

账号“导粉”是指引导自己的“粉丝”关注对方的账号，对方也以同样的方式回赠关注，互惠互利。在引导关注时，主播可以夸奖或“吐槽”对方主播，给自己的“粉丝”关注对方的理由。同时，主播还可以引导自己的“粉丝”去对方的直播间抢红包或福利，活跃对方直播间的氛围。

（2）连麦 PK

连麦 PK 时，主播选择的对象最好与自己的“粉丝”量相近，这是连麦合作的前提，如果双方选择的商品是互补的，这样就能最大化引流，增加双方的销售额。如果主播和 PK 对象是同一个领域的，“粉丝”本身具备一定的重叠度，就很难满足“粉丝”的多重选择需求，容易流失“粉丝”。因此，如果主播没有很强的能力引导对方“粉丝”关注直播间，进而提升购买率，那么不建议选择直播商品一致的主播连麦 PK。

连麦 PK 在一定程度上是资源置换，相当于增加一个曝光的广告位。因此，主播要把握好短时间曝光，给对方“粉丝”送福利，通过福利引导对方“粉丝”关注，为自己的账号“增粉”。

连麦 PK 结束后，连麦并不会主动断开，除非一方主播主动切断连麦。主播要利用好连麦 PK 结束后的时间，继续保持和双方“粉丝”的互动，尤其是对方“粉丝”，可以送出一些福利，引导他们加入“粉丝”团或关注领取；也可以选择表演一些才艺，突出自己的人设，给对方“粉丝”一个关注自己的理由。

（3）与“粉丝”连麦

主播与“粉丝”连麦可以有效地解决直播间转化和互动的问题。但需要注意的是，主播解答的问题要有普适性，在与“粉丝”连麦时要兼顾未连麦但在看直播的其他“粉丝”。主播与“粉丝”连麦的时间控制在 3～5 分钟为宜，有针对性地解决问题即可，不要过于啰唆。

主播可以将与“粉丝”连麦常态化，作为直播的固定答疑板块，这样既可以增强主播的专业人设，也可以通过讲解加深连接，有利于提升直播间的购买转化率。

### 3. 品牌商/企业领导助播增流

很多品牌商/企业的领导看准了直播的影响力和营销力，纷纷开始站到直播镜头前侃侃而谈，且大多数企业领导所参与的直播获得了巨大的成功。企业领导亲临直播间助播增流，也在一定程度上增强了主播的影响力。

### 4. 与名人合作增流

人设鲜明、综艺感强、直播频次高是名人直播“带货”的标志性特征，目前很多与电商平台合作的名人主播基本可以做到每周直播一次，甚至有的名人可以每两三天就进行一次直播。

名人直播“带货”分为 3 种类型：一是名人做主播，搭配专业助理，推荐与自身专业能力相匹配的商品或符合自身形象的商品；二是名人做客专业主播的直播间，为商品进行广告背书，这是名人直播“带货”最初级、效率最低的模式；三是名人与网络头部主播合作，联合“带货”，这已经成为直播“带货”的流行趋势。“名人+头部主播”的“带货”效果通常是主播单人直播数据的 2 倍，有可能实现一个晚上销售额破亿元的成就。

名人与主播的直播间互动可以实现双赢，因为名人的到来会进一步增加主播的“粉丝”量，并且名人与主播共同宣传，对于提升主播的影响力会有很大的帮助。与此同时，主播也会利用自己的影响力为名人代言的商品进行宣传推广和销售。值得一提的是，头部主播邀请名人进入直播间是主播积累社交资源的重要途径。

### 5. 做好直播控评

无论主播做得多好，直播间也总会出现不喜欢直播内容或单纯想要发泄情绪的人，这些人可能会“鸡蛋里挑骨头”，在直播间说出一些不文明或极端的话，这会对直播氛围产生非常不好的影响，甚至影响其他用户的观看体验。

因此，主播要做好直播控评工作。控评就是控制评论内容，为了防止直播间出现不好的言论或某些不怀好意的人乱带节奏，主播可以在开播之前设置想要屏蔽的关键词，以此来消除可能会出现的不良信息，避免直播间的评论被不良信息带偏，打乱直播节奏。

## 动手实践 2：设置直播连麦

微课启学：设置直播连麦

下面在抖音直播间进行直播连麦设置，以增加直播间的互动性，具体操作方法如下。

**步骤 01** 在直播间界面下方点击“连线”按钮，如图 5-80 所示。

**步骤 02** 在弹出的界面中选择连线玩法，点击“观众连线”按钮，如图 5-81 所示。

**步骤 03** 在弹出的界面中选择要连线的观众，点击其头像右侧的“邀请”按钮，如图 5-82 所示。

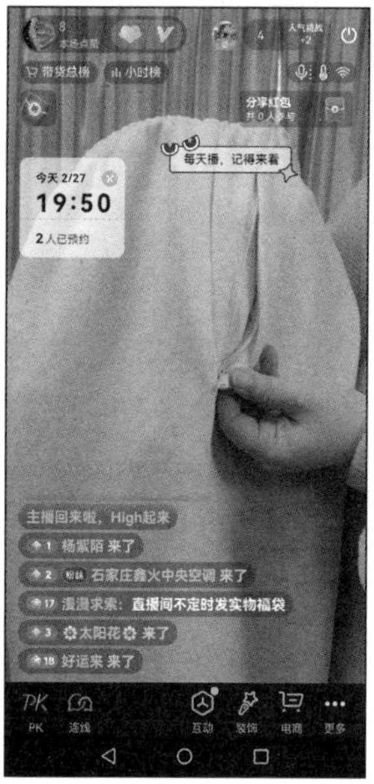


图 5-80 点击“连线”按钮

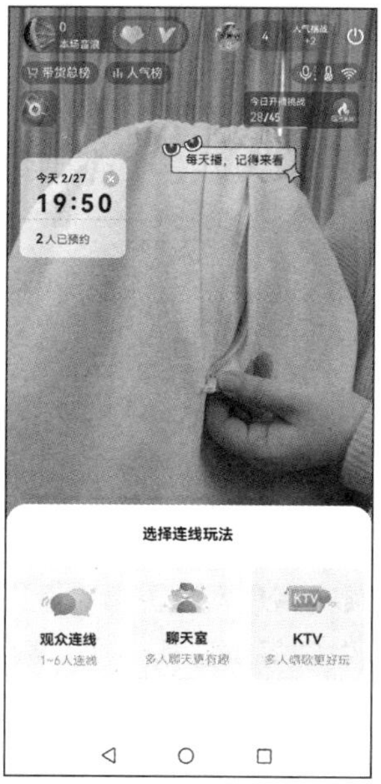


图 5-81 点击“观众连线”按钮

图 5-82 点击“邀请”按钮

**步骤 04** 等待对方接受连线后，即可与邀请连线的观众在直播间进行通话，在界面右侧会显示正在连线的观众卡片，如图 5-83 所示。

**步骤 05** 要断开连线，可以点击正在连线的观众卡片，在弹出的界面中点击“断开连线”按钮，如图 5-84 所示。主播也可根据需要为连线观众进行打开摄像头、设为主咖、送礼等选项操作。

**步骤 06** 在直播间界面下方点击“PK”按钮，在弹出的界面中可以邀请正在直播的主播进行 PK，如图 5-85 所示。对方主播接受 PK 后，直播间将显示自己和对方的直播窗口，用户即可为他们喜欢的主播点赞或进行其他形式的支持。

图 5-83 连线观众

图 5-84 点击“断开连线”按钮

图 5-85 邀请 PK

## 项目实训：在抖音直播销售服装类商品

### 1. 实训目标

掌握在抖音直播开播及进行直播运营管理的方法。

### 2. 实训内容

每 3 至 5 人一组，通过抖音直播的方式销售服装类商品，并做好直播间运维工作，包括注册直播账号、配置直播活动人员、规划直播间商品、搭建直播间、撰写直播脚本、讲解商品、进行直播引流、处理直播中特殊情况、进行直播复盘等。

### 3. 实训步骤

（1）学习直播规则并入驻抖音直播

进入抖音电商官方平台，学习抖音直播的相关规则，详细了解在抖音平台进行直播“带货”的相关要求，避免在直播运营的过程中出现违规行为。

了解直播规则后，在抖音直播平台申请直播“带货”权限，成功入驻抖音直播。

（2）设定主播人设并规划直播账号

小组成员进行商议设定主播人设，并根据主播人设定位设置账号信息，如账号头像、账号名称、账号简介等，填写“实训作业\项目五\主播人设定位与直播账号规划”文件。

（3）配置直播活动人员

在小组内挑选具备相应能力的人员组建一个满足服装类商品直播“带货”基本需求的直播团队，并明确直播团队各成员的职责分工，填写“实训作业\项目五\直播团队成员职责分工”文件。在直播团队中，至少包括 1 名主播、1 名运营、1 名场控。

（4）规划直播商品

直播团队根据主播人设、账号定位、直播活动主题，结合账号目标用户画像确定直播商品组货方式并选品，然后根据选品进行组品和上播规划，确定各款商品的上播顺序、定位和定价，填写“实训作业\项目五\直播商品规划”文件。

（5）撰写直播脚本

直播团队成员讨论、设计整场直播活动的流程，并撰写直播活动脚本，填写“实训作业\项目五\直播活动脚本”文件。认真分析各款上播商品的特点，提炼各款商品卖点，为各款商品撰写脚本，填写“实训作业\项目五\商品脚本”文件。

（6）搭建直播间场景

根据服装类商品直播“带货”的需求，直播团队成员在分析自身特点的基础上，讨论并确定直播间场景的表现形式，例如，是选择室内直播还是室外直播，是选择实景直播还是绿幕直播，是选择真人出镜还是手部出镜等。

根据确定的直播间场景的形式，准备直播所需的软硬件设备和物料，选择并规划直播场地，布置直播间背景和灯光，并填写“实训作业\项目五\直播间场景设置方案”文件。

（7）开启直播

各个岗位的人员就位，正式开启直播。主播在镜头中向用户讲解各款商品，其他成员各司其职，配合好主播的工作，灵活应对直播中遇到的各种突发情况。

为了维持直播间的人气，直播团队成员要根据自身情况选择合适的方式为直播间引流，运用抖音直播平台的各种工具维护直播间氛围，并填写“实训作业\项目五\直播引流方案”文件、“实训作业\项目五\直播间气氛维护方案”文件。

（8）直播复盘

直播结束后，直播团队通过内部讨论和外部评价（其他小组的成员和教师对此小组的直播活动进行评价）的方式对本场直播进行复盘，总结直播数据表现和直播策略，如直播商品规划、场景布置、团队分工、道具使用是否合理，以及团队成员表现等，填写“实训作业\项目五\直播复盘”文件。

### 4. 实训总结

| | |
|---|---|
| 学生自我总结 | |
| 教师总结 | |

PART 06

# 项目六
# 快手直播运营

## 学习目标

【知识目标】

- 了解快手平台的特点、流量分配规则和快手直播电商的特点。
- 掌握打造主播人设和规划直播商品的方法。
- 掌握直播讲解农产品类商品的技巧。
- 掌握为快手直播间引流的方法。
- 掌握维护直播间气氛的方法。

【能力目标】

- 能够在快手平台打造具有差异化的主播人设。
- 能够根据直播活动主题做好直播商品规划。
- 能够掌握农产品类商品的讲解技巧，对商品进行全面讲解。
- 能够根据直播间的人气情况合理运用引流工具为直播间引流。
- 能够运用快手直播的各种互动工具维护直播间气氛。

【素养目标】

摒弃"唯流量至上""利益至上"的观念，不能为了流量而破坏道德准则。

## 引导案例

"十月稻田"的一款黄糯玉米在各个电商平台有着不俗的销售量。品牌自播号"十月稻田官方旗舰店"2024年1月19日的直播成绩显著，直播的亮点如下。

引流方式：在这场直播中，运营者主要使用付费流量的方式为直播间引流，直播场观超过43万人次。此外，直播间持续规律性地弹出商品讲解弹窗，并通过发放福袋吸引用户在直播间停留。在人气呈上升趋势的时间段，直播间商品弹窗和福袋的发放较其他时间段更加频繁，及时维持住了直播间的新进流量。

商品讲解方式：在直播中，主播主推一款袋装的黄糯玉米，同时将一款箱装黄糯玉米和一款袋装水果玉米粒作为搭配进行销售。主播在讲解商品卖点时，重点强调玉米的口感、味道、铝膜包装技术，将真空包装的玉米所能达到的口感与鲜玉米做比较，突出了商品高端的保鲜技术。

**案例分析**

有效的商品组合搭配有助于提高客单价。此外，运营者根据直播间的人气趋势阶段性地投放付费流量，有利于最大化地发挥付费流量的功效。

# 任务一　分析快手平台

快手是北京快手科技有限公司旗下的产品，它本来是一款制作和分享 GIF 图片的手机应用，在 2012 年 11 月转型为短视频社区产品。随着直播形式的发展，快手也加入了直播功能。用户在快手平台上不仅可以发布自己创作的短视频内容，还能通过直播展示才艺、销售商品。

## 一、快手平台的特点

快手平台的特点如下。

### 1. 商业化潜力大

随着拼多多、趣头条等公司的上市，以三四五线城市为代表的新兴市场的潜力引起了诸多关注。在新兴市场寻求突破已成为当前移动互联网领域的趋势，而快手在这些新兴市场拥有较高的渗透率，商业化潜力很大。

### 2. 重视用户使用体验

重视用户使用体验是快手始终坚持的理念。在商业化方面，为了防止过度打扰用户，快手自主研发了一套商业化机制——用户体验量化体系，这套体系能够精确衡量商业化与用户体验及平台价值的关系，是快手大规模商业化的技术基础，也是实现用户体验与商业化需求可持续发展的保障。

在用户体验量化体系中，商业内容的点击率、播放时长、点赞、关注、评论、转化率等正面指标越好，就越能赢得更多的流量支持，自然投资回报率就越高。通过这套机制，快手鼓励创作者创造更多对用户有价值的商业内容。

### 3. 强调真实、普惠

虽然快手和抖音都是短视频产品，在产品形态、商业化变现、用户市场等方面都日趋相似，但两者在本质上是不一样的。两者的核心差异来源于底层价值观的不同，抖音强调美好与内容的优质程度，即“记录美好生活”，通过全屏信息流的形式结合强大的内容分发算法，给用户沉浸式的内容消费体验，大部分为公域流量；而快手强调真实、普惠，以人为核心，更重视用户关系，强调“拥抱每一种生活”，分发算法更均衡，中腰部和长尾用户也有被看到的机会。

## 二、快手直播用户的特点

快手直播用户的特点如下。

年龄分布：快手直播在用户年龄分布上呈现出年轻且均衡的趋势，没有极端化现象。其中 18～25 岁占比 25.1%，26～30 岁占比 23.1%，31～40 岁占比 26.6%，40 岁以上占比低于 20%。

性别分布：在抖音直播、淘宝直播和快手直播中，快手直播的性别分布是最平衡的，男女性别占比分别为 41%和 59%。

地域分布：快手直播用户的分布较为集中，北方地区的用户居多。

## 三、快手直播的流量分配规则

快手直播的流量分配规则主要体现在以下 3 个方面。

### 1. 短视频入口

当用户看到主播发布的短视频以后，如果主播正在直播，短视频的头像附近会出现“直播中”“直播‘卖货’”的提示，用户只要感兴趣，就可以直接点击进入直播间。因此，主播要想提升直播间的流量，可以通过提升短视频的流量来间接地达成目标。

快手对任何一个作品都会分配一个基础的播放量，为 0～200 次，然后快手会根据作品的点赞率、评论率和转发率来判定是否推送到下一个流量池中。因此，主播要完善短视频的质量，起好标题，做好封面图，提高短视频的各项数据指标。

除了推荐页面以外，快手还会在同城页面向同城的人随机推荐主播的短视频和直播，主播为了聚焦精准流量，可以修改定位，把位置设置在目标群体较为集中的地区。

### 2. 直播广场

快手平台将直播集中于“直播广场”板块，并根据垂直领域的不同进行了划分，用户可以很方便地选择观看自己感兴趣领域的直播内容。进入直播间以后，用户还可以通过上下滑动来快速切换不同的直播间界面。

要想在“直播广场”板块获取更多流量，主播首先要做好定位，明确直播的内容领域，然后优化直播内容。

### 3. “精选”板块中的直播

“精选”板块中的直播属于信息流展示，用户只能看到主播的直播页面展示，看不到互动信息，如果感兴趣，就需要点击进入直播间。因此，要想增加流量，主播要发挥自身优势，声情并茂，优化直播间配置，让用户一看到直播间就产生进入直播间观看的欲望。

## 四、快手直播电商的特点

尽管快手和抖音都是短视频平台的巨头，用户重合度也在不断上升，但快手的转化率要强一些，而抖音的娱乐性更强。

快手电商具有业务体量大、增速快、复购率高的特点。快手直播电商的主要用户集中在三线及以下城市和乡镇，商品价格较低。下沉市场的用户黏性极高，有助于提升转化。快手对于下沉市场的高渗透率恰恰避开了一、二线城市的流量红海，使得快手直播“带货”在三线及以下城市的“带货力”得以发挥到最大。

快手通过流量、商品和社区文化，打造快手电商的“信任三角”。

流量：快手平台为商家提供沉淀私域流量的渠道，不同量级的品牌、商家和“达人”在快手平台都有获得流量曝光的机会，并积累与沉淀私域流量。

商品：商品多元化。快手平台采用的是单双列信息流融合的形态，能够兼顾人群聚集和内容供给，让平台内的公域流量和私域流量实现互通，形成了优质的内容生态和用户社交关系。

社区文化：凭借平台特有的“老铁”文化，快手平台形成了温暖的社区氛围，用户对平台上的主播有天然的信任感。在直播中，主播的主要作用是向用户分享好物，提供实惠的购物方式。

快手电商以内容和信任文化为核心，帮助品牌、商家、“达人”沉淀私域流量，激发用户产生复购行为，从而帮助品牌、商家、“达人”提升商品的复购率。

快手上有很多主播与大量工厂、原产地和产业链有密切合作，这些主播的直播内容也紧紧围绕自身属性。例如，主播会直播果园、档口、店面等场景，强调商品源自“自家工厂”。这种直接展现商品源头和商品产地的“带货”方式可以让用户更直观地了解商品，从而提升对商品的好感度和对主播的忠诚度。

**课堂实训**

抖音和快手都属于兴趣电商平台。在网络上收集介绍抖音直播电商生态和快手直播电商生态的资料，对比抖音和快手两个平台直播电商生态的区别。

# 任务二　筹备快手直播活动

直播运营团队在快手平台进行直播“带货”首先需要获得“带货”权限。其次，要打造差异化的主播人设，提高自身辨识度。最后，要根据人设定位做好直播商品规划，为用户推荐高性价比的商品。

## 一、申请快手直播和小店的条件

通过快手平台实名认证、开通快手直播权限并开通快手小店服务的快手用户，可以进行直播营销。未经实名认证的用户，不能进行直播营销。

### 1. 申请快手直播的条件

在首次直播之前，主播要先申请直播权限，需要满足以下所有条件后才能开通直播权限：满 18 岁、实名认证、绑定手机号、当前账号状态良好、作品违规率在要求范围内。

正常情况下，系统一般会自动标记“当前账号状态良好”和“作品违规率在要求范围内”。除非快手账号在申请直播权限的近期有过违规行为，这时系统会提示“账号异常，请恢复再试”，或者提示“历史违规作品过多”。因此，主播要遵守平台规范，多发布优质短视频，以此来稀释作品违规率，直到达到条件为止。

### 2. 开通快手小店的条件

“快手小店”是快手 App 内上线的商家功能，用户可以以个人、个体工商户、企业身份开通快手小店。

企业身份可以开通企业店铺，个体工商户身份可以开通个体工商店，个人身份可以开通个人店，不同店铺之间的区别如表 6-1 所示。

**表 6-1　快手小店不同店铺之间的区别**

| 店铺类型 | 适用人群 | 开店要求 | 推广“带货”方式 |
|---|---|---|---|
| 企业店铺 | 适用于营业执照类型为“××公司/农民专业合作社”的商家 | 提供企业营业执照、法人身份证件、品牌资质等（普通企业店不强制提交品牌授权书） | 可为快分销供货，由其他商家进行推广“带货” |

续表

| 店铺类型 | 适用人群 | 开店要求 | 推广“带货”方式 |
| --- | --- | --- | --- |
| 个体工商店 | 适用于营业执照类型为“个体工商户”的商家 | 提供个体工商户营业执照、经营者身份证件即可开店 | 部分类目支持为快分销供货，由其他“达人”/商家进行推广“带货” |
| 个人店 | 适用于个人身份 | 提供个人身份证件且实名认证通过即可开店 | 不支持为快分销供货，由其他“达人”/商家进行推广“带货” |

企业店铺分为旗舰店、专卖店、专营店、卖场型旗舰店和普通企业店，各类店铺的区别如表 6-2 所示。

**表 6-2　各类企业店铺的区别**

| 企业店铺类型 | 释义 | 店铺数量限制 | 品牌限制 |
| --- | --- | --- | --- |
| 旗舰店 | 以自有品牌或由商标权利人提供独占授权的品牌入驻快手开设的店铺，有以下 2 种情形：<br>① 经营 1 个/多个自有品牌的旗舰店（多个品牌商标权利人为同一实际控制人）；<br>② 持有 1 个非自有品牌独占授权的旗舰店 | ① 同一个品牌的官方旗舰店全平台只允许有一家；<br>② 旗舰店如有品类划分的，同一个类目层级下同一品牌只允许开设一家旗舰店 | 1 个/多个（多个品牌商标权利人为同一实际控制人） |
| 专卖店 | 商户持自有品牌或授权文件在快手平台开设的店铺，有以下 2 种情形：<br>① 持有 1 个自有品牌或授权品牌文件的专卖店；<br>② 持有多个自有品牌或授权品牌（多个品牌的商标权利人为同一实际控制人）的店铺 | 同一公司主体同一品牌只能开 1 家专卖店 | 1 个/多个（多个品牌商标权利人为同一实际控制人） |
| 专营店 | 同一经营大类下经营两个及以上品牌的店铺，有以下 2 种情形：<br>① 相同一级类目下经营两个及以上非自有品牌入驻快手平台的商户专营店；<br>② 相同一级类目下既经营非自有品牌商品又经营自有品牌商品入驻快手平台的商户 | 同一公司主体在同一类目层级下最多只能开 1 家专营店，且在一级大类下专营店不得超过 3 家 | 同一店铺经营品牌数量上限为 5 个 |
| 卖场型旗舰店 | ① 商户以服务类型商标（第 35 类商标）开设且经营至少两个品牌的店铺；<br>② 店铺主体必须是卖场品牌（服务类型商标）的权利人或持有权利人开具的独占性授权书的企业；<br>③ 店铺内经营的品牌须提供以商标权人为源头的完整授权 | 同一公司主体只允许开 1 家卖场旗舰店 | ① 店内品牌数需达到 2 个及以上<br>② 同一类目经营的品牌及商品不得重复 |
| 普通企业店 | 无品牌授权但有商品完整供应链凭证的企业 | 同一公司主体允许有多家店铺，至多不超过 5 家 | / |

入驻快手电商平台企业店铺的企业需要在企业主体资质、品牌资质等方面满足快手电商平台的相关要求，具体如表 6-3 所示。

**表 6-3 企业店铺入驻资质要求**

<table>
<tr><th colspan="2">资质要求</th><th>旗舰店</th><th>专卖店</th><th>专营店</th><th>卖场型旗舰店</th><th>普通企业店</th></tr>
<tr><td rowspan="2">企业主体资质</td><td>营业执照</td><td colspan="3">① 企业营业执照扫描件/复印件（需确保未在企业经营异常名录中）；<br>② 所售商品/选择的行业大类在营业执照经营范围内</td><td rowspan="4">邀请制入驻，不同类目的具体要求不同，可在快手电商规则中心进行查询</td><td>① 企业营业执照扫描件/复印件（需确保未在企业经营异常名录中）；<br>② 所售商品/选择的行业大类在营业执照经营范围内</td></tr>
<tr><td>企业法人身份证件</td><td colspan="3">法定代表人身份证正反面扫描件或复印件（法人需要与入驻公司营业执照保持一致）</td><td>① 法定代表人身份证正反面扫描件或复印件（法人需要与入驻公司营业执照保持一致）；<br>② 如是复印件需本人签名加盖入驻公司鲜章</td></tr>
<tr><td rowspan="2">品牌资质</td><td>商标注册证/受理通知书</td><td colspan="3">① 商标注册证（R 标）或商标注册申请受理通知书（TM 标），若商标处于“注册申请受理”状态（即“TM”商标），应当不侵犯其他商标专用权；<br>② 若商标发生过转让/变更/续展，需一并提供转让、变更、续展证明或受理通知书；<br>③ 如经营进口商品，进口品牌需提供国内商标注册证</td><td rowspan="2">① 入驻时需要提交供应链凭证（包括但不限于采购合同、批次进货发票等），并绑定相关品牌；<br>② 普通企业店铺无品牌授权强制要求，但需提供完整供应链凭证（如果入驻公司的供应链关系中供货方有品牌授权的，需一并提交供货方完整品牌授权链路）</td></tr>
<tr><td>授权书</td><td>① 非自有品牌的，需提供独占授权书（若商标权人为自然人的，则需同时提供其亲笔签名的身份证/护照扫描件）；<br>② 自有品牌或商标权利人无须提供</td><td>① 须提供以商标持有人为源头出发的完整授权链条（品牌商体系内之间授权可视为同一层级）；<br>② 不同行业授权链条层级要求见具体各行业资质要求</td><td>① 须提供以商标持有人为源头出发的完整授权链条（品牌商体系内之间授权可视为同一层级）；<br>② 不同行业授权链条层级要求见具体各行业资质要求；<br>③ 其中如若包含自有品牌的，提供商标注册证明，无须提供授权</td></tr>
</table>

同一个体工商户允许有多家店铺，至多不超过 5 家，个体工商户入驻个体工商户店铺的资质要求如表 6-4 所示。

**表 6-4 个体工商户店铺入驻资质要求**

<table>
<tr><th>基础资质</th><th>资质类型</th><th>具体要求</th></tr>
<tr><td rowspan="2">主体资质</td><td>营业执照</td><td>个体营业执照扫描件/复印件（需确保未在企业经营异常名录中）</td></tr>
<tr><td>经营者身份证件信息</td><td>① 经营者身份证正反面扫描件或复印件（经营者需要与入驻个体工商户营业执照保持一致）；<br>② 若是复印件，需本人签名加盖入驻方鲜章</td></tr>
</table>

续表

| 基础资质 | 资质类型 | 具体要求 |
|---|---|---|
| 商品品牌供应链凭证 | | ① 入驻时需要提交供应链凭证（包括但不限于采购合同、批次进货发票等），并绑定相关品牌；<br>② 个体工商户店铺无品牌授权强制要求，但需提供完整供应链凭证（如果开店个体的供应链关系中供货方有品牌授权的，需一并提交供货方完整品牌授权链路） |

**知识拓展**

商户开通快手小店时，为小店起一个好名字有利于增强小店的辨识度。在为小店命名时，需要遵守平台命名规则，具体如表 6-5 所示。

**表 6-5 店铺命名规则**

| 店铺类型 | 命名形式 | 示例 |
|---|---|---|
| 旗舰店 | ① 品牌名+（可选类目）+旗舰店，类目关键词非必填项；<br>② 品牌名+可选类目+旗舰店（a. 多品牌旗舰店可选用经营中的任一品牌，选用的品牌需要和提交的品牌资质对应匹配，品牌的所有权实际控制人为同一人；b. 若品牌的独占授权书中有类目限制，或者该品牌有多条产品线，商户只经营其中一条产品线产品，则必须在店铺名称中体现类目）；<br>③ 品牌名+官方旗舰店，仅限自有品牌权利人开设的店铺可以使用 | 品牌名为“可乐熊”，类目为“食品”：<br>① 可乐熊食品旗舰店；<br>② 可乐熊官方旗舰店 |
| 专卖店 | ① 品牌+企业商号+专卖店；<br>② 品牌+企业商号+行政区域名+专卖店，仅企业商号重名时，可以增加行政区域名加以区分 | 品牌名为“可乐熊”，公司名为“山东三丰有限公司”：<br>① 可乐熊三丰专卖店；<br>② 可乐熊三丰山东专卖店 |
| 专营店 | ① 企业商号+类目+专营店；<br>② 企业商号+行政区域名+类目关键词+专营店，仅企业商号重名时，可以增加行政区域名加以区分 | 公司名为“山东三丰有限公司”，类目为“食品”：<br>① 三丰食品专营店；<br>② 三丰山东食品专营店 |
| 卖场型旗舰店 | ① 品牌名（服务类型商标）+旗舰店；<br>② 品牌名（服务类型商标）+官方旗舰店 | 品牌名为“云程购物”：<br>① 云程购物旗舰店；<br>② 云程购物官方旗舰店 |
| 普通企业店 | ① 若店铺已有相关品牌授权，店铺名称可体现品牌名称：企业商号+品牌名称+类目（选填）+企业店；<br>② 若店铺内无品牌信息，店铺命名可自行定义：自定义+企业店 | 公司名为“山东三丰有限公司”，品牌名为“可乐熊”，类目为“食品”：<br>① 三丰可乐熊食品企业店；<br>② 张天企业店 |
| 个体工商户店铺 | 自定义+个体店 | 张天个体店 |
| 个人店 | 自定义+个人店 | 张天个人店 |

## 动手实践：开通快手小店

微课启学：开通快手小店

下面以开通“达人”个人资质快手小店为例介绍如何开通快手小店，具体操作方法如下。

**步骤 01** 打开快手 App，在界面下方点击“我”按钮进入个人主页，点击“快手小店”按钮，如图 6-1 所示。

**步骤 02** 在弹出的界面中点击“我要开店”按钮，如图 6-2 所示。

**步骤 03** 弹出“加入快手电商”界面，根据需要选择店铺类型，在此选择“我是达人”中的“个人店入驻”类型，然后点击“立即入驻”按钮，如图 6-3 所示。

图 6-1 点击“快手小店”按钮

图 6-2 点击“我要开店”按钮

图 6-3 选择店铺类型

**步骤 04** 弹出“开通达人权限”界面，选择资质，在此选择“个人”选项，点击“下一步”按钮，如图 6-4 所示。

**步骤 05** 在弹出的界面中确认个人信息，点击“人脸验证并入驻”按钮，如图 6-5 所示，然后进行人脸验证。

**步骤 06** 弹出“加入快手电商”界面，确认经营者信息，输入店铺名称，点击“人脸验证并入驻”按钮，如图 6-6 所示，然后进行人脸验证。

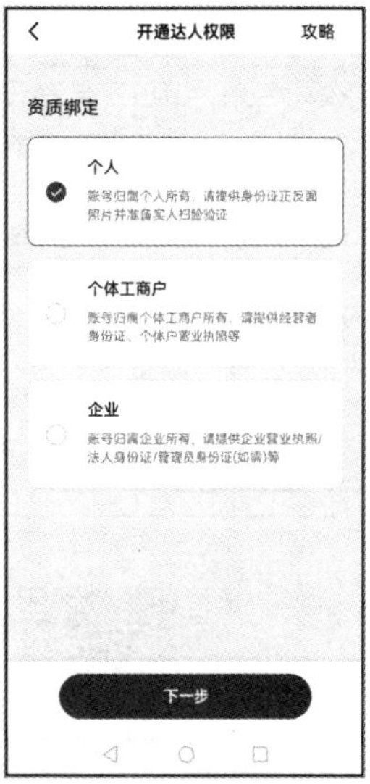


图 6-4 选择资质

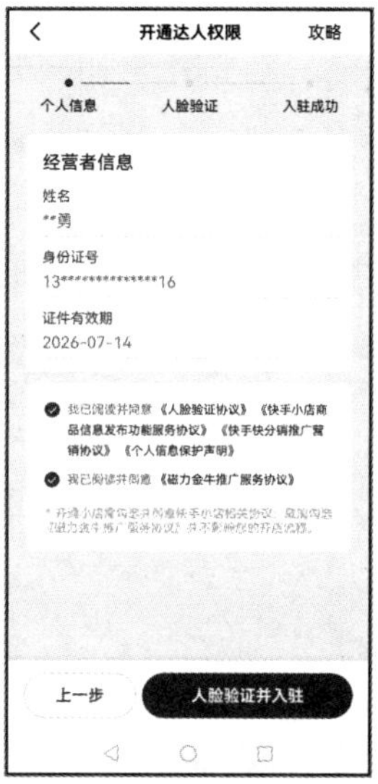


图 6-5 人脸验证并入驻

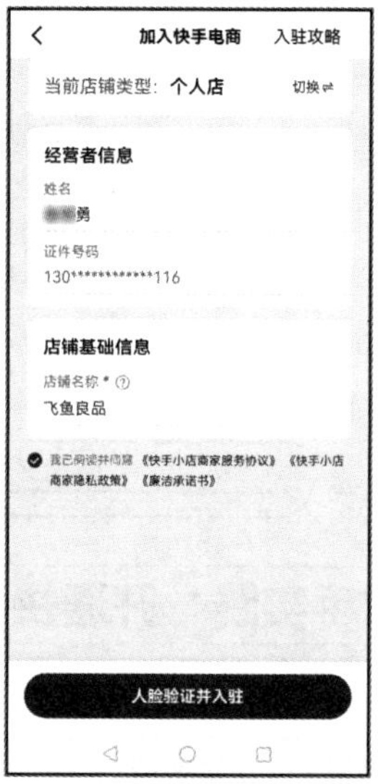


图 6-6 输入店铺名称并验证

**步骤 07** 选择经营方式，在此选择“分销别人的货”方式，然后点击“去达人工作台”按钮，如图 6-7 所示。

**步骤 08** 在弹出的界面中设置开通快分销权限，选中“我已阅读并同意《快手快分销推广营销协议》”选项，点击“立即开通并绑定账户”按钮，如图 6-8 所示。

**步骤 09** 弹出“达人主体认证”界面，选择资质，在此选中“个人”选项，点击“下一步”按钮，如图 6-9 所示。

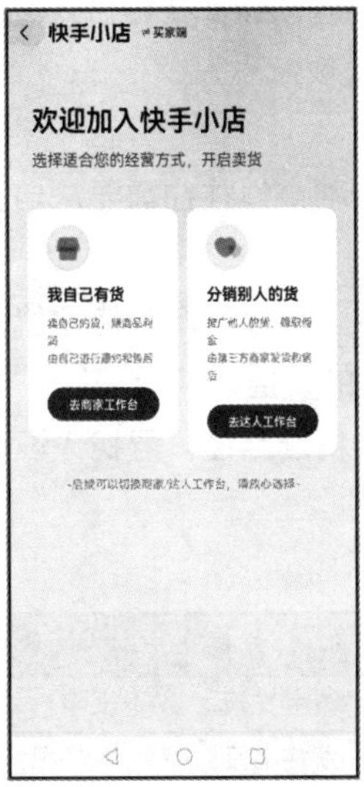


图 6-7　去“达人”工作台

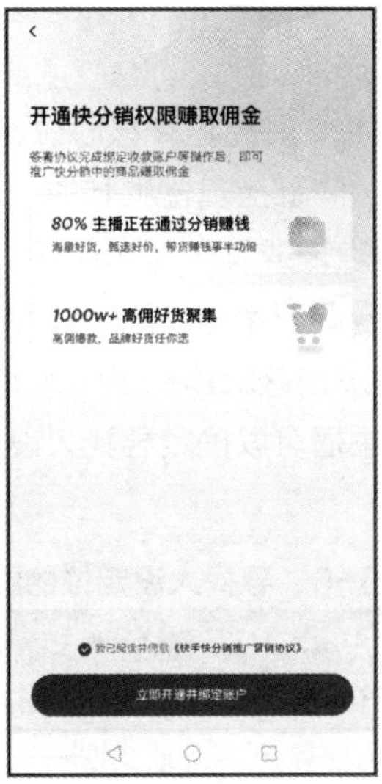


图 6-8　开通快分销权限

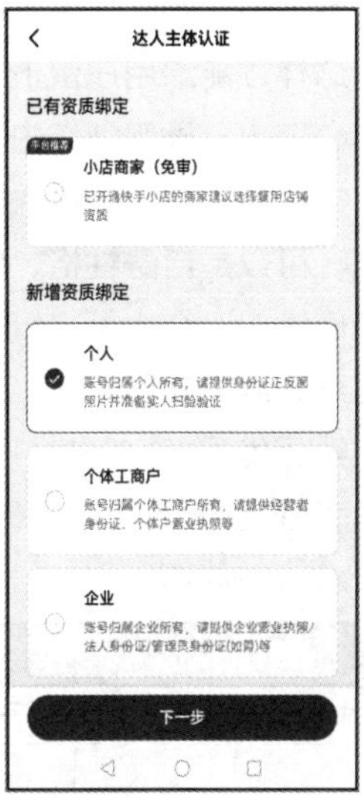


图 6-9　选中“个人”选项

**步骤 10** 在弹出的界面中确认个人信息，点击“人脸验证”按钮，如图 6-10 所示，然后进行人脸验证。

**步骤 11** 在弹出的界面中提示“认证成功”，如图 6-11 所示。此时，即可前往选品中心进行选品。

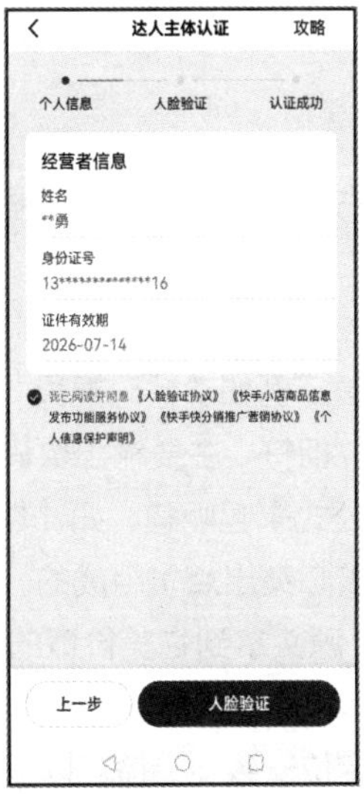


图 6-10　点击“人脸验证”按钮

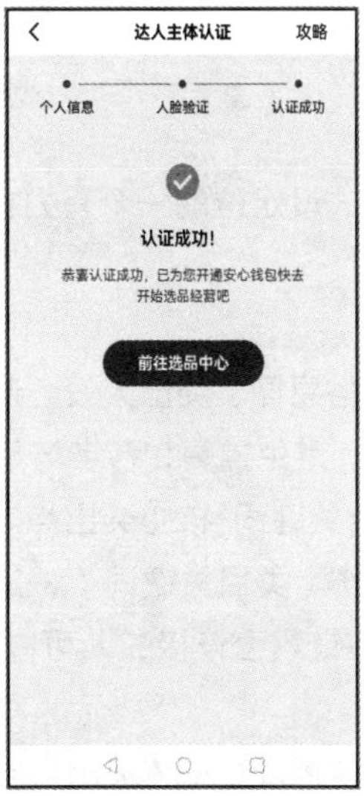


图 6-11　认证成功

## 二、主播人设的打造

成功的主播要有自己的人设定位。主播只有打造出独具特色的人设，才能被广大用户熟知并记住。主播在打造自己的人设时，可以从以下两个方面来实现。

### 1. 打造个人 IP

优秀的个人 IP 具备以下 4 点共性。

符合人设：创作的内容必须与人设相符，一切账号运营和内容创作都要符合人设的行为逻辑，这样才能给用户留下深刻的印象。

核心突出：确定创作内容的核心，并将这种核心做到极致。

独特个性：每一个优秀的个人 IP 都应具备独特的个性，这种个性往往需要从自己的身上挖掘，可以是自身性格、外在的表现或某方面的特长。

价值输出：个人 IP 输出的内容要对用户有用、有价值，并且持续生产有传播价值的内容，如果让用户学到知识、受到启发，这就体现了个人 IP 存在的价值。

在熟悉优秀 IP 的共性以后，主播可以确定寻找人设定位的精准路径。寻找人设定位的路径如表 6-6 所示。

表 6-6　寻找人设定位的路径

| 路径 | 说明 | 举例 |
| --- | --- | --- |
| 确定变现方式 | 关乎后期转化的关键 | 商品：日用百货、珠宝文玩、数码家电 |
| 找到目标人群 | 满足用户需求 | 女性——生活在三线城市及以下的年轻妈妈；<br>男性——文玩爱好者——喜欢中国传统文化的文玩爱好者 |
| 确定内容方向 | 细分垂直领域 | 分享高性价比、便宜又好用的家居好物；<br>融入中华传统文化，介绍文玩历史故事 |
| 挖掘个人优势 | 寻找差异化 | 表演能力突出、剧本撰写能力突出、剪辑能力突出 |

在确定以上路径之后，主播就要持续不断地进行价值输出，生产有价值的内容，不断丰满自己的人设。

### 2. 账号装修

账号装修其实是人设定位的一个有力补充，主要包括账号昵称、账号头像和账号简介的设置。

（1）账号昵称

账号昵称要求通俗易懂、突出人设、避免重复。例如“数码视界”，名字简单易记，不复杂；巧妙利用谐音，避免重复；名字与账号定位相符，主要输出数码测评类内容。主播也可以按照“名称+类目关键词+核心突出点”这一公式来起昵称，如“杰哥家纺工厂”，就是由杰哥（名称）、家纺（类目关键词）、工厂（核心突出点）组成的，其中“工厂”强调了“达人”主播是与供应链紧密连接的，可以在工厂源头拿到物美价廉的商品。

（2）账号头像

账号头像要求图像清晰、主体突出，与账号定位一致。主播可以根据实际情况使用本人照片、内容角色照片，或者把账号名称设置为照片。

（3）账号简介

账号简介要求重点突出 3 个信息：我是谁？可以输出什么价值？关注我的理由。例如，“杭州赵律师”的账号简介：法律硕士，女律师一“枚”（我是谁），代写起诉状、答辩状、合同等（可以输出什么价值），每天更新一个身边的法律问题（关注我的理由）。

## 三、直播商品规划

直播商品配置比例是精细化商品配置的核心之一。在规划商品配置比例时，主播要记住三大要素，即商品组合、价格区间和库存配置。

合理的商品配置可以提高商品的利用程度，最大化地消耗商品库存。直播商品配置比例的设置类型主要有两个层次：主类目单品配置比例（主推商品 50%、畅销单品 35%、滞销单品 15%）和主次类目配置比例（主类目商品 95%、次类目商品 5%）。

确定好直播商品配置比例以后，主播根据直播时长等确定每场直播的商品总数，就可以根据以上两种类型对应的配置方式做好相应数量的选品，如表 6-7 所示。

**表 6-7 直播商品选品**

| 直播商品总数 | 主类目商品 43 款 | | | | | 次类目商品 2 款 |
|---|---|---|---|---|---|---|
| | 主推商品 21～22 款 | | 畅销单品 14～15 款 | | 滞销单品 | A 款、B 款 |
| | 新品数量 | 预留数量 | 新品数量 | 预留数量 | | |
| 45 款 | 16～17 款 | 4～5 款 | 4～5 款 | 9～10 款 | 7 款 | |

为了保证每场直播的新鲜感，维护老用户的黏性，主播要不断地更新直播内容，其中商品的更新是非常重要的一部分。一场直播更新的商品总数至少要达到整场直播商品总数的 50%，其中更新的主推商品占直播商品总数的 40%，更新的畅销单品占直播商品总数的 10%。

为了完善商品配置，更加充分地利用商品资源，主播要对已播商品进行预留和返场。主播要根据商品配置，在所有直播过的商品中选出至少 10%的优质商品作为预留和返场商品，并应用到以下 3 个场景中。

日常直播一周后的返场直播，将返场商品在新流量中转化。

当部分商品因特殊情况无法及时到位时，将预留商品作为应急补充。

遇到节庆促销日时，将返场商品作为活动商品再次上架。

## 动手实践 1：在“快分销”平台选品

微课启学：在“快分销”平台选品

“快分销”是为商家、招商团长、“达人”提供合作的平台工具。商家可以在商品库设置佣金、发布推广需求，招商团长可以对商品进行推荐，而“达人”则可以直接选品并进行直播或短视频“带货”，在实现成单之后系统自动结算佣金。

在“快分销”平台进行选品的具体操作方法如下。

**步骤 01** 在快手个人主页界面中点击“快手小店”按钮，在打开的界面上方点击“切换卖家”按钮，如图 6-12 所示。

**步骤 02** 进入“达人·快手小店”界面，点击“去商家工作台”按钮，如图 6-13 所示。

**步骤 03** 进入“快手小店”界面，点击“选品中心”按钮，如图 6-14 所示。

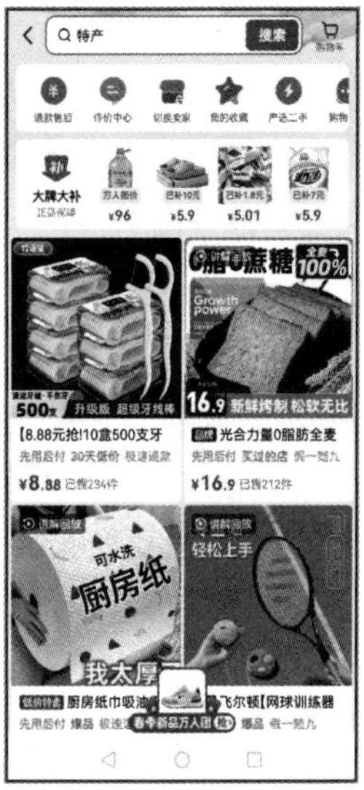

图 6-12　点击“切换卖家”按钮

图 6-13　去商家工作台

图 6-14　点击“选品中心”按钮

**步骤 04** 打开“快分销”界面，点击“超级爆品”按钮，如图 6-15 所示。

**步骤 05** 在弹出的界面中可以查看“快分销”平台的热销爆款商品，选择商品类别，然后点击要查看的商品，如图 6-16 所示。

**步骤 06** 在弹出的界面中可以查看商品详情、“带货”短视频、近 30 天推广数据等，点击“加入货架”按钮，即可将商品添加到货架，如图 6-17 所示。

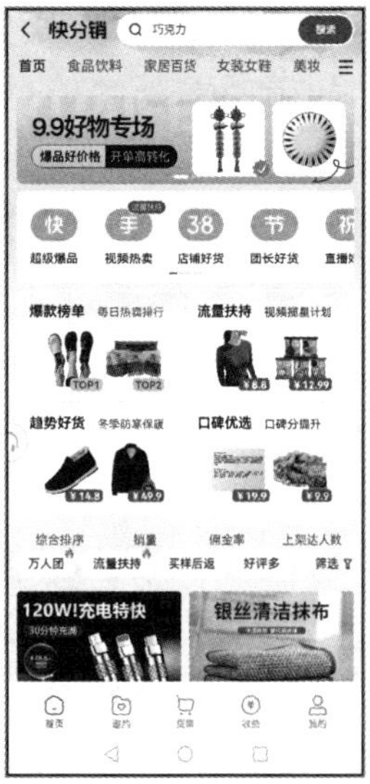

图 6-15　点击“超级爆品”按钮

图 6-16　点击商品

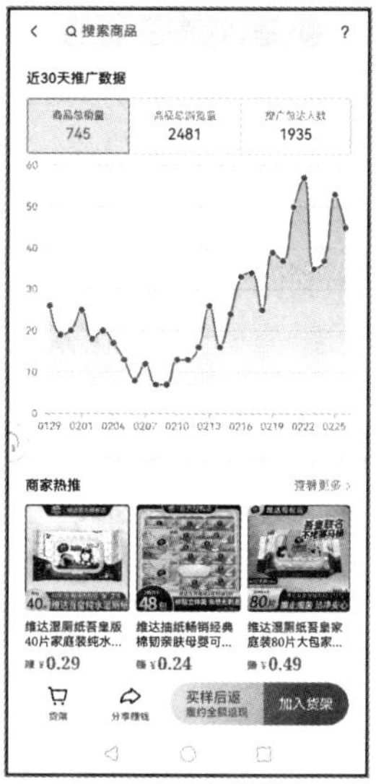

图 6-17　点击“加入货架”按钮

**步骤 07** 在“快分销”界面上方的搜索框中搜索指定商品，点击“加入货架”按钮，将商品添加到货架，如图 6-18 所示。

**步骤 08** 点击“货架”按钮，可以查看添加到货架的所有商品，如图 6-19 所示。

**步骤 09** 点击界面上方的“批量”按钮，对货架商品进行批量管理，选中商品后点击“批量下架”按钮即可下架商品，如图 6-20 所示。

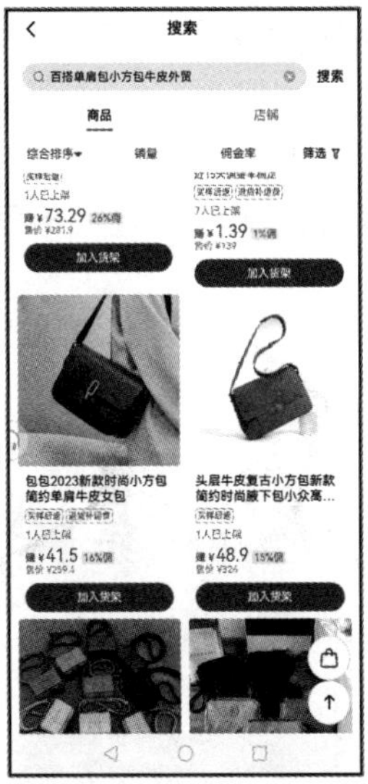


图 6-18 搜索商品并加入货架

图 6-19 查看货架商品

图 6-20 批量管理货架商品

## 动手实践 2：添加快手小店商品

“达人”快手小店在缴纳店铺保证金并绑定收款账户后，即可在快手小店中添加商品，具体操作方法如下。

微课启学：添加快手小店商品

**步骤 01** 进入“快手小店”界面，在“常用应用”区域右上方点击“查看更多”按钮，如图 6-21 所示。

**步骤 02** 弹出“应用中心”界面，在“店铺管理”区域中点击“保证金”按钮，如图 6-22 所示。

**步骤 03** 在弹出的界面中点击“店铺保证金”选项，如图 6-23 所示。

图 6-21 点击“查看更多”按钮

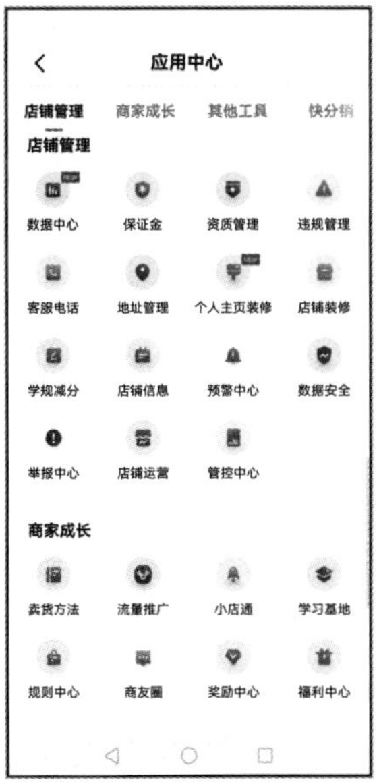


图 6-22 点击“保证金”按钮

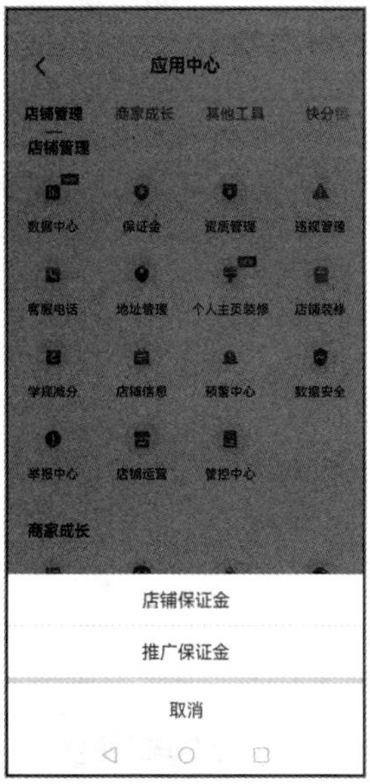


图 6-23 点击“店铺保证金”选项

**步骤 04** 在弹出的界面中点击“缴纳店铺保证金”按钮，缴纳相应类目的店铺保证金，如图 6-24 所示。点击“资费标准查询”按钮，可以查看保证金缴纳阈值。

**步骤 05** 返回“快手小店”界面，点击“添加商品”按钮，如图 6-25 所示。

**步骤 06** 打开“添加商品”界面，上传商品主图，选择商品类目，并输入商品标题，如图 6-26 所示。

图 6-24 缴纳店铺保证金

图 6-25 点击“添加商品”按钮

图 6-26 设置商品信息

**步骤 07** 设置商品属性，上传商品详情图，填写商品描述等，如图 6-27 所示。

**步骤 08** 设置商品卖点、商品规格、价格、总库存、发货方式、发货时效模式、承诺发货时间等，然后点击“提交审核”按钮，如图 6-28 所示。

**步骤 09** 在弹出的界面中显示“商品上传成功”，等待平台审核完成后即可成功添加店铺商品，如图 6-29 所示。

图 6-27 设置商品信息

图 6-28 设置商品信息

图 6-29 商品上传成功

# 任务三　执行快手直播活动

下面分别从农产品类商品讲解的技巧、快手直播引流和直播间气氛维护 3 个方面来介绍快手直播活动的执行方法。

## 一、农产品类商品讲解的技巧

农产品直播“带货”是一种新型的助力农业发展的模式，这种模式帮助区域特色农产品开拓了新的销售渠道，助推乡村经济振兴。在农产品直播“带货”中，主播在讲解农产品时可以从以下几个方面来进行。

### 1. 产地

很多农产品的产地具有地域特色，如百色的芒果，敖汉的小米。主播可以通过介绍农产品的产地为农产品树立一种生态、自然的形象，并增强农产品的地域性标志，同时还能满足用户对农产品溯源的需求。如果农产品的产地没有特别之处，主播可以尝试从农产品产地的地貌、风土人情来塑造卖点。

### 2. 环境

环境是指农产品的生长环境，光照、降水、温度、湿度等环境条件不同，同一种类的农产品的品质、口感也会不同。例如，新疆光照强度大，昼夜温差大，有利于水果糖分的生成，当地哈密瓜的味道就比其他地方哈密瓜的味道更甜。

### 3. 生产过程

主播可以介绍农产品的生产过程，包括种植、施肥、除草、收割等环节，强调农产品无公害、有机等特质。

### 4. 品质

品质讲解是指介绍农产品的外观、口感、营养成分等，强调其独特之处和价值。一些具有独特口感和风味的农产品更容易受到用户的欢迎。

### 5. 农产品知识科普

在直播中讲解一些与农产品相关的科普知识，例如，向用户介绍区分血桃和普通桃子的方法，讲解血桃的大小、切开后剖面的样子、吃到嘴里的口感等。这些内容既能向用户展示农产品的特点，又能让直播内容更加丰富、多样化，提升直播内容的表现力。

### 6. 故事背景、历史文化

主播可以讲解与农产品相关的故事背景、历史文化，激发用户的情感共鸣，提高他们对农产品的情感认同。例如，介绍农民的辛勤劳动、生产过程的艰辛、农产品与当地文化的联系等。通过讲述这些故事，可以为农产品赋予更多的情感价值，引起用户的兴趣并促使其购买。

### 7. 烹饪方法

如果直播间推荐的是需要加工才能食用的农产品，如小米、苕粉等，主播可以在直播中使用该农产品制作一两道简单易学的菜品，向用户展示农产品的烹饪过程和最终成品，让用户直观地了解农产品的特点和用途，从而增强用户的购买欲望。

**课堂讨论**

分别观看1～2场服装类商品直播、农产品类商品直播，说一说服装类商品直播和农产品类商品直播在直播间场景布置上有什么区别。

**课堂实训**

选择一款具有地域特色的农产品，提炼其卖点，并为其撰写单品脚本，然后采用直播的方式向大家推荐这款农产品。

## 二、快手直播引流

直播并非单纯开通直播权限并在特定时间开播即可，要想增加直播间的人气，主播就要了解各种各样的引流方式，通过各种途径把站内站外的流量吸引过来，让自己一开始直播就具有较高的人气基础，从而源源不断地吸引更多的用户进入直播间。

### 1. 免费方式引流

快手直播常见的免费引流方式有以下几种。

（1）站外分享引流

站外分享引流是指主播在快手以外的平台为直播引流预热，主播可以把直播间分享到微信朋友圈、微信群、微信好友、QQ群、微博，号召好友和用户进行站外分享，扩大直播间的传播范围，增加直播观看人数。

（2）短视频引流

在开始直播之前，主播可以把之前上过热门的作品重新进行付费推广，或者发布直播预告的短视频。

一般来说，在直播前3至5天，就可以发布直播预告短视频，为直播预热。在直播当天，分别在直播前12小时、9小时、6小时、4小时、1小时发布直播预告短视频。短视频的内容要与本次直播内容相关，如我是谁？是做什么的？有什么“爆款”的商品？有什么“爆火”的消息？直播预告短视频要能够引起用户的好奇心和期待感，让他们等候开播。

（3）“粉丝团”引流

当用户关注主播并加入“粉丝团”以后，只要主播开播，快手平台就会自动向用户推送直播提醒，用户看到以后，可以直接点击进入直播间观看。

（4）设置直播封面图

直播封面图是用户接触直播间时的第一印象。一张高清、吸睛的封面图能够迅速吸引用户的注意力，增加用户对直播间的兴趣，从而提高其点击进入直播间的概率。封面图的质量直接决定了用户是否愿意进一步了解直播内容。因此，优质的直播封面图对提升直播间的引流效果非常重要。

快手的直播封面图要符合以下 4 项要求。

封面图要高清、明亮、色彩饱满，背景颜色要干净、整洁，不要摆放乱七八糟的物品，背景颜色不要过深，最好选择白色、灰色等浅色背景。

封面图上的主播要配合商品，表情要自然，充满自信。图 6-30 所示为某鞋类直播间，主播面带微笑地看着镜头，拿着鞋子，表情自然、大方，亲切感十足。

封面图要突出同一个主题，重点突出商品，不管是主播、模特还是背景，都要与商品相搭配，如图 6-31 所示。

图 6-30　主播配合商品

图 6-31　突出主题和商品

构图合理。一个成熟的电商主播一般应位于封面图的正中间，头部位置要控制在封面图的上三分之一处，而商品要出现在正中间。另外，封面图要与标题协调，让用户一眼就能分辨出标题，同时标题不遮挡封面图的重点内容。

（5）设置直播标题

一个吸引人的直播标题能够迅速抓住用户的注意力，使该直播间在众多直播间中脱颖而出。用户往往会根据自己的兴趣和需求选择观看的直播间，而一个吸引人的标题能够激发用户的好奇心，促使用户点击进入直播间。

主播在设置快手直播标题时，需要注意以下几点。

① 点明直播的关键词

合适的直播标题要能为用户提供直播线索，帮助用户找到自己想看的直播。因此，主播在写标题时要点明直播的关键词，方便用户一眼就分清直播间是否有自己想要看的内容。

② 巧用营销词汇

主播可以在标题中加入一些营销词汇（见表 6-8），提前营造一种热烈的“带货”氛围，激发用户进入直播间购物的欲望。

**表 6-8　营销词汇**

| 营销词汇类型 | 举例 |
| --- | --- |
| 名词 | 专场、盛宴、豪礼、福利、大促、精品、优惠、狂欢、好礼 |
| 动词 | 登场、玩转、××来袭/开启、特卖、大放送、直降、速来、错过会×× |
| 形容词 | 超划算、超值、震撼、火爆、热门 |
| 副词 | ××不停、××多多、值得××、××手软 |
| 量词 | 一大波、全场 |
| 符号 | ！ |

③ 制造亮点

主播要善于在直播标题上制造亮点，引发用户的好奇心，使用户产生共鸣，从而刺激用户产生点击进入直播间观看的欲望。当然，直播标题是为整场直播服务的，所以标题不能过于夸张，如果与直播内容相差甚远，就失去了真实性。

④ 标题不要太长

直播标题如果太长，就无法全部显示在页面，导致无法突出重点。因此，直播标题的字数最好控制在5～8个字。

⑤ 不要出现禁忌词

直播标题中不要出现与打折、不实宣传相关的词汇，如“秒杀”“清仓”“甩卖”“万能”“绝无仅有”“销量冠军”“独一无二”等，一旦出现这些词汇，很有可能被快手平台限流或封禁。

### 2. 付费方式引流

快手“粉条”是快手平台推出的一款付费推广工具。投放了快手“粉条”的短视频作品或直播会在发现页、关注页、同城页中得到展示，可以让更多的用户看到视频和直播间。直播运营团队在投放快手“粉条”时，要注意以下技巧。

（1）选择合适的推广目标

直播运营团队可以选择为引流短视频投放快手“粉条”，也可以直接为直播间投放快手“粉条”。在为引流短视频投放快手“粉条”时，要明确自己投放快手“粉条”的目的，并选择合适的推广目标。如果想提高引流短视频的互动率，可以选择期望增加“点赞评论数”推广目标，以吸引更多的用户对引流短视频进行点赞、评论，增强用户的黏性。对于“粉丝”量较少的账号来说，可以选择期望增加“涨粉数”推广目标，为引流短视频积累人气。如果直播账号的短视频播放量较低，可以选择提升“播放数”推广目标，帮助引流短视频提升播放量。

（2）选择合适的目标人群

在设置投放目标用户群体时，快手“粉条”为直播运营团队提供了“智能优选”“‘达人’相似‘粉丝’”“和我相关的人”和“自定义人群”4种模式。

智能优选：系统根据直播内容，将直播间推送给经常浏览此类内容的用户。例如，如果投放快手“粉条”的直播间主要销售女装类商品，系统就会将直播间推送给经常浏览女装直播间的用户。如果直播运营团队没有明确的目标投放人群，可以选择智能优选模式。

“达人”相似“粉丝”：直播运营团队可以自己选择一些“达人”，将直播间推送给这些“达人”的“粉丝”。例如，如果直播间销售的是食品类商品，就可以选择快手上的美食类“达人”账号，这样系统就会将直播间推送给这些“达人”的“粉丝”，有利于提高投放用户的精准度。

和我相关的人：选择“和我相关的人”是指将直播间推送给自己账号的“粉丝”。如果该账号拥有较多的“粉丝”，可以选择推广给“和我相关的人”，提醒“粉丝”观看直播。

自定义人群：直播运营团队可以自己设置要投放的目标用户群体属性，包括目标用户群体的性别、年龄、地域、行业等。如果有清晰的用户群体画像，可以选择自定义定向推荐，以提高快手“粉条”投放的精准性，让直播间出现在更多精准用户的面前，为直播间吸引精准流量。

（3）提高内容质量

短视频和直播间的内容质量越高，快手“粉条”推广的效果就越好。因此提高付费推广效果的关键在于提升短视频作品和直播间的内容质量。

## 动手实践 1：创建直播计划和直播预告

微课启学：创建直播计划和直播预告

直播计划是用来做好开播前准备工作的工具，包括开播时间、销售目标、选品备货、直播预告等。通过导入直播计划，在直播时可以一键上架直播计划中的所有商品。创建直播计划有助于主播提高直播间流量分发效率，其具体操作方法如下。

**步骤 01** 在快手小店“应用中心”界面的“计划管理”区域点击“直播计划”按钮，如图 6-32 所示。

**步骤 02** 打开“直播计划”界面，点击“新建直播计划”按钮，如图 6-33 所示。

**步骤 03** 在弹出的界面中设置直播标题、开播时间、开播时长、直播类型、销售额目标、计划选品数等选项，然后点击“立即创建”按钮，如图 6-34 所示。

图 6-32 点击“直播计划”按钮

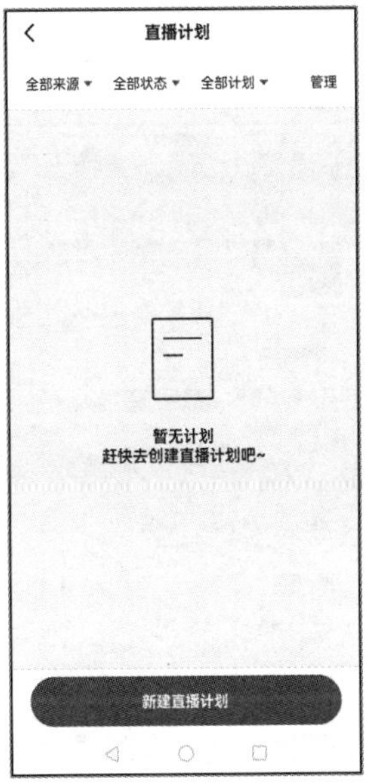


图 6-33 新建直播计划

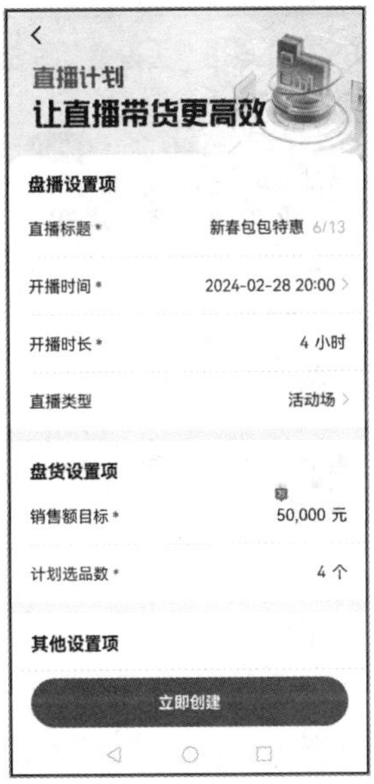


图 6-34 设置直播计划

**步骤 04** 弹出“完善计划信息”界面，在“选品备货”选项中点击“去设置”按钮，如图 6-35 所示。

**步骤 05** 在弹出的界面中点击“添加备货”按钮，如图 6-36 所示。

**步骤 06** 在弹出的界面中选中要添加的商品，点击“添加商品”按钮，如图 6-37 所示。

**步骤 07** 继续添加备货商品，然后点击商品下方的“编辑”按钮，如图 6-38 所示。

**步骤 08** 弹出“编辑商品”界面，设置商品标签、商品优惠、价格与库存，然后点击“保存”按钮，如图 6-39 所示。

**步骤 09** 在“完善计划信息”界面的“直播预告”选项中点击“去设置”按钮，在弹出的界面中设置直播封面、预告标题、预告商品、预告视频、添加优惠券等选项，如图 6-40 所示。然后点击“发布直播预告”按钮，即可发布直播预告。

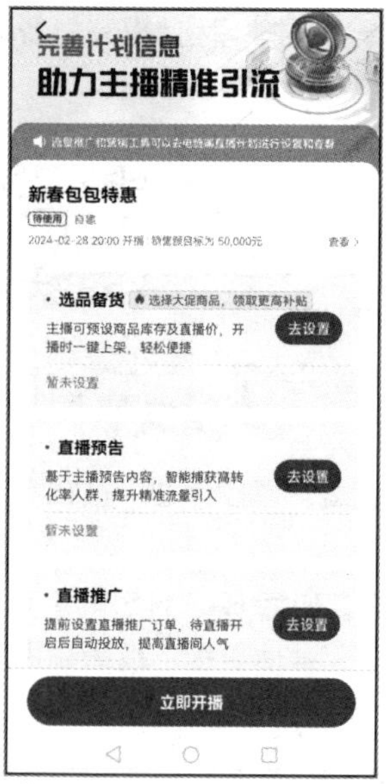


图 6-35　点击“去设置”按钮

图 6-36　点击“添加备货”按钮

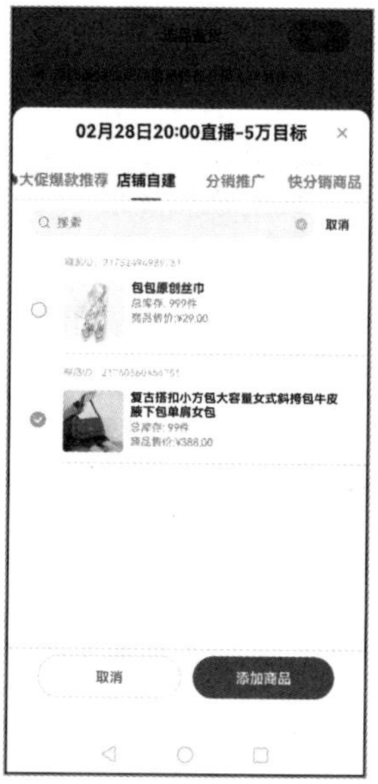


图 6-37　添加商品

图 6-38　点击“编辑”按钮

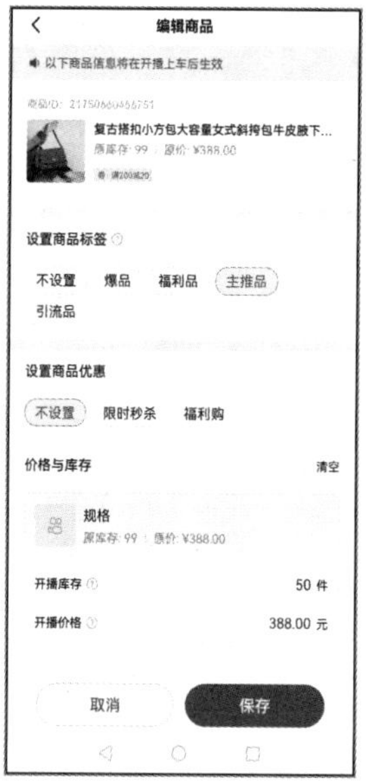


图 6-39　编辑商品

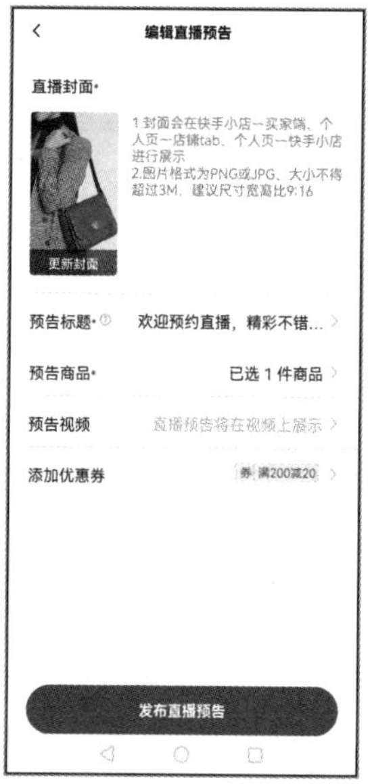


图 6-40　设置直播预告

除了通过直播计划创建直播预告外，也可在快手直播“开始”界面中创建直播预告。创建好直播预告后可以在直播中推送预告，具体操作方法如下。

**步骤 01** 进入快手直播“开始”界面，点击“预告”按钮，如图 6-41 所示。

**步骤 02** 在弹出的界面中设置预告直播时间，输入直播内容，然后点击“创建预告”按钮，即可创建直播预告，如图 6-42 所示。

**步骤 03** 在快手直播间打开“‘小黄车’商品”界面，点击界面上方的“工具设置”按钮，如图 6-43 所示。

图 6-41 点击“预告”按钮

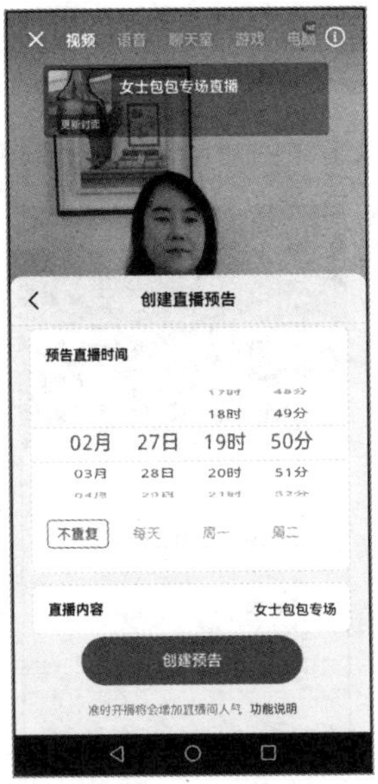


图 6-42 创建直播预告

图 6-43 点击“工具设置”按钮

**步骤 04** 弹出“工具设置”界面，点击“预告推送”按钮，如图 6-44 所示。

**步骤 05** 在弹出的界面上方选择“推送预告贴纸”选项，选择要推送的直播预告，然后点击“推送”按钮，如图 6-45 所示。

**步骤 06** 此时，即可在直播间推送预告贴纸，如图 6-46 所示。

图 6-44 点击“预告推送”按钮

图 6-45 点击“推送”按钮

图 6-46 推送预告贴纸

## 动手实践 2：投放快手“粉条”

微课启学：投放快手“粉条”

下面使用快手“粉条”预热与推广直播，具体操作方法如下。

**步骤 01** 使用快手上传与直播相关的预告视频，在视频发布界面中选择“作者服务”选项，如图 6-47 所示。

**步骤 02** 在弹出的界面中选择“直播预告”选项，如图 6-48 所示。

**步骤 03** 在弹出的界面中关联已有直播预告或创建直播预告。以创建直播预告为例，设置预告直播时间和直播内容，然后点击“创建预告”按钮，如图 6-49 所示。

图 6-47 选择“作者服务”选项

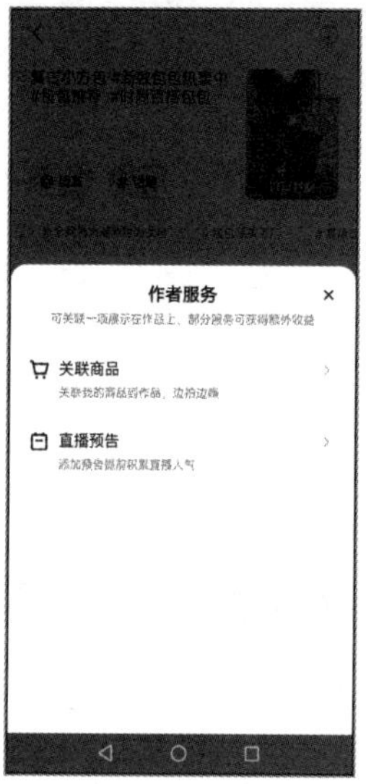


图 6-48 选择“直播预告”选项

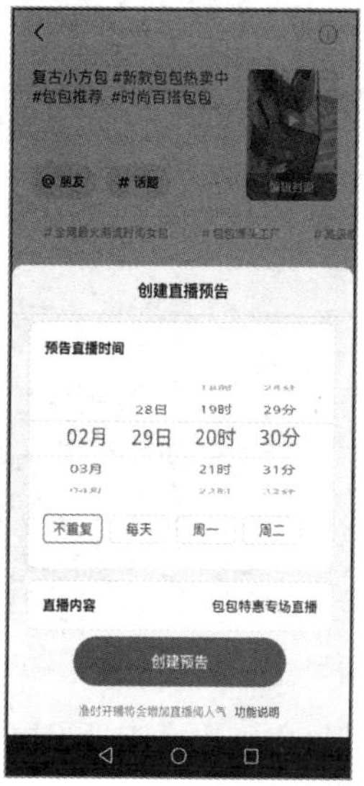


图 6-49 创建直播预告

**步骤 04** 预告发布成功后，点击“关联到作品”按钮，如图 6-50 所示。

**步骤 05** 返回作品发布界面，点击“发布”按钮，如图 6-51 所示。

**步骤 06** 成功发布作品后，即可在作品中查看直播预约卡片，如图 6-52 所示。

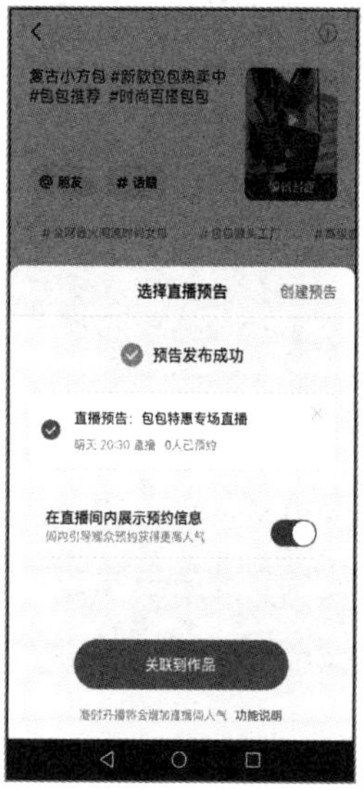


图 6-50 关联到作品

图 6-51 点击“发布”按钮

图 6-52 查看直播预约卡片

**步骤 07** 在快手界面上方点击“菜单”按钮☰，打开侧边栏菜单，点击“设置”按钮⚙，如图 6-53 所示。

**步骤 08** 弹出“设置”界面，在“服务”选项区中选择“快手‘粉条’”选项，如图 6-54 所示。

**步骤 09** 进入“快手‘粉条’”界面，在界面上方点击“预热直播”按钮，在“希望提升”选项中选中所需的项目，选中想要推广的作品，在“推广设置”选项中设置投入金额、推广时间、推广人群等选项，设置完成后点击“立即支付”按钮支付相应的费用，如图 6-55 所示。

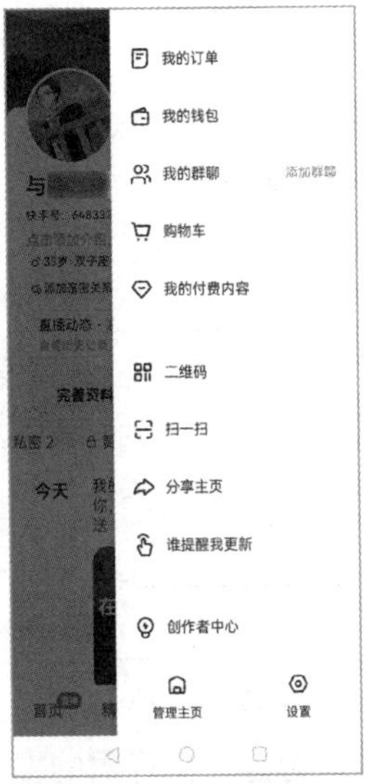


图 6-53　点击“设置”按钮

图 6-54　选择“快手‘粉条’”选项

图 6-55　设置预热直播

**步骤 10** 要使用快手“粉条”推广直播，可以在直播“开始”界面或直播间点击“上热门”按钮，如图 6-56 所示。

**步骤 11** 在弹出的界面中选择直播推广模式，包括“套餐推广”和“自定义推广”两个选项。选择“套餐推广”选项，选择“希望提升”的项目，编辑投放金额可以看到预计效果，如图 6-57 所示。选择“自定义推广”选项，选择“希望提升”的项目，然后自定义投入金额、推广多久、出价方式、推广给谁等选项，设置完成后进行支付即可，如图 6-58 所示。

图 6-56　点击“上热门”按钮

图 6-57　套餐推广

图 6-58　自定义推广

## 三、维护直播间气氛

互动性强的直播间会形成热烈的、充满激情的氛围，会对进入直播间的新用户形成巨大的吸引力，互动次数多也会让平台为直播间提供更多的流量资源。因此，主播要积极引导在场用户互动，使用各种平台工具提升互动频次，活跃直播氛围。

### 1. 设置直播贴纸

使用快手直播贴纸功能，主播可以在直播间随时添加贴纸，一方面增加趣味性，另一方面在做直播销售时可以利用贴纸将折扣放在最显眼的位置，这样用户看得会比较清楚，不用反复宣传，避免了反复口播带来的时间损耗，从而增加了主播讲解商品的时间，进而提高直播转化。

直播贴纸作为直播间的一个固定的信息传达区域，上面可以展示商品信息、优惠信息、活动信息、常见问题解答，让进入直播间的用户可以一目了然。图 6-59 所示为某快手主播在直播间设置的贴纸，对用户进行购买提示，这是针对用户普遍关心的问题和用户容易忽视的问题做出的提醒，能够极大地提高直播效率和用户的购买效率。

### 2. 发放红包

主播可以在快手直播间发放红包，通过抢红包的方式激发用户的互动积极性，提升直播间的人气。图 6-60 所示为某直播间主播发放的倒计时红包，红包连同倒计时的提示一般会放置在直播间的右上角，用户点击打开之后，会发现红包奖励是 200 快币。主播鼓励用户关注主播并分享直播，以提升抢到红包的可能性。用户可能为了更容易获得红包奖励而积极地分享直播，即使没有抢到，发红包环节仍然存在，这就在一定程度上增加了用户的停留时长。

图 6-59　设置直播贴纸

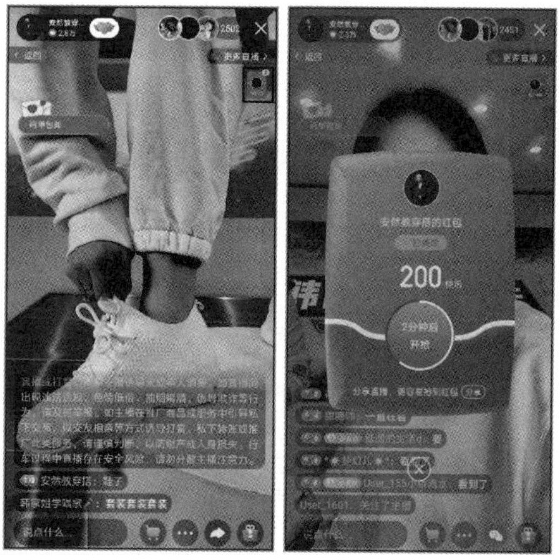


图 6-60　发放红包

### 3. 设置福利购

福利购是一款商家营销工具，商家可以通过为福利商品设置购买条件，达到为直播间积累人气、拉新转化、提升销量、回馈用户等目的。

积累人气：设定观看直播时长超过 1 小时的用户才可购买福利商品，促进用户在直播间停留。

拉新转化：设定店铺新客的专属优惠商品，促进新客转化。

提升销量：设定今日购买 5 单的用户可以抢购福利商品，促进订单转化。

回馈用户：设定“粉丝团”特定级别的用户才可购买福利商品，回馈忠实用户。

## 动手实践 1：管理直播间商品

微课启学：管理直接间商品

下面使用快手进行直播“卖货”并管理直播间商品，具体操作方法如下。

**步骤 01** 在快手直播“开始”界面中点击“赚钱”按钮，如图 6-61 所示。

**步骤 02** 弹出“赚钱”界面，点击“直播卖货”选项右侧的“申请权限”按钮，如图 6-62 所示。

**步骤 03** 弹出“准职业电商主播申请考试”界面，对考试题目进行作答，答题完成后点击“提交”按钮，如图 6-63 所示。考试合格后，即可开通直播“卖货”权限。

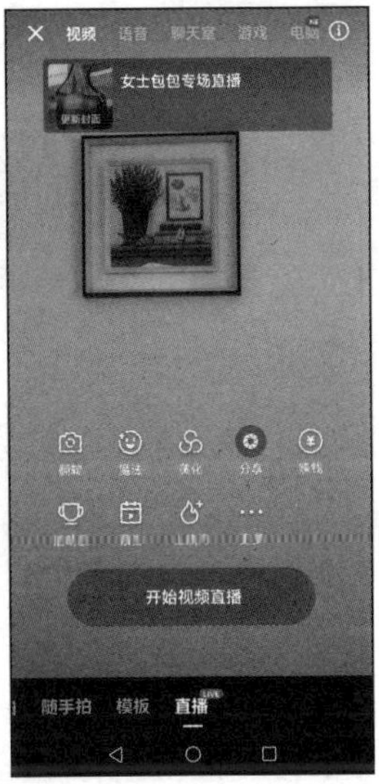


图 6-61 点击“赚钱”按钮

图 6-62 点击“申请权限”按钮

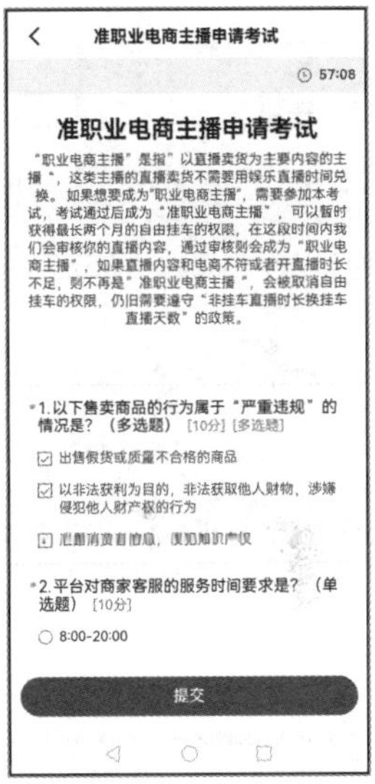


图 6-63 考试答题

**步骤 04** 返回“赚钱”界面，启用“直播‘卖货’”功能，然后点击“进入商品列表”选项，如图 6-64 所示。

**步骤 05** 进入“‘小黄车’商品”界面，点击“添加”按钮，选择要添加到“小黄车”售卖的商品，然后点击“确认添加”按钮，如图 6-65 所示。

**步骤 06** 点击商品下方的“更多”按钮···，在弹出的界面中可以进行移除、置顶、修改排序、创建卖点等操作，在此选择“创建卖点”选项，如图 6-66 所示。

**步骤 07** 在弹出的界面中编辑卖点信息，点击“确认启用”按钮，如图 6-67 所示。

**步骤 08** 此时，在商品下方会显示卖点信息，点击“完成”按钮，即可完成“小黄车”商品的添加，如图 6-68 所示。

**步骤 09** 点击“开始视频直播”按钮进入快手直播间，在界面下方点击“售卖商品”按钮，如图 6-69 所示。

图 6-64　点击“进入商品列表”按钮

图 6-65　添加“小黄车”商品

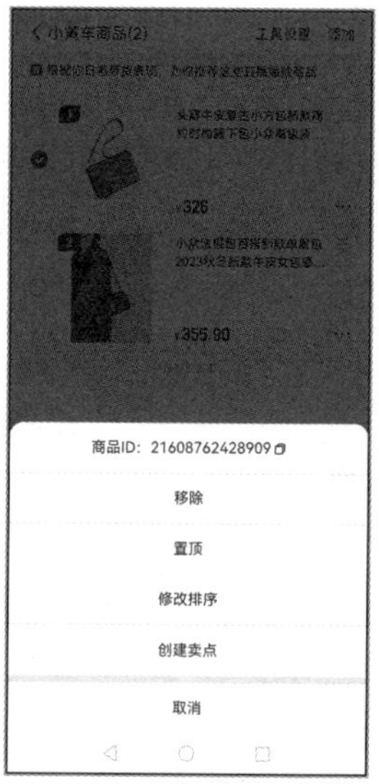


图 6-66　选择“创建卖点”选项

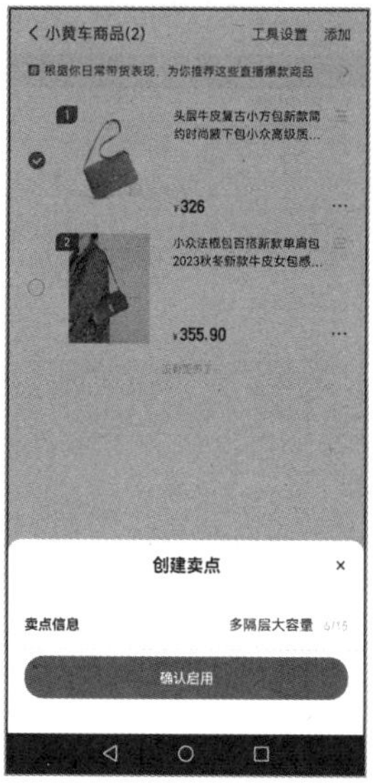


图 6-67　编辑卖点信息

图 6-68　点击“完成”按钮

图 6-69　点击“售卖商品”按钮

**步骤 10** 弹出“‘小黄车’商品”界面，在界面上方点击“添加”按钮，如图 6-70 所示。

**步骤 11** 在弹出的界面中选中要添加到“小黄车”的商品，点击“确认添加”按钮，如图 6-71 所示。

**步骤 12** 在“添加上传商品”界面上方点击“导入计划”按钮，弹出“导入直播计划”界面，选中直播计划，然后点击“确认”按钮，如图 6-72 所示。

**步骤 13** 此时，即可选中直播计划中的商品，点击“确认添加”按钮，如图 6-73 所示。

**步骤 14** 在“‘小黄车’商品”界面中点击商品下方的“开始讲解”按钮，如图 6-74 所示。

**步骤 15** 此时即可开始讲解商品，直播间会显示商品讲解卡片，如图 6-75 所示。若要结束讲解，可以在“‘小黄车’商品”界面中点击商品下方的“结束讲解”按钮。

图 6-70　点击“添加”按钮

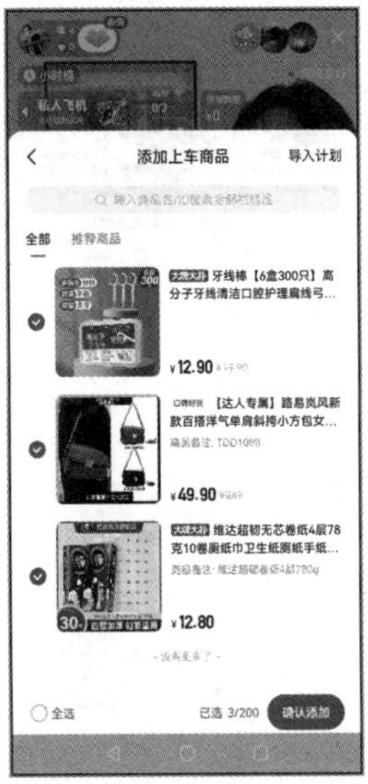


图 6-71　确认添加

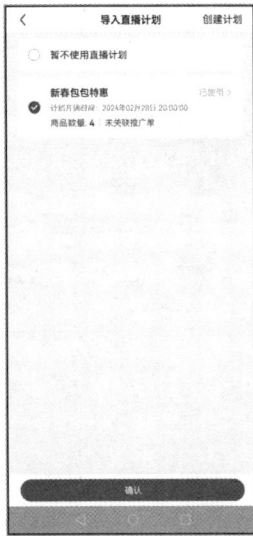

图 6-72　导入直播计划

图 6-73　选中直播计划商品

图 6-74　点击“开始讲解”按钮

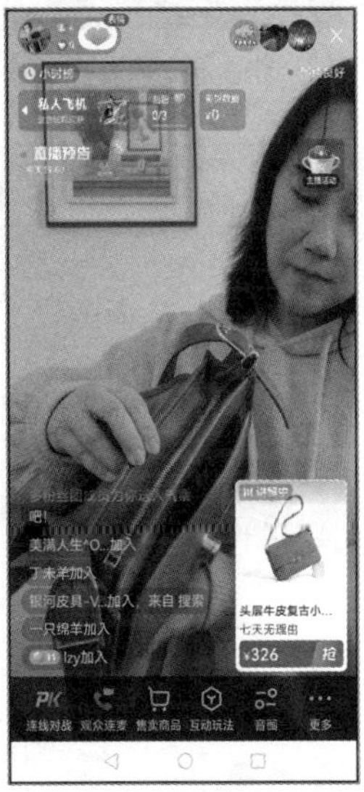


图 6-75　开始讲解商品

## 动手实践 2：设置福利购商品

微课启学：设置福利购商品

下面在快手直播间设置福利购商品，具体操作方法如下。

**步骤 01** 在直播间打开“‘小黄车’商品”界面，在上方点击“工具设置”按钮，如图 6-76 所示。

**步骤 02** 弹出“工具设置”界面，点击“福利购”工具，如图 6-77 所示。

**步骤 03** 在弹出的界面中点击“创建福利购”按钮，如图 6-78 所示。

**步骤 04** 在弹出的界面中选择福利购商品，如图 6-79 所示。

**步骤 05** 设置福利购商品的福利价格和购买条件，点击“保存设置”按钮，如图 6-80 所示。

**步骤 06** 此时，在“‘小黄车’商品”界面的福利购商品的下方会显示设置的福利购信息，如图 6-81 所示。

图 6-76　点击“工具设置”按钮

图 6-77　点击“福利购”工具

图 6-78　点击“创建福利购”按钮

图 6-79　选择福利购商品

图 6-80　设置福利购商品

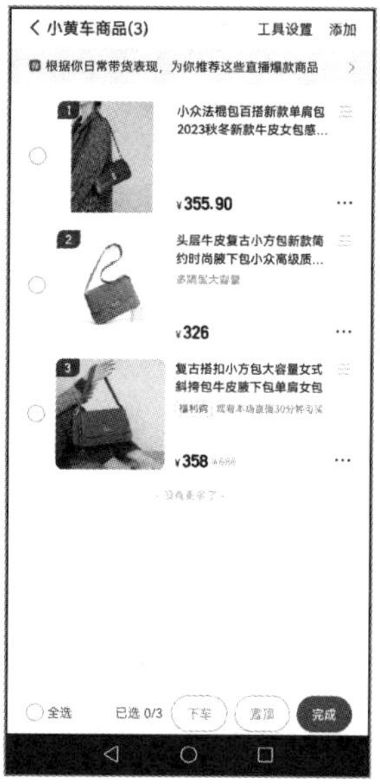

图 6-81　显示福利购信息

除了使用“福利购”工具外，还可以使用“优惠券红包”“多件优惠”“新人优惠”等营销工具。例如，要在直播中使用优惠券，可以打开快手小店“应用中心”界面，在“营销中心”区域点击“优惠券”按钮，如图 6-82 所示。

进入“优惠券创建”界面，点击“创建”按钮，在弹出的界面中设置生效范围、优惠类型、券的名称、领取渠道、券的金额、使用条件、发行张数、限领用户等信息，点击“确认创建”按钮，如图 6-83 所示。还可以查看创建的优惠券，如图 6-84 所示。观众进入直播间后即可领取此优惠券。

图 6-82 点击“优惠券”按钮

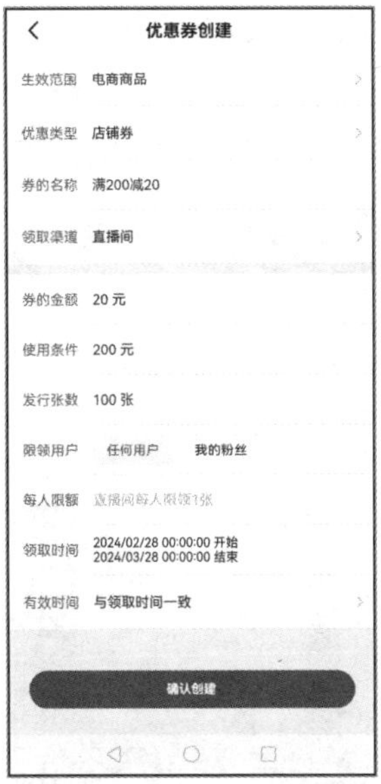


图 6-83 设置优惠券

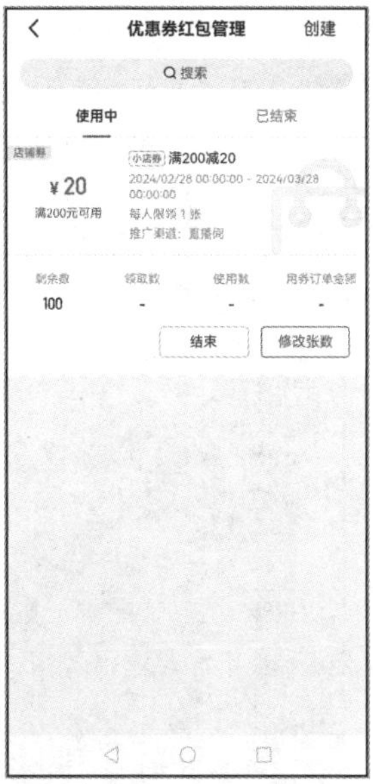


图 6-84 查看优惠券

## 动手实践 3：直播互动设置

下面在快手直播间进行互动设置，以提升直播间的人气，具体操作方法如下。

微课启学：直播互动设置

**步骤 01** 在直播间界面下方点击“互动玩法”按钮，如图 6-85 所示。

**步骤 02** 弹出“互动玩法”界面，点击“发红包”按钮，如图 6-86 所示。

**步骤 03** 在弹出的界面中设置观众抢红包条件和红包金额，点击“发红包”按钮，如图 6-87 所示。

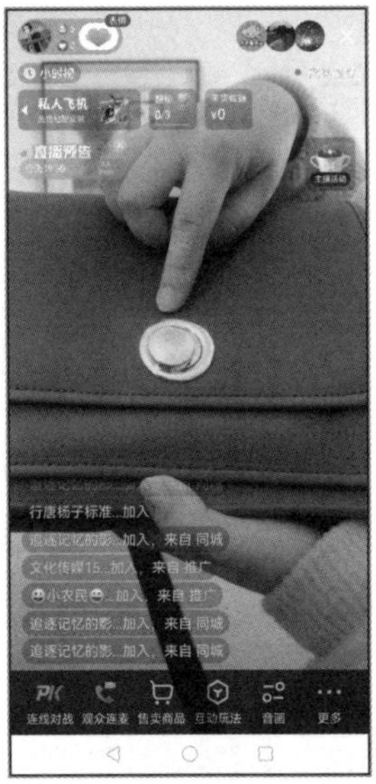


图 6-85 点击“互动玩法”按钮

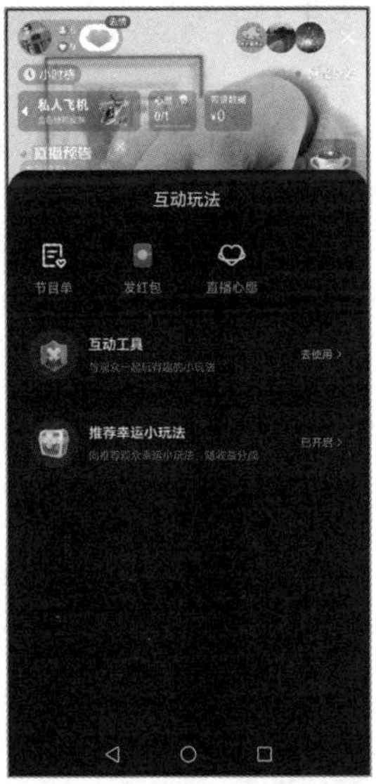


图 6-86 点击“发红包”按钮

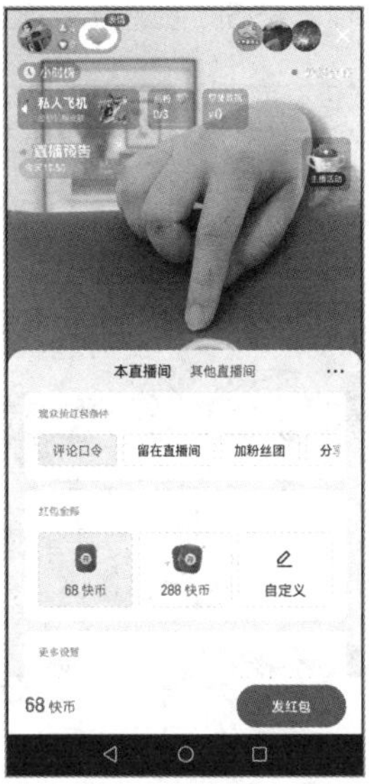


图 6-87 设置“发红包”玩法

**步骤 04** 此时直播间显示红包图标，用户点击此图标即可参与抢红包，如图 6-88 所示。

**步骤 05** 红包倒计时结束后，会显示中奖信息，如图 6-89 所示。

**步骤 06** 在“发红包”设置界面中点击右上方的“更多”按钮 ···，在弹出的界面中选择“发放记录”选项，可以查看红包发放记录，如图 6-90 所示。

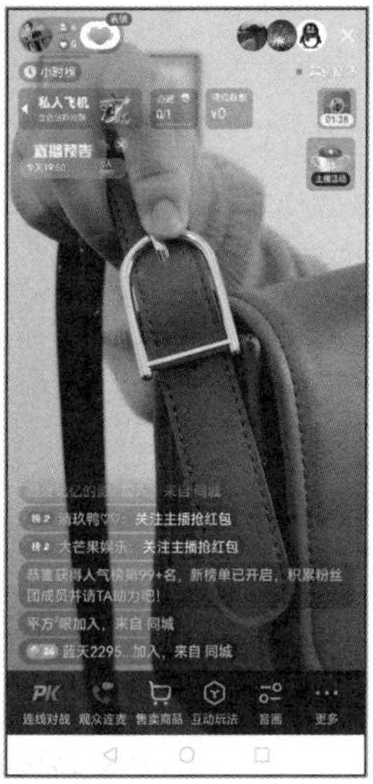


图 6-88 点击“红包”图标

图 6-89 显示中奖信息

图 6-90 选择“发放记录”选项

**步骤 07** 在直播间界面下方点击“观众连麦”按钮，弹出“观众连麦”界面，点击观众右侧的“邀请”按钮，即可发出连麦邀请，如图 6-91 所示。

**步骤 08** 等待观众接受连麦邀请后，即可与该观众在直播间进行通话，直播间界面右侧显示正在连麦的观众卡片，如图 6-92 所示。

**步骤 09** 点击连麦观众，在弹出的界面中可以设置静音、下麦、查看资料、布局设置、麦位名称等选项，如图 6-93 所示。点击“下麦”按钮结束连麦。

图 6-91 点击“邀请”按钮

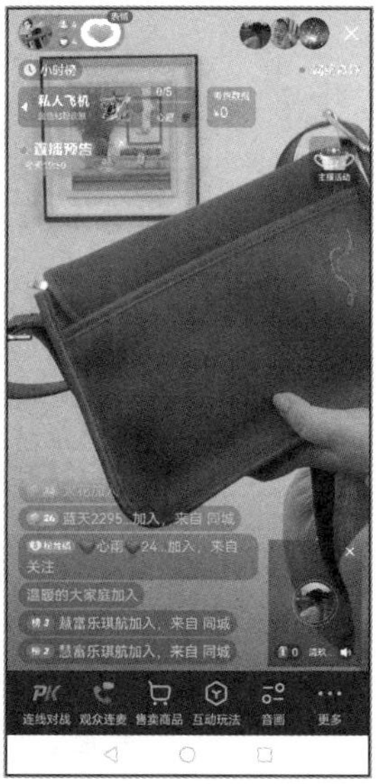

图 6-92 连麦观众

图 6-93 设置连麦选项

**步骤 10** 在直播间界面下方点击“音画”按钮，弹出“音画”界面，点击“贴纸”按钮，如图 6-94 所示。

**步骤 11** 在弹出的界面上方点击“文字贴纸”按钮，然后选择贴纸样式，如图 6-95 所示。

**步骤 12** 根据需要输入要展示在贴纸上的文字，如图 6-96 所示。

图 6-94 点击“贴纸”按钮

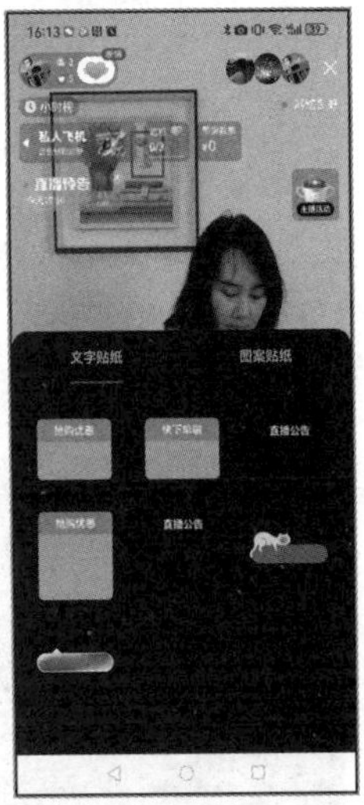


图 6-95 选择贴纸样式

图 6-96 输入贴纸文字

## 动手实践 4：敏感词设置与管理员设置

微课启学：敏感词设置与管理员设置

下面在快手直播间进行敏感词设置与管理员设置，具体操作方法如下。

**步骤 01** 在直播间界面右上方点击在线观众图标，弹出“在线观众”界面，点击观众头像，如图 6-97 所示。

**步骤 02** 弹出观众信息卡片，点击右上方的“管理”按钮，如图 6-98 所示。

**步骤 03** 在弹出的界面中选择“设为管理员”选项，即可将该观众设置为直播间管理员，如图 6-99 所示。

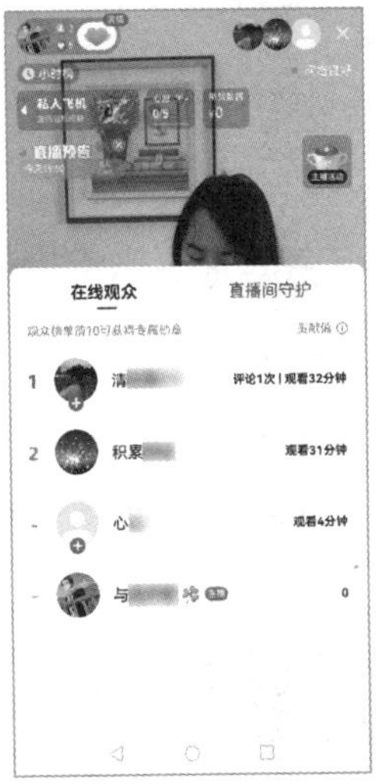


图 6-97 点击观众头像

图 6-98 点击“管理”按钮

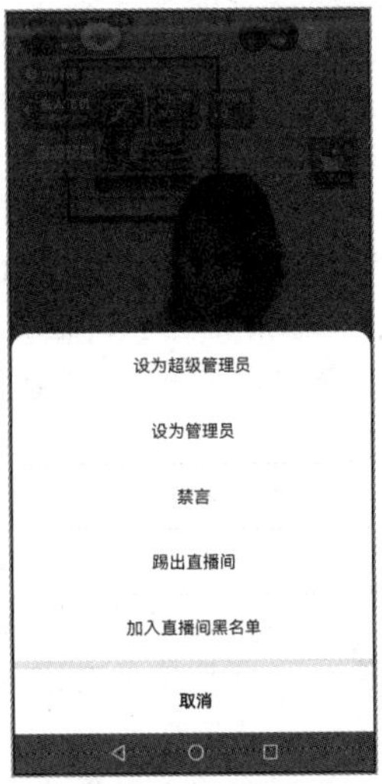


图 6-99 选择“设为管理员”选项

**步骤04** 在直播间界面下方点击“更多”按钮，在弹出的界面中点击“直播间管理”按钮，如图6-100所示。

**步骤05** 在弹出的界面中选择“敏感词设置”选项，如图6-101所示。

**步骤06** 弹出“敏感词设置”界面，输入并添加敏感词即可，如图6-102所示。

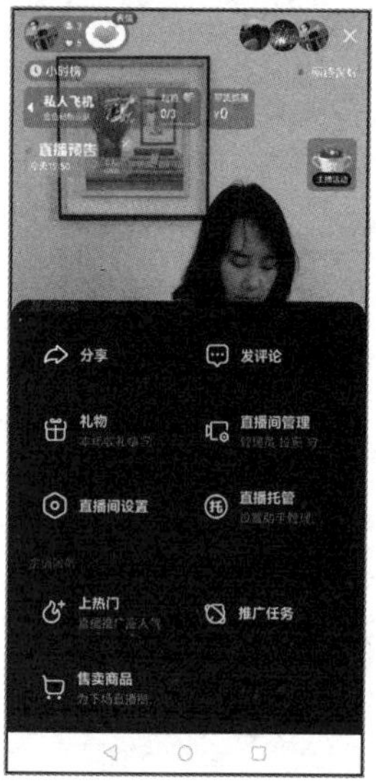


图6-100 点击“直播间管理”按钮

图6-101 选择“敏感词设置”选项

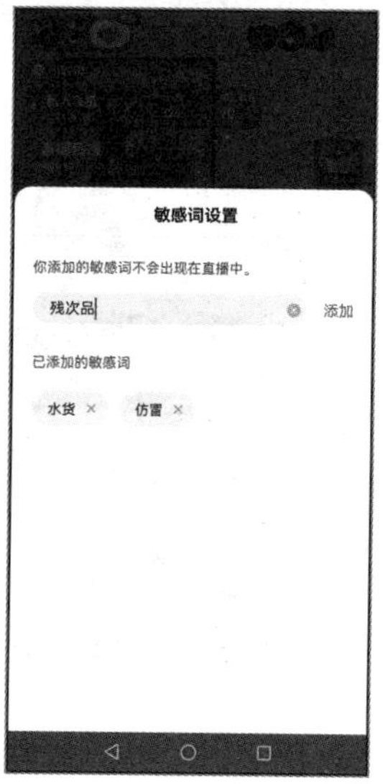


图6-102 添加敏感词

## 项目实训：在快手直播销售农产品类商品

### 1. 实训目标

掌握在快手平台直播开播及进行直播运营管理的方法。

### 2. 实训内容

每3至5人一组，以快手直播的方式销售农产品，并做好直播间运维工作，包括注册直播账号、配置直播活动人员、规划直播间商品、搭建直播间、撰写直播脚本、讲解商品、进行直播引流、处理直播中特殊情况、进行直播复盘等。

### 3. 实训步骤

（1）学习直播规则并入驻快手直播

进入快手电商官方平台，学习快手直播的相关规则，详细了解在快手平台进行直播“带货”的相关要求，避免在直播运营中违规。

了解直播规则后申请直播“带货”权限，成功入驻快手。

（2）设定主播人设并规划直播账号

小组成员商议设定主播人设，并根据主播人设设置账号信息，如账号头像、账号名称、账号简介等，填写“实训作业\项目六\主播人设定位与直播账号规划”文件。

（3）配置直播活动人员

在小组内挑选具备相应能力的人员组建一个满足农产品类商品直播“带货”基本需求的直播运营团队，并明确直播团队中各成员的职责分工，填写“实训作业\项目六\直播团队成员职责分工”文件。在直播团队中，至少应该包括主播1人、运营1人、场控

1人。

（4）规划直播商品

直播运营团队根据主播人设、账号定位、直播活动主题，结合账号目标用户画像确定直播商品组货方式并进行选品，然后根据选品进行组品和上播商品规划，确定各款商品的上播顺序、定位和定价，填写“实训作业\项目六\直播商品规划”文件。

（5）撰写直播脚本

直播运营团队成员讨论、设计整场直播活动的流程，并撰写直播活动脚本，填写“实训作业\项目六\直播活动脚本”文件。认真分析各款上播商品的特点，提炼各款商品的卖点，为各款商品撰写脚本，填写“实训作业\项目六\商品脚本”。

（6）搭建直播间场景

根据农产品类商品直播“带货”的需求，直播运营团队成员在分析自身特点的基础上，讨论并确定直播间场景的表现形式，例如，是选择室内直播还是室外直播，是选择实景直播还是绿幕直播，是选择真人出镜还是手部出镜等。

根据确定的直播间场景的形式，准备直播软硬件设备和物料，选择并规划直播场地，布置直播间背景和灯光，并填写“实训作业\项目六\直播间场景设置方案”文件。

（7）开启直播

各个岗位的人员就位，正式开启直播。主播在镜头中向用户讲解各款商品，其他成员各司其职，配合好主播的工作，灵活应对直播中遇到的各种突发情况。

为了维持直播间的人气，直播运营团队要根据自身情况选择合适的方式为直播间引流，运用快手平台直播的各种工具维护直播间氛围，并填写“实训作业\项目六\直播引流方案”文件、“实训作业\项目六\直播间气氛维护方案”文件。

（8）直播复盘

直播结束后，直播运营团队通过内部讨论和外部评价（其他小组的成员和教师对此小组的直播活动进行评价）的方式对本场直播进行复盘，总结直播数据表现和直播策略，如直播商品规划、场景布置、团队分工、道具使用是否合理，以及团队成员表现等，填写“实训作业\项目六\直播复盘”文件。

#### 4．实训总结

| | |
|---|---|
| 学生自我总结 | |
| 教师总结 | |

# PART 07

# 项目七 视频号直播运营

## 学习目标

【知识目标】

- 了解视频号平台和视频号直播电商的特点。
- 了解申请视频号直播“带货”的条件。
- 掌握打造主播人设的方法。
- 掌握视频号直播商品规划的策略。
- 掌握为视频号直播间引流和维护直播间气氛的方法。

【能力目标】

- 能够打造视频号主播人设。
- 能够根据直播活动主题进行直播商品规划。
- 能够掌握图书类商品的讲解技巧，并在直播中对商品进行全面讲解。
- 能够根据直播间的人气情况灵活运用引流工具为直播间引流。
- 能够运用视频号直播的各种互动工具维护直播间气氛。

【素养目标】

培养学习精神，提升学习能力，善于通过多种方式学习直播“带货”技巧，提高直播“带货”能力。

## 引导案例

在 2024 年夏季“6 • 18”活动期间，视频号“贵人鸟服饰旗舰店”在直播间推荐该品牌的百搭男女时尚 T 恤。在直播间销售的过程中，主播着重强调产品的实惠价格——仅需 49.9 元，并强调贵人鸟作为正规品牌，其产品质量有保障，性价比高。主播还通过镜头放大服装的面料细节，并介绍面料为长绒棉，透气性好，如图 7-1 所示。

主播强调实惠的价格机会难得，“错过要再等一年”，还让用户在评论区输入数字“1”进行互动，以了解用户的购买意愿，同时营造直播间热烈的购买氛围。

图 7-1　主播讲解 T 恤

在引流策略上，直播团队设计的直播封面图以主播为主体，其身穿得体的贵人鸟服装，让用户在进入直播间之前就已经了解到贵人鸟短袖 T 恤的大概样式和上身效果，吸引用户进入直播间。团队发布的引流短视频大部分是用模特展示 T 恤的穿着效果，配合节奏感强的背景音乐，使用户在轻松、愉快的状态下了解 T 恤的特点，并接收直播的预告信息。

**案例分析**

在直播间，热烈的购买氛围是激发用户购买欲望的关键因素，而这需要通过直播间互动来营造。在竞争激烈的环境下，除了优质的产品和实惠的价格以外，激发用户的参与感也是提升商品转化率的重要方法。

# 任务一　分析视频号平台

视频号是腾讯公司为了满足用户对短视频内容的需求而推出的一款产品，旨在为用户提供一个简单、便捷、高效的创作与分享平台。近年来，视频号不断完善自身的电商生态，在直播电商领域加速布局。

## 一、视频号平台的特点

与其他新媒体平台相比，视频号具有以下显著特点。

### 1. 依托微信生态

作为腾讯公司旗下的一款产品，视频号拥有微信庞大的用户基础和丰富的资源，用户可以通过微信观看与分享视频号中的内容，实现内容的快速传播。

背靠微信丰富而多样化的产品生态，视频号与公众号、企业微信、小程序等产品实现互通，为直播运营团队沉淀和运营私域流量提供了极大的便利性。视频号的生态优势主要体现在以下 4 个方面。

社交生态：与其他新媒体平台相比，视频号建立在微信平台强大的社交关系基础上，其用户黏性更强，转化效果更好。

支付生态：微信构建了完善的支付场景，很多用户对微信支付形成了使用习惯。依托微信成熟的支付场景，视频号在变现和直播消费场景方面具有天然的优势。

小程序生态：微信拥有大量日活跃用户在亿级以上的小程序，且很多小程序打通了线上、线下场景，实现线上和线下的有效融合，为视频号的运营提供了更多场景和可能性。

私域生态：私域流量具有更多元的灵活性，视频号与微信生态具有天然的紧密关系，造就了视频号在沉淀私域流量上具有天然的优势。

#### 2. 强大的社交属性

依托微信生态，视频号天然具备强大的社交属性。视频号能够与微信账号直接关联，用户可以直接将视频号中的内容分享到微信群、微信朋友圈，从而实现视频号内容的快速传播。

#### 3. 灵活的变现形式

视频号为创作者提供了多种变现方式，包括广告分成、付费阅读、电商合作等，让优秀的创作者可以获得相应的收益。同时，微信还推出了一系列的扶持政策，鼓励更多的创作者加入视频号的大家庭。

## 二、视频号直播电商的特点

与其他直播电商平台相比，视频号直播在流量运营上拥有明显的优势，在帮助品牌实现品效结合、提升用户价值上发挥着重要的作用。

视频号直播电商具有以下特点。

#### 1. 直播冷启动速度快

在其他直播电商平台进行直播活动，通常需要先通过创作优质的内容积累用户。而在视频号直播，直播运营团队的微信好友、微信群中的好友就是天然的流量来源，能让直播间实现快速冷启动，具体如下。

微信群导流视频号直播：将直播链接分享到微信群内，为直播信息创造更多曝光机会，帮助直播间积累开播流量。

企业微信导流视频号直播：通过企业微信发布带有直播信息的内容，吸引关注企业微信的用户进入视频号主页，完成直播预约，开播后引流至直播间。

公众号导流视频号直播：在公众号推送的新内容中添加直播信息，引导用户完成直播预约，开播后引流至直播间。

订阅号导流视频号直播：在订阅号消息顶部，正在直播的账号会显示“直播中”的提示，关注了订阅号的用户看到直播提示可能会进入直播间。

直播预约导流视频号直播：视频号的直播开播提醒非常醒目（一般来说，用户通常不会关闭微信的后台消息提醒，这也是视频号消息提醒的一个优势），同时，直播运营团队可以将直播预约的界面发送至公众号、微信群，让私域中的用户成为直播间的第一波流量。

### 2. 借助社交关系链实现裂变引流

强大的社交关系链是视频号的一大特色。例如，当用户的微信好友看过某个内容后，微信中的“看一看”“直播”“视频号”等板块会显示消息提醒（见图 7-2），向用户提示他的好友浏览过哪些信息。用户看到提醒后，如果对这些内容也感兴趣，可能就会去浏览。这样，借助熟人的社交关系链，内容可以在不同社交圈层中扩散，形成更广泛的传播。内容在朋友圈、“看一看”、微信群和微信会话等社交场景所形成的传播，构成了视频号独有的流量来源。

图 7-2　消息提醒

### 3. 私域流量价值得以释放

在其他直播电商平台上，由于平台规则的限制，直播运营团队很难在直播间向私域导流。而在视频号直播间，直播运营团队可以放置二维码，将直播间的用户引导至企业微信，实现流量从公域到私域的沉淀。一方面，直播运营团队可以通过朋友圈、群聊、私聊等方式与用户进行深度沟通，不断挖掘用户需求，丰富用户信息，更深入地了解用户特征；另一方面，直播运营团队通过对私域用户进行精细化的运营，可以将其导入视频号，为视频号直播带来更多、更精准的流量。

**课堂讨论**

分别在抖音、快手、视频号 3 个平台上观看几场直播，说一说你观看直播的体验，这 3 个平台的直播功能有什么区别。

## 任务二　筹备视频号直播活动

视频号直播活动的筹备工作主要包括申请直播“带货”权限、打造主播人设和进行直播商品的规划。

## 一、申请视频号直播“带货”的条件

用户年满 18 周岁并完成实名认证后，可以在视频号开通直播功能。但要想实现在直播间“带货”的功能，还需要满足其他条件。

视频号“带货”账号包括商家账号、授权账号和“达人”账号 3 种类型。账号类型不同，进行直播“带货”需要满足的条件也不同，具体如表 7-1 所示。

**表 7-1　不同类型账号直播“带货”需要满足的条件**

| 直播“带货”要求 | 商家账号 | 授权账号 | “达人”账号 |
|---|---|---|---|
| 账号要求 | 已开通视频号小店功能并选择以“商家”身份使用直播“带货”功能的视频号账号 | 选择以“授权账号”身份使用直播“带货”功能，接受商家的授权邀请并同意成为其授权账号的视频号账号 | 选择以“达人”身份使用直播“带货”功能的视频号账号 |
| 直播“带货”“粉丝”数量要求 | 无“粉丝”数限制 | 无“粉丝”数限制 | 账号需超过 1000 个有效“粉丝” |
| 保证金要求 | 需缴纳小店保证金 | 需缴纳橱窗保证金 | 需缴纳橱窗保证金 |

### 1. 视频号小店保证金

视频号小店保证金是指视频号小店商家按照经营类目向腾讯公司缴纳的，用于保证其商品质量和服务质量的资金。视频号小店保证金包括类目保证金和浮动保证金，具体缴纳要求如表 7-2 所示。

**表 7-2　视频号小店保证金缴纳要求**

| 保证金名称 | 缴纳要求 |
|---|---|
| 类目保证金 | 缴纳额度由视频号小店主体资质类型和经营商品类目决定。当商家申请新的商品类目后，若应缴类目保证金金额高于当前的保证金余额，商家须补足差额后才能发布新申请类目的商品。当小店中有多个商品类目时，类目保证金不会叠加计算，以金额更高者为准缴纳 |
| 浮动保证金 | 每月根据小店上一个自然月的在线支付订单的总成交金额，依据平台规定缴纳相应的保证金，具体缴纳金额由订单总成交金额决定 |

类目保证金与浮动保证金不会叠加计算，以金额更高者为准缴纳。例如，商家已缴纳 2 000 元类目保证金，若上一个自然月销售额为 55 000 元，而根据平台规定，上一个自然月在线订单总成交金额超过 50 000 元但不超过 100 000 元的商家，需缴纳浮动保证金金额为 3 000 元。因此，商家保证金应缴金额按浮动保证金调整为 3 000 元，需补缴差额 1 000 元。

### 2. 视频号橱窗保证金

视频号橱窗保证金是指视频号橱窗商家、视频号橱窗“达人”向腾讯公司缴纳的，用于保证商品分享行为规范性，以及保证遵守平台规则和平台协议的资金。

视频号橱窗保证金包括基础保证金、浮动保证金、自定义交易组件管理保证金和视频号交易组件管理保证金，具体缴纳要求如表 7-3 所示。

**表 7-3 视频号橱窗保证金缴纳要求**

| 保证金名称 | 缴纳要求 |
|---|---|
| 基础保证金 | ① 视频号橱窗商家、视频号橱窗“达人”开通视频号橱窗功能时，均需缴纳基础保证金，缴纳标准为 100 元；<br>② 已开通视频号小店、视频号交易组件的视频号橱窗商家根据《视频号小店保证金条款》完成缴纳，无须缴纳基础保证金，超出部分可通过提现的方式取出已缴纳的基础保证金 |
| 浮动保证金 | ① 视频号橱窗商家、视频号橱窗“达人”要根据近 30 个自然日选品中心成交的在线支付订单的总成交金额，向腾讯公司缴纳相应的浮动保证金；<br>② 已开通视频号小店、视频号交易组件的视频号橱窗商家在视频号小店、视频号交易组件内成交的金额仅根据《视频号小店保证金条款》计算浮动保证金 |
| 自定义交易组件管理保证金 | 已开通自定义交易组件、升级版自定义交易组件的视频号橱窗商家在设置视频号推广自营账号后，需缴纳自定义交易组件管理保证金，缴纳标准为 30000 元 |
| 视频号交易组件管理保证金 | 已开通视频号交易组件的视频号橱窗商家根据《视频号小店保证金条款》缴纳保证金 |

基础保证金、浮动保证金、自定义交易组件管理保证金不会叠加计算，以金额更高者为准缴纳。

例如，视频号橱窗商家/视频号橱窗“达人”已缴纳 100 元基础保证金，若上一个自然月总成交金额为 55000 元且未添加自有视频号小店商品且未开通自定义交易组件、升级版自定义交易组件时，根据平台规定，近 30 个自然日总成交金额超过 50000 元但不超过 100000 元的商家，保证金应缴金额按浮动保证金应调整为 3000 元，那么，该商家/“达人”需补缴差额 2900 元。

知识拓展

视频号“带货”账号类型及其特点如表 7-4 所示。

**表 7-4 视频号“带货”账号类型及其特点**

| 账号特点 | | 商家账号 | 授权账号 | “达人”账号 |
|---|---|---|---|---|
| 账号身份 | | 商家 | 商家授权号 | “达人” |
| 适用场景 | | 主要销售小店店铺内自营的商品 | 适用于商家用多个账号“带货”的场景，如矩阵号 | 主要为其他商家“带货” |
| 使用规则 | 是否可以开小店 | 可以 | 不可以 | 可以 |
| | 是否可以开官方旗舰店、旗舰店、卖场型旗舰店、专营店、专卖店店铺 | 可以 | 不可以 | 不可以 |
| | 是否可以销售第三方商品 | ① 主要销售小店店铺内自营的商品；<br>② 可带 5 件第三方商品 | 仅可添加对应商家橱窗内的商品 | ① 不限制第三方商品数量；<br>② 也支持开通小店，销售小店店铺自营商品 |

续表

| 账号特点 | | 商家账号 | 授权账号 | “达人”账号 |
| --- | --- | --- | --- | --- |
| 使用规则 | 店铺营销功能 | 可使用会员/优惠券/闪购等营销功能 | 可使用会员/优惠券/闪购等营销功能 | 不可使用会员/优惠券/闪购/预售/分享员等营销功能 |
| | 优选联盟能力 | 有 | 有 | 无 |
| | 显示企业微信、企业微信客服能力 | 有 | 有 | 若开小店，则有 |
| | 可开放授权号的数量 | 不同类目、不同店铺类型所支持的授权号数量不同 | \ | \ |
| | “带货粉丝”要求 | ① 橱窗“带货”：无“粉丝”数限制；<br>② 短视频“带货”：需超过 1000 个有效“粉丝”；<br>③ 直播“带货”：无“粉丝”数限制 | ① 橱窗“带货”：无“粉丝”数限制；<br>② 短视频“带货”：需超过 1000 个有效“粉丝”；<br>③ 直播“带货”：无“粉丝”数限制 | ① 橱窗“带货”：无“粉丝”数限制；<br>② 短视频“带货”：需超过 1000 个有效“粉丝”；<br>③ 直播“带货”：需超过 1000 个有效“粉丝” |
| | 视频号昵称和头像要求 | ① 如店铺类型为官方旗舰店、旗舰店、卖场型旗舰店、专营店、专卖店：要求视频号昵称和头像必须与绑定的店铺名称和头像保持一致；<br>② 如店铺类型为企业店和个体工商户：不要求和绑定的店铺名称和头像保持一致 | 视频号昵称为“店铺名+自定义”或“品牌名+自定义”，总长度不能超过 30 个字符 | \ |
| | 保证金 | 需缴纳店铺保证金 | 需缴纳橱窗保证金 | 需缴纳橱窗保证金 |

## 动手实践：开通视频号直播“带货”功能

微课启学：开通视频号直播“带货”功能

开通视频号直播“带货”功能的具体操作方法如下。

**步骤 01** 打开微信 App，在界面下方点击“发现”按钮，进入“发现”界面，选择“视频号”选项，如图 7-3 所示。

**步骤 02** 进入视频号“推荐”界面，点击右上方的“账号”图标，如图 7-4 所示。

**步骤 03** 进入视频号管理界面，选择“创作者中心”选项，如图 7-5 所示。

**步骤 04** 进入“创作者中心”界面，点击“带货中心”按钮，如图 7-6 所示。

**步骤 05** 在弹出的界面中选择“带货”身份，然后根据系统引导进行相关资质认证，如图 7-7 所示。

**步骤 06** 资质认证完毕后，在“带货中心”界面点击上方的“保证金”按钮，进入“橱窗保证金”界面，充值缴纳 100 元橱窗保证金，即可开通视频号直播“带货”功能，如图 7-8 所示。

图 7-3　选择“视频号”选项

图 7-4　点击“账号”图标

图 7-5　选择“创作者中心”选项

图 7-6　点击“带货中心”按钮

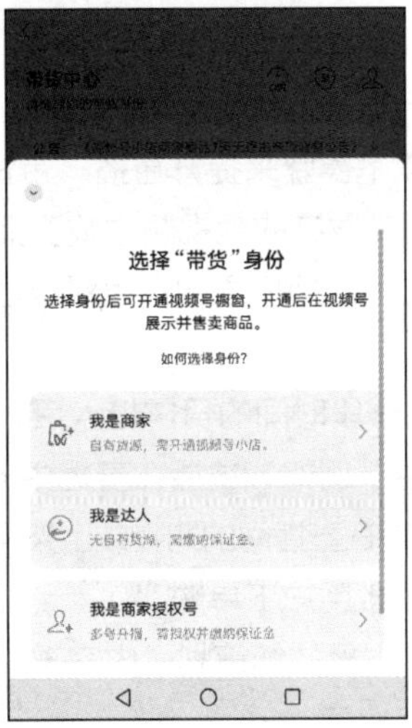


图 7-7　选择“带货”身份

图 7-8　缴纳保证金

## 二、主播人设的打造

主播打造鲜明的人设有利于用户对主播形成全面、立体的认知，加深主播与用户之间的关系，增强用户对主播的信任度。

### 1. 明确并强化人设定位

主播打造人设前需要先认识自己，基于自己、朋友对自己的认识或评价，结合目标受众群体的需求，提炼一些具有代表性、差异化的标签，形成个人人设的明确定位。

主播有了明确的人设定位后，就可以通过多种渠道不断地向用户强调自己的人设。主播可以在视频号账号头像、名称和简介等位置添加能够体现自己人设定位的标签、关键词，持续通过图文、短视频、公众号文章、直播等形式向用户分享与自己人设定位相符的内容，为用户持续创造价值。在短视频与直播中，主播也可以设计能够体现自己人设定位的妆容、穿着、声音、语言、动作等，不断强化用户对自己的印象。

### 2. 加深个人人设与“带货”的关联度

直播“带货”是一种讲究销售技巧的活动，主播在“带货”之前要在自己的人设标签中增加与“带货”相关的元素，向用户展示自己在某类商品的销售上具有一定的能力，体现自己在“带货”领域的专业性，这样有利于提升直播“带货”的效果。

主播在个人人设中添加“带货”的元素，主要是为了让用户形成这个主播“也会带货”的认知。主播要想加深个人人设与“带货”之间的关联度，需要培养并不断提升自己在某个品类或多个品类的专业度，对商品有比较专业的认知，这样才能更好地为用户讲解商品，让用户更信任自己推荐的商品。例如，分享服装穿搭方法的主播，可以学习以下行业或商品知识：

服装行业的各种品牌及其定位；

服装行业各种品牌旗下的产品品类及其定位；

各个品牌旗下不同产品品类的设计亮点及价位；

用户对各种服装品牌的认知；

用户在购买服装类商品时重点关注什么等。

主播在日常发布短视频、进行直播活动时也可以在个人人设中添加并不断强化“带货”元素。具体来说，主播可以按照以下步骤来提升直播“带货”能力。

第一步，日常植入。主播在日常发布的短视频中或直播过程中植入商品信息，在向用户分享有价值的内容的同时潜移默化地向用户展示主播对这些商品的熟悉程度，具备一定的销售商品的能力。

第二步，尝试“带货”。经过一段时间的日常植入后，主播可以尝试在内容式直播中直接上架商品，并引导用户下单购买。例如，主播在直播中向用户分享收纳各类衣物的方法，在介绍收纳方法的过程中，主播可以在直播间的购物袋上架相关商品（如收纳盒、收纳袋等），并向用户介绍这些商品的特点，刺激用户下单购买。

第三步，提升“带货”能力。主播持续策划“内容＋带货”式直播，不断积累直播“带货”经验，提高直播“带货”的专业度。

第四步，策划专场直播“带货”活动。主播积累了一定的直播“带货”经验之后，可以按照直播“带货”的流程策划并进行专场直播“带货”活动，逐渐成为专业的“带货”主播。

第五步，复盘优化。主播在直播“带货”活动结束后要对整个活动过程进行复盘，从中总结经验教训，优化直播“带货”策略，逐步提升直播“带货”效果。

## 三、直播商品规划

在直播“带货”中，做好直播商品规划是一个非常重要的环节。而直播商品规划工作是一个比较复杂且专业的工作，需要主播具备一定的策略与技巧。

### 1. 直播商品规划的要点

在实施直播商品规划之前，主播需要先明确 4 个关键问题，即个人品牌、“带货”人设、用户画像和直播策划，具体如表 7-5 所示。

**表 7-5 实施直播商品规划需要明确的关键问题**

| 关键问题 | 具体说明 |
| --- | --- |
| 个人品牌 | 主播与用户之间的关系如何，主播在用户心中的形象是怎样的 |
| “带货”人设 | 主播在哪个领域或商品品类已经具备足够的专业度 |
| 用户画像 | 关注主播的用户有什么特点，如用户的年龄、性别、地域分布和购物偏好等 |
| 直播策划 | 直播活动的内容是怎样的，是“内容＋带货”式直播，还是“专场带货”式直播，还是“活动大促”式直播 |

### 2. 不同阶段的商品规划策略

在视频号平台，“达人”主播的成长一般需要经历孵化期、成长期和成熟期 3 个阶段。在不同的成长阶段，主播直播“带货”运营的重点和目标有所不同，具体如表 7-6 所示。

**表 7-6 主播不同成长阶段直播“带货”运营的重点和目标**

| 成长阶段 | 直播“带货”运营重点 | 直播“带货”运营目标 |
| --- | --- | --- |
| 孵化期 | 不断积累用户，以内容直播为主，在内容直播中尝试“带货”，为后续专场“带货”做准备 | ① 测试用户对“带货”内容的喜好，形成并增强“带货”人设；<br>② 不断测品，寻找适合自己、适合用户的商品；<br>③ 学习直播“带货”技能 |
| 成长期 | 每场直播都能产生一些销量，主播对直播“带货”逐渐熟悉，并积累了一些经验，可以开始策划一些更具专业性的直播“带货”活动 | ① 培养用户的购物心智，积累私域用户；<br>② 丰富“带货”商品的种类，提高单场直播销售额 |
| 成熟期 | 积累了一定数量的忠诚用户，直播场观和单场销售额形成稳定增加的趋势，可以考虑通过单场直播冲击更高的销售额 | 单场直播冲击更高的销售额 |

处于不同的成长阶段，主播需要采取不同的商品规划策略，如表 7-7 所示。

**表 7-7 不同成长阶段主播的商品规划策略**

| 成长阶段 | 选品策略 | 商品数量 |
| --- | --- | --- |
| 孵化期 | 选择有利于增强自己人设的商品，例如主播经常发布一些介绍穿搭技巧的短视频，可以选择服饰类商品；单场直播中带一个品类的商品即可 | 单场直播上架 5～10 款商品为宜 |
| 成长期 | 逐渐丰富“带货”商品品类，以孵化期积累的“带货”人设商品为主，适当增加与“带货”人设商品相关性较强的商品品类，例如，主播在孵化期积累的“带货”人设商品为服饰类商品，可以适当增加鞋类商品 | 单场直播上架 10～20 款商品为宜 |
| 成熟期 | 根据主播人设，结合直播内容策划直播商品，在单场直播中合理搭配主推款、引流款、福利款等各类商品 | 单场直播上架 20 款商品以上，多则 40 款商品以上 |

## 动手实践 1：从“带货中心”选品至商品橱窗

微课启学：从“带货中心”选品至商品橱窗

在“带货中心”选择商品并将商品添加到橱窗的具体操作方法如下。

**步骤 01** 在“带货中心”界面中点击“去选品”按钮，如图 7-9 所示。

**步骤 02** 进入“选品中心”界面，在上方选择选品分类，然后点击要查看的商品，如图 7-10 所示。

**步骤 03** 弹出“商品信息”界面，从中可以查看商品详情、“带货”短视频以及近 30 天推广数据，点击“加橱窗”按钮，即可将商品添加到橱窗，如图 7-11 所示。

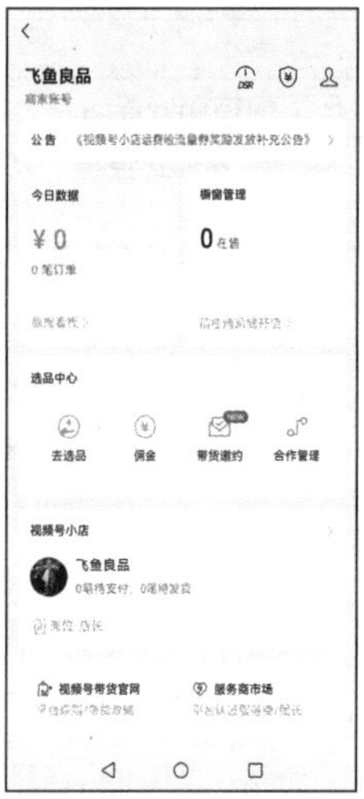


图 7-9　点击“去选品”按钮

图 7-10　点击商品

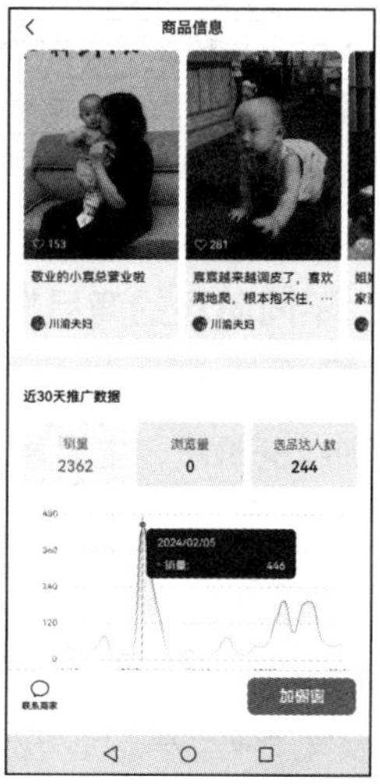


图 7-11　点击“加橱窗”按钮

**步骤 04** 在“选品中心”界面中点击“爆款商品榜”按钮，在打开的界面中查看视频号橱窗爆款商品榜单，点击商品下方的“加橱窗”按钮，将商品添加到橱窗，如图 7-12 所示。

**步骤 05** 也可在“选品中心”搜索想要“带货”的商品，然后将其添加到橱窗，如图 7-13 所示。

**步骤 06** 返回“带货中心”界面，点击“橱窗管理”按钮，如图 7-14 所示。

图 7-12　商品“加橱窗”

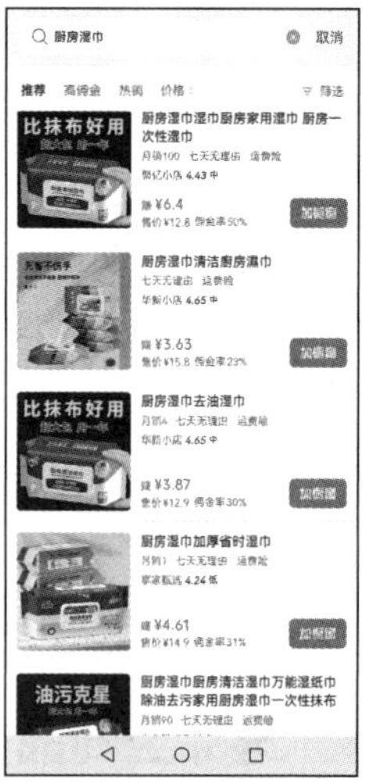


图 7-13　搜索商品

图 7-14　点击“橱窗管理”按钮

**步骤 07** 进入“橱窗管理”界面，可以看到添加到橱窗中的商品，点击“管理”按钮☰，如图 7-15 所示。

**步骤 08** 选择要管理的商品，在界面下方可以对其进行置顶、显示、隐藏、移除等操作，如图 7-16 所示。在此点击“置顶”按钮，然后点击“完成”按钮。

**步骤 09** 点击“橱窗管理”界面右上方的“更多”按钮•••，选择“查看橱窗”选项，在弹出的界面中查看视频号橱窗效果，如图 7-17 所示。点击上方的分享按钮，可以将橱窗分享给他人，他人可以点击“+开播提醒我”按钮订阅开播提醒。

图 7-15 点击“管理”按钮

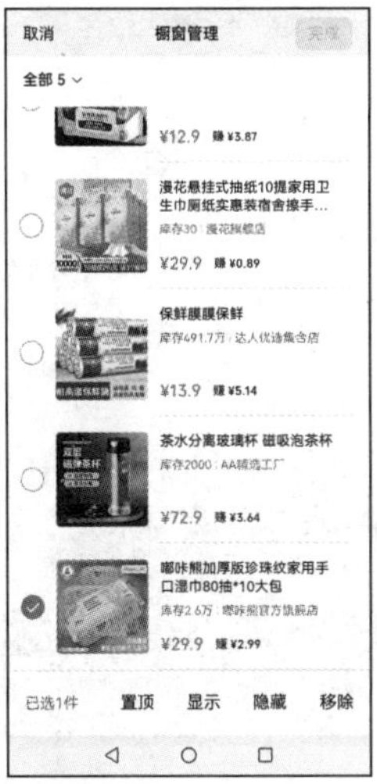


图 7-16 管理商品

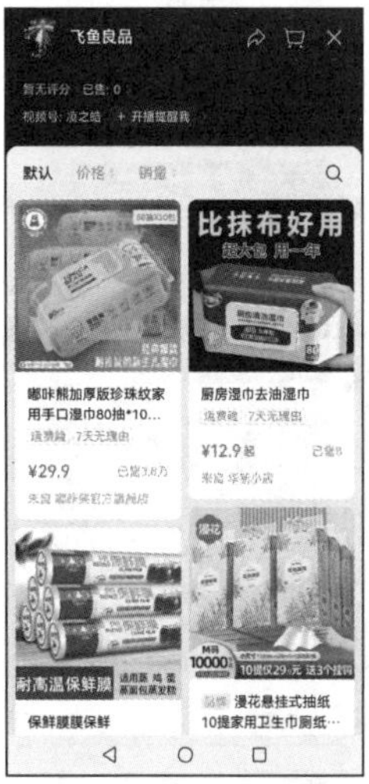


图 7-17 选择“查看橱窗”选项

## 动手实践 2：管理直播间商品

微课启学：管理直播间商品

管理视频号直播间商品的具体操作方法如下。

**步骤 01** 进入视频号直播开始界面，上传直播封面，输入直播标题，然后点击“画面”按钮，如图 7-18 所示。

**步骤 02** 在弹出的界面中点击“人物特效”按钮，如图 7-19 所示。

**步骤 03** 在弹出的界面中选择要使用的配饰特效，如图 7-20 所示。

图 7-18 点击“画面”按钮

图 7-19 点击“人物特效”按钮

图 7-20 选择配饰特效

**步骤 04** 在直播开始界面中点击“商品”按钮，在弹出的界面中选择要添加到直播间的商品，然后点击“完成”按钮，如图 7-21 所示。

**步骤 05** 点击“开始”按钮，进入视频号直播间，点击“商品”按钮，如图 7-22 所示。

**步骤 06** 弹出“商品”界面，查看添加的商品，点击“添加”按钮⊕，如图 7-23 所示。

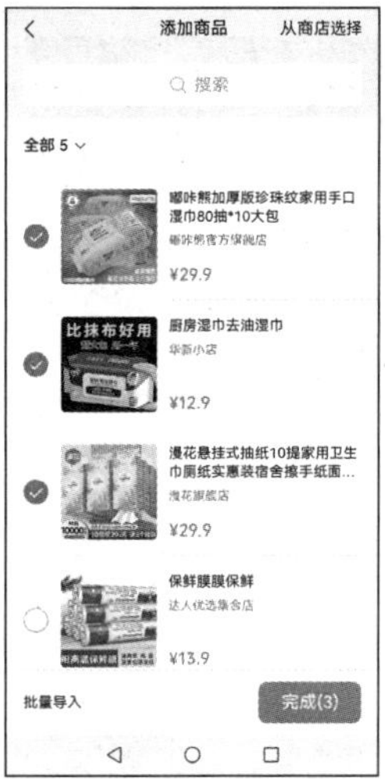


图 7-21　添加商品

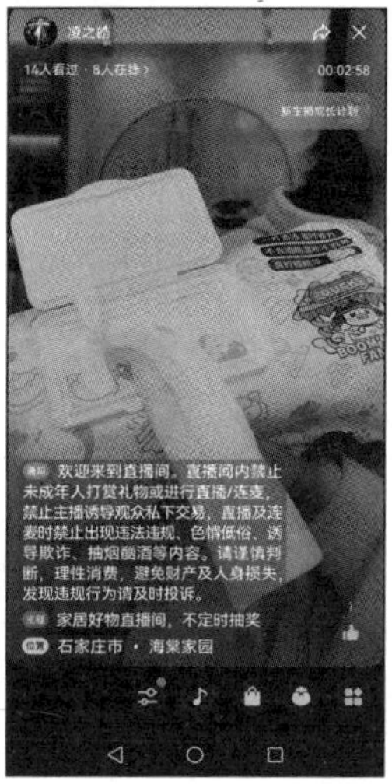


图 7-22　点击“商品”按钮

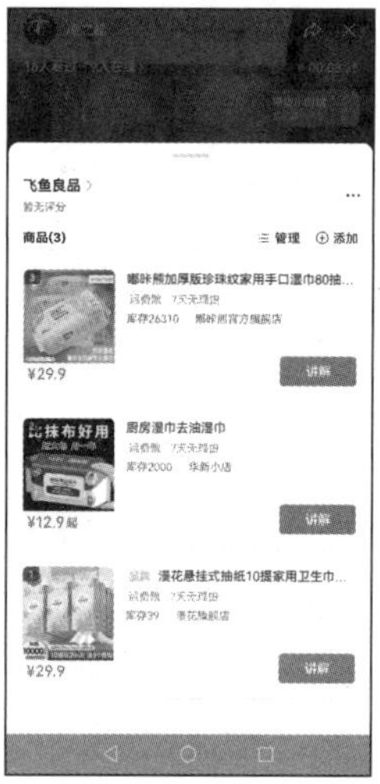


图 7-23　点击“添加”按钮

**步骤 07** 在弹出的界面中选择橱窗中的商品，点击“完成”按钮即可添加商品，如图 7-24 所示。

**步骤 08** 在直播商品界面中点击商品下方的“讲解”按钮，开始讲解商品，并自动录制讲解视频，在直播间会显示正在讲解的商品卡片，如图 7-25 所示。

**步骤 09** 商品讲解完，点击“结束讲解”按钮，如图 7-26 所示。

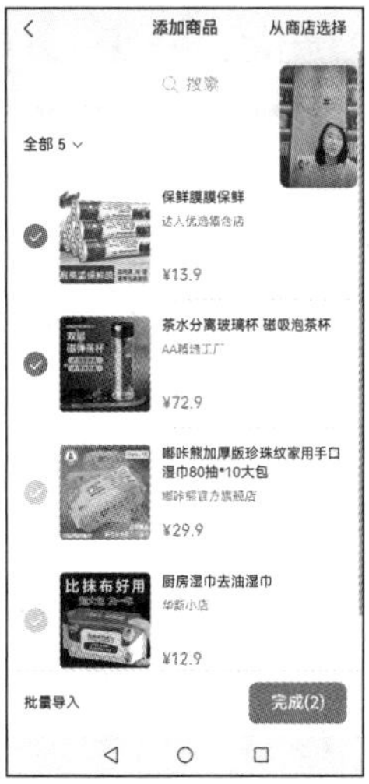


图 7-24　添加商品

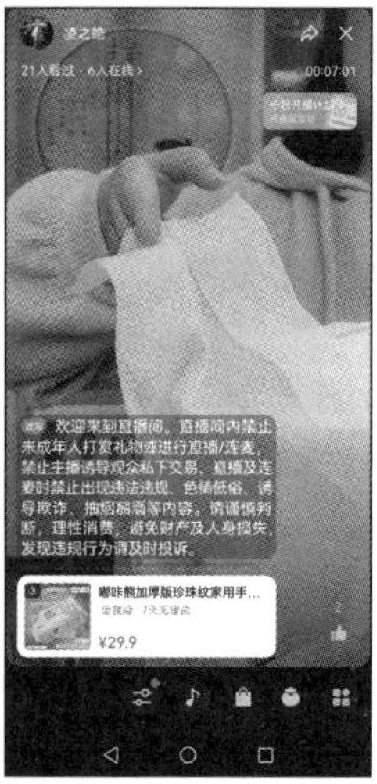


图 7-25　开始讲解商品

图 7-26　点击“结束讲解”按钮

## 任务三　执行视频号直播活动

下面以图书类商品在视频号的直播“带货”活动为例，从图书类商品讲解的技巧、视频号直播引流和维护直播间气氛 3 个方面介绍视频号直播活动的执行策略。

## 一、图书类商品讲解的技巧

图书作为一种传统媒介，既是精神产品又是物质产品，其精神产品属性集中体现在内容方面，而物质产品属性则主要反映在载体方面。因此，主播在直播间推荐图书类商品时，就需要围绕这两点来讲解，如果作者知名度高，也要重点介绍作者。表 7-8 所示为主播推荐图书时应重点介绍的内容。

**表 7-8　主播推荐图书时应重点介绍的内容**

| 重点介绍的内容 | 说明 | 商品讲解话术举例 |
| --- | --- | --- |
| 作者简介 | 作者的个人经历、性格特征、写作风格、思想观点与图书内容有着直接的联系，作者的 IP 影响力是直播间推广图书的有利因素 | 《和秋叶一起学 PPT》这本书，它的作者秋叶是国内影响力很大的 Office 办公软件专家、网络营销实战专家，相信在这本书中，大家可以跟着秋叶老师的指导学到关于 PPT 的各种技巧，成为职场“达人” |
| 图书内容 | 图书内容是作者运用逻辑思维、形象思维等方式创作出来的。无论是文学作品、学术著作，还是教材，都能够体现新思想、提出新观点或采用新方法，主播要提前分辨图书内容的类型，提炼出图书内容中的精华，并用语言传递给用户 | 你有没有被这些问题困扰过？领导说你的设计不够高端大气，熬夜加班，改了又改，还是达不到领导的标准；文档字太多，又不允许删，不知道怎么设计排版；零基础的“小白”，想学点东西太难了……一本书让你轻松成为专业的职场“达人”，学了这本书，你可以轻松应对工作汇报、竞聘述职、产品发布、销售竞标、数据展示等场景 |
| 内容载体 | 图书的整体设计，如排版、纸张、图文、配套资源、封面设计、装帧设计等能满足用户的使用需求，包括便利性需求、情感性需求和收藏性需求等 | 朋友们，这本书的封面采用了烫金工艺，正文使用了铜版纸印刷，这么一套精装图书，看起来赏心悦目，拿在手上也十分舒适，而且开本不大，放在包里可以随身携带，在等公交或闲暇时阅读，让你成为喧嚣中的一道亮丽的风景线 |

**课堂实训**

选择一本图书，提炼其卖点，并为其撰写脚本，然后采用直播的方式为同学们讲解这本图书。

## 二、视频号直播引流

如果直播间没有流量，无人观看直播，那么直播必然无法为商家带来良好的收益。因此，直播运营团队需要为直播间进行引流，让更多的用户进入直播间，从而为直播间聚集人气，扩大直播间的影响力。

### 1. 免费方式引流

直播运营团队可以采用以下免费方式为视频号直播引流。

（1）设置直播封面图

优质的直播封面图不仅是吸引用户进入直播间的关键因素之一，也是帮助直播间在直播广场获得更多曝光机会和流量的重要因素之一。

在视频号直播中，一幅优质的直播封面图应符合以下 3 项标准。

清晰度高：图片不能拉伸变形。

干净整洁：图片中不能有大面积文字，图片中的元素简单、清晰，图片不能过于花哨，不能是拼接图片。

主题鲜明：图中必须含有主题元素（如商品、模特、门店外景等），不能是无内容图、动画图、表情包图，图片中不能含有二维码、播放键。

直播运营团队在设置直播封面图时，可以选择以下几种类型的图片。

门店外景图，图片中品牌 Logo 清晰、光线明亮；商品图片，图中商品摆放整齐，构图美观，如图 7-27 所示；主播和商品同框展示的图片，如图 7-28 所示；商品模特图片，如图 7-29 所示；突出商品原产地的图片，如图 7-30 所示；突出商品使用场景的图片，如图 7-31 所示；非精修但干净整洁、主题鲜明、突出商品高品质的图片，如图 7-32 所示。

图 7-27　商品图片

图 7-28　主播和商品同框展示图片

图 7-29　商品模特图片

图 7-30　突出商品原产地的图片

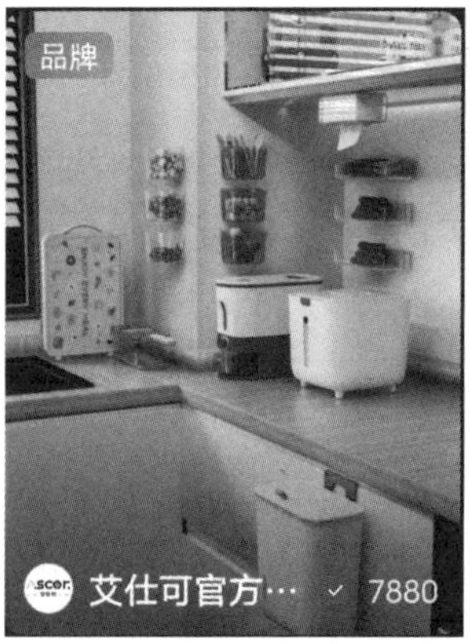

图 7-31　突出商品使用场景的图片

图 7-32　突出商品高品质的图片

（2）设置直播标题

直播标题的字数不宜太多，最好不超过 15 个字，标题要简洁明了，突出该场直播的亮点。直播运营团队在设计直播标题时可以采用以下 4 种方法。

构建商品使用场景，或者戳中目标用户痛点，激发用户共鸣，如“收纳‘达人’都在用的收纳箱”“手把手教你打造冬日元气妆发”“零基础也能学会的化妆技巧”等。

突出直播间的福利，如“年货节直播间全场 7 折”“全场批发价”等。

突出本场直播中商品的特色，如“新品上市，欢迎选购”“直播专享新款商品”等。

突出商品的产地，如“云南普洱，直播专享”“赣南脐橙，线上选购”等。

（3）设置直播预告

为直播设置直播预告是提升直播间人气的有力方式之一，有效的直播预告能够帮助直播间提前锁定用户，精准触达目标用户群体，为直播蓄势，帮助直播间快速积累人气。

要想让直播预告的效果最大化，直播运营团队可以采用以下技巧。

① 设置吸睛的文案

直播预告的文案由直播运营团队自定义配置，可以展示在短视频、公众号推文、视频号账号主页等多个位置。为了提升用户预约直播的欲望，除了要在直播预告文案中写明开播时间外，还可以在文案中突出以下 3 个关键点。

突出福利或亮点。在直播预告文案中突出商品卖点、价格优惠、赠品礼包等福利或亮点，例如，“明晚 8 点，直播间全场商品 6 折销售！”

设置悬念。在预告文案中只展现直播中的部分福利或亮点，借助悬念勾起用户对直播的好奇心，例如，“倒计时 1 天，如果不是×××，怎么会让平时不化妆的人也舍不得离开？”

突出直播价值。在预告文案中瞄准用户的痛点，为用户提供解决方案，突出直播的价值，例如，“明晚 7 点，彩妆微课堂，送给零基础化妆者的福利！”

当然，如果短视频的内容或公众号推文的内容与直播的内容相关，效果更佳。例如，在短视频中展示直播即将上架的商品的卖点、预告直播的折扣力度等。

② 私域扩散直播预告

创建直播预告后，直播运营团队可以通过朋友圈、微信好友、微信公众号、微信群、企业微信等渠道邀请私域用户预约直播，实现裂变引流，提升直播预约人数。

在私域扩散直播预告时，直播运营团队可以根据直播活动设置预约推广奖品，借助利益点激励用户分享与转发。例如，在微信群、朋友圈中推送直播预告时可以加上下面一段话：“明晚 7 点开播，要和大家分享 5 种新口味的零食，大家快邀请小伙伴一起围观直播间！我们将为邀请人数前 5 名的用户送上零食大礼包，包邮到家哦！”又如，在微信群中发放红包时，可以在红包封面上添加直播时间，鼓励用户分享直播间，借助红包带动直播预约人数。

**知识拓展**

直播预告的展示位包括但不限于账号主页、直播结束页、账号视频详情页（仅展示最近一场直播的预告）、直播间链接（需要主播推送直播预告）、关联的公众号主页（需要设置公众号身份展示）等。

主播在预告时间前后 1 小时范围内发起直播，已预约用户均会收到开播提醒。例如，预告开播时间为 19:00，那么主播要在 18:00～20:00 时间段内开播。主播延迟开播超过 1 小时，开播提醒不会下发，预约直播失效。如果主播提前开播超过 1 小时，开播提醒会在预约时间下发，如预告开播时间为 19:00，主播在 17:00 提前开播，系统会在 19:00 下发开播提醒。

## 动手实践 1：创建直播预告

微课启学：创建直播预告

创建视频号直播预告的具体操作方法如下。

**步骤01** 进入视频号管理界面，点击“发起直播”按钮◉，如图 7-33 所示。

**步骤02** 在弹出的界面中选择“创建预告”选项，如图 7-34 所示。

**步骤03** 在弹出的界面中设置开播时间，输入开播主题，然后点击“创建预告”按钮，如图 7-35 所示。

图 7-33 点击“发起直播”按钮

图 7-34 选择“创建预告”选项

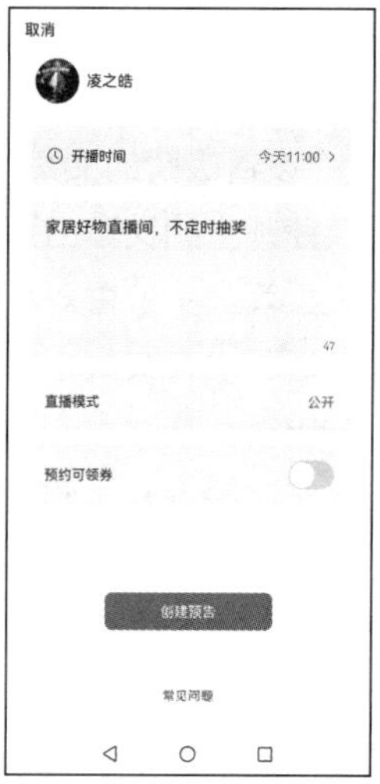


图 7-35 设置直播预告

**步骤04** 此时，即可创建直播预告。点击“转发给朋友”按钮（见图7-36），即可将直播预告分享给微信好友或分享至朋友圈，好友扫码即可预约直播或进入直播间。

**步骤05** 点击界面右上方的“更多”按钮⋯，在弹出的界面中可以设置“置顶预告”或“撤销预告”，如图 7-37 所示。

**步骤06** 在微信个人主页中点击“视频号”选项，进入视频号主页界面，可以查看创建的直播预告，其他人也可以通过此界面预约直播，如图 7-38 所示。

图 7-36 转发给朋友

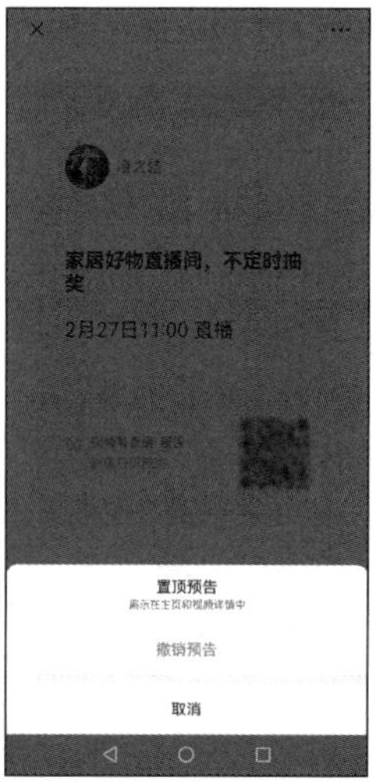


图 7-37 置顶或撤销预告

图 7-38 查看直播预告

## 动手实践 2：分享直播预告

创建直播预告后，除了可以将预告转发给朋友外，还可以使用个人专栏创建直播预约分享卡片，或者在直播间推送直播预告，具体操作方法如下。

微课启学：分享直播预告

**步骤 01** 在 PC 端登录视频号助手页面，在左侧选择“直播管理”选项，在右侧单击“个人专栏”按钮，如图 7-39 所示。

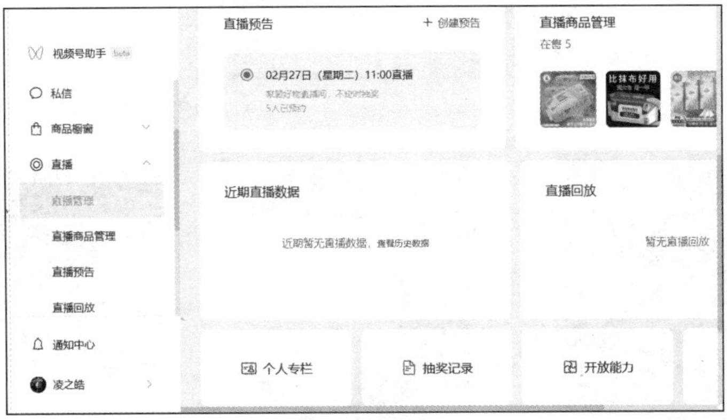


图 7-39 单击“个人专栏”按钮

**步骤 02** 进入个人专栏配置页，选择专栏分类，上传图片，编辑主题和简介，如图 7-40 所示。

**步骤 03** 选择背景颜色，然后单击“添加预约卡片”按钮添加预约卡片，如图 7-41 所示。

图 7-40 配置个人专栏

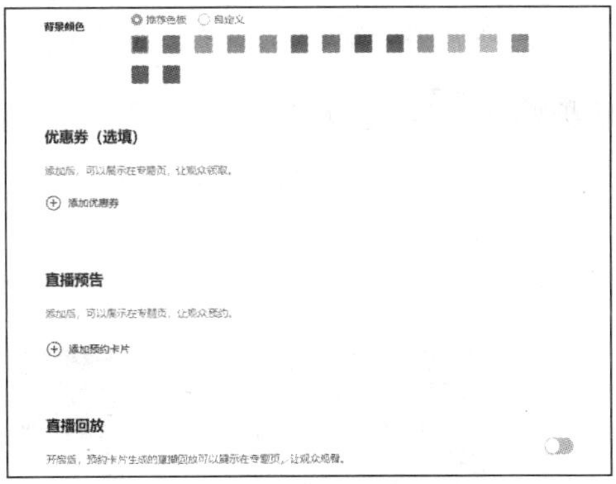


图 7-41 单击“添加预约卡片”按钮

**步骤 04** 在弹出的界面中选择直播预告，单击“添加”按钮，如图 7-42 所示。单击“下一步”按钮进行提交，等待系统审核通过。

**步骤 05** 审核通过后预览个人专栏效果，单击“分享”按钮，如图 7-43 所示。

**步骤 06** 此时会弹出一个二维码，使用微信扫描该二维码即可查看个人专栏，如图 7-44 所示，在个人专栏中可以预约视频号直播。点击界面右上方的“更多”按钮，可将个人专栏分享给朋友。

**步骤 07** 在视频号直播间界面下方点击“更多”按钮，如图 7-45 所示。

**步骤 08** 在弹出的界面中点击“链接”按钮，如图 7-46 所示。

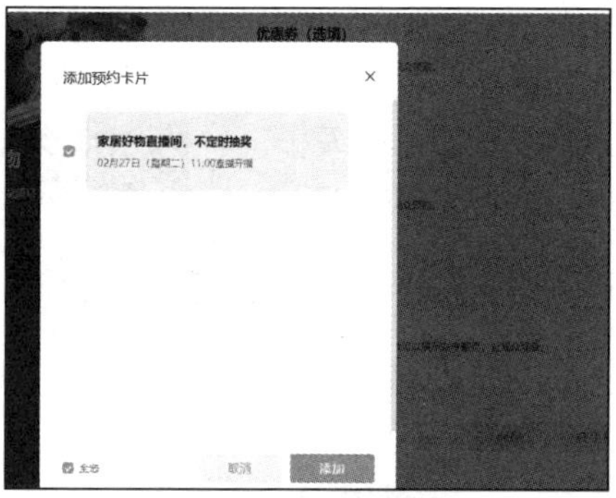


图 7-42　选择直播预告

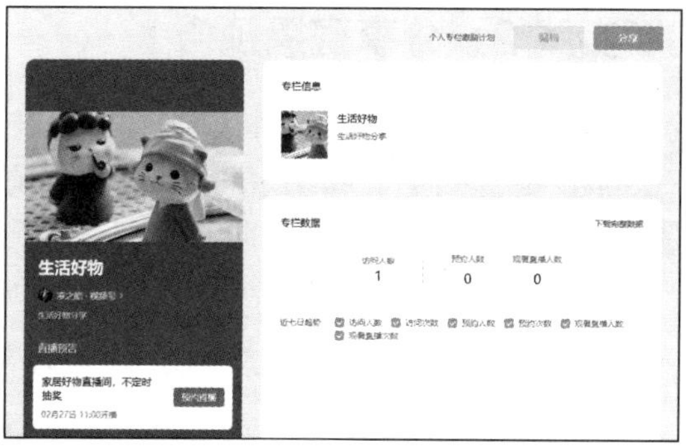


图 7-43　单击“分享”按钮

图 7-44　查看个人专栏

图 7-45　点击“更多”按钮

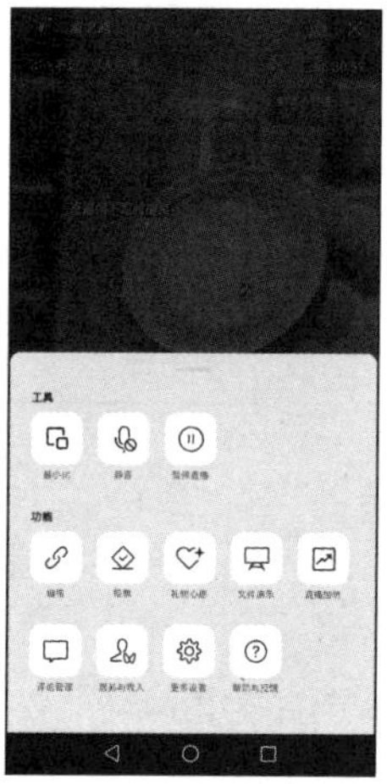

图 7-46　点击“链接”按钮

**步骤 09** 在弹出的界面中点击“添加”按钮，如图 7-47 所示。

**步骤 10** 在弹出的界面中选择要添加的内容，在“个人专栏”选项中点击“添加”按钮，如图 7-48 所示。

**步骤 11** 在弹出的界面中点击个人专栏右侧的“推送”按钮，如图 7-49 所示。

图 7-47　点击“添加”按钮

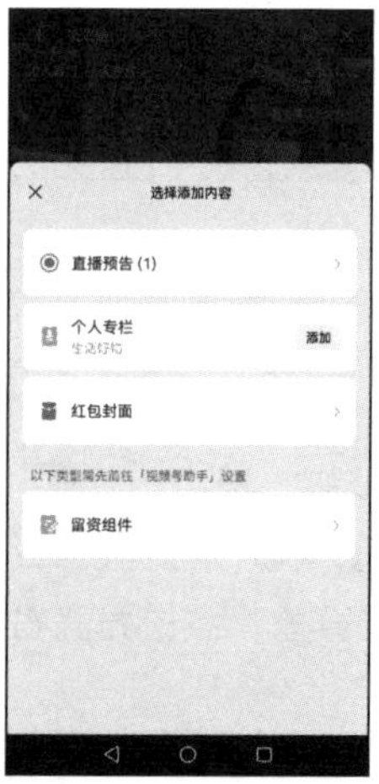


图 7-48　点击“添加”按钮

图 7-49　点击“推送”按钮

**步骤 12** 此时即可在直播间推送个人专栏，点击“生活好物”个人专栏，如图 7-50 所示。

**步骤 13** 显示完整的个人专栏，用户可以在此预约直播，如图 7-51 所示。

**步骤 14** 在“选择要添加内容”界面中选择“直播预告”选项，在弹出的界面中点击直播预告右侧的“推送”按钮，即可在直播间推送直播预告，如图 7-52 所示。

图 7-50　点击个人专栏

图 7-51　显示个人专栏

图 7-52　推送直播预告

（4）参加平台活动

视频号直播官方会不定期举办一些活动，平台方会给予参与活动的主播一定的流量支持，为主播提供更多的曝光机会。图 7-53 所示为视频号直播官方举办的“八点一刻”活动页面。

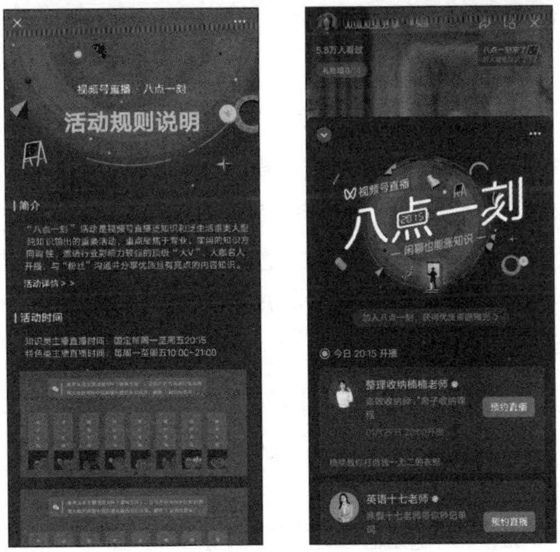


图 7-53　“八点一刻”活动页面

直播运营团队要想通过参加平台活动获得更多的曝光机会，需要注意以下两点。

一是参加适合自己的活动。直播运营团队要分析自己的兴趣和能力，选择适合自己的活动来参与。只有符合创作者自己兴趣和能力的活动，才能充分激发其创作热情，将直播内容做好，才能更好地借助活动为自己吸引流量。

二是按照活动规则进行创作。视频号直播官方会为各项活动设置相应的规则，在参加活动之前，直播运营团队应详细了解活动的各项规则，然后按照活动规则进行内容创作。

## 2. 付费方式引流

平台内付费方式引流包括投放直播“加热”和投放付费广告。

（1）投放直播“加热”

直播“加热”方式分为直接“加热”直播间和视频“加热”直播间。直播运营团队可以单独选择直接“加热”直播间或视频“加热”直播间，也可以同时选择直接“加热”直播间和视频“加热”直播间。在直播间“更多”界面中点击“直播加热”按钮（见图 7-54），在弹出的界面中设置需要的“加热方式”和“加热套餐”，并进行订单支付即可，如图 7-55 所示。

图 7-54　点击“直播加热”按钮

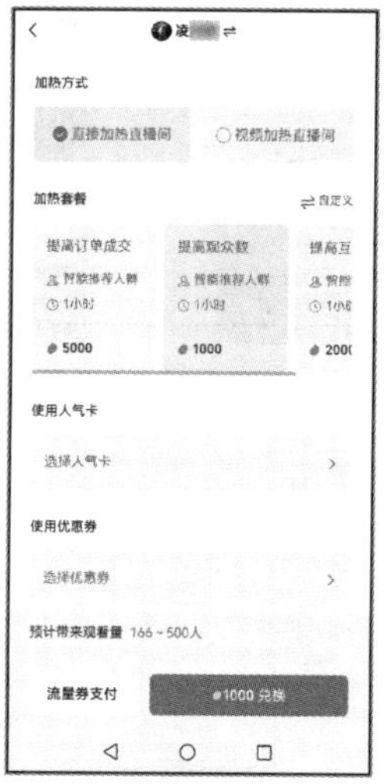


图 7-55　直播“加热”设置

在投放直播“加热”时，直播运营团队可以参考抖音直播投放“DOU+”的技巧，或者是快手直播投放快手“粉条”的技巧来进行操作。

（2）投放付费广告

直播运营团队也可以通过投放微信广告来为直播间引流。微信广告生态中常见的为直播间引流的广告有视频号直播广告、朋友圈广告和小程序激励广告。

① 视频号直播广告

视频号广告是基于微信生态体系，在微信视频号场景内进行展示的内容广告。视频号广告包括视频号原生广告、视频号小任务广告和视频号互选广告 3 个系列，其中，视频号原生广告中的直播广告支持推广直播间。

视频号直播广告支持直播运营团队通过短视频或实时直播内容的方式为直播间引流，观看直播的用户可以通过直播广告直达直播间，该广告有以下 4 种展现形式。

显示实时直播画面，用户点击“轻触进入直播间”即可进入直播间，如图 7-56 所示。

投放直播广告的短视频下方显示广告组件“观看直播”，用户点击即可进入直播间，如图 7-57 所示。

图 7-56 实时直播画面

图 7-57 “观看直播”广告组件

投放直播广告的短视频下方显示“直播中，进入观看”直播入口（直播组件样式），用户点击即可进入直播间，如图 7-58 所示。

投放直播广告的短视频下方显示“预约直播”广告组件，用户点击可以预约直播，如图 7-59 所示。

图 7-58 “直播中，进入观看”直播入口

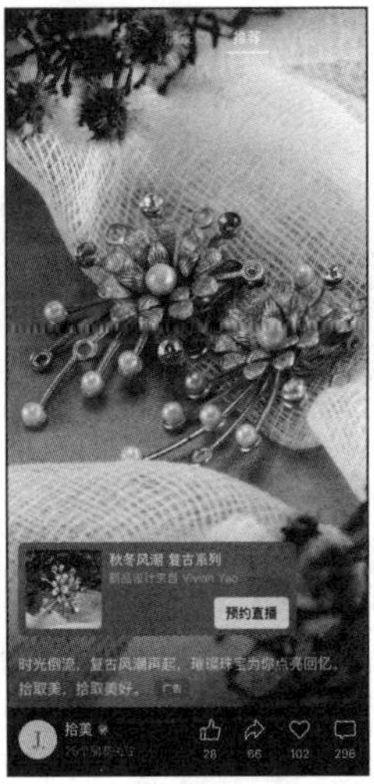


图 7-59 “预约直播”广告组件

② 朋友圈广告

朋友圈广告是基于微信生态体系，以类似微信内朋友原创内容的形式在用户朋友圈进行展示的原生广告。朋友圈广告包含丰富、多元的广告形态，包括常规系列、卡片系列、全幅系列等。其中，常规系列的常规广告形态和橱窗广告形态支持推广直播间。

常规广告采用与用户朋友圈信息流完全一致的经典样式，如图 7-60 所示，采用单图、多图或视频的形式展示广告。这种广告能够无缝融入用户朋友圈，符合用户的浏览习惯，有利于提高用户在浏览朋友圈时无意中点击广告的可能性。

橱窗广告以一个主素材搭配三个副素材组合的形式展现，主素材可以展示视频、图片或直播间封面，副素材可以展示不同款式的商品或商品的使用场景图片，如图 7-61 所示。在橱窗广告中，用户点击广告可以直接进入直播间，点击副素材区的商品图能够直接看到直播间购物车的商品列表（如果直播间没有购物车，则直接进入直播间），有效缩短用户转化路径。

图 7-60　朋友圈常规广告

图 7-61　朋友圈橱窗广告

③ 小程序激励广告

小程序激励广告是投放在小程序页面内的，用户查看后可以获得相应奖励的广告。用户在使用小程序的过程中，按照广告的浏览要求浏览广告且主动关闭广告后，即可获取小程序提供的对应激励，如加分、道具体验、解锁新功能等。小程序激励广告有横屏视频、竖屏视频和激励浏览 3 种展现样式，如图 7-62 所示。

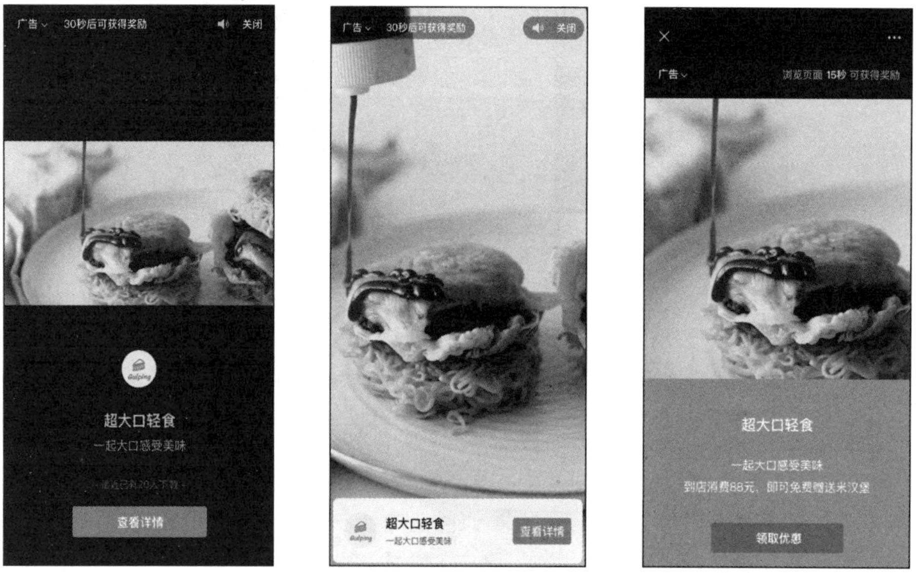


横屏视频　　竖屏视频　　激励浏览

图 7-62　小程序激励广告

不同的广告类型有不同的优势，适用于不同的场景，如表7-9所示。直播运营团队可以根据广告的优势和适用场景，选择单独投放或组合投放多种广告，以扩大广告的覆盖范围，获得更多的流量。

表 7-9 不同广告类型的优势及其适用场景

| 广告类型 | 主要优势 | 适用场景 |
|---|---|---|
| 视频号直播广告（短视频推广直播间形式） | 广告场景具有沉浸感，通过短视频“种草”，将对“种草”商品感兴趣的用户吸引至直播间 | 适用于商品相对集中或需要先“种草”再进行转化的直播间 |
| 视频号直播广告（实时直播画面形式） | 广告场景具有沉浸感，能够实时为直播间引流，用户通过广告能直接进入直播间 | 适用于内容质量较高、直播画面吸引力较高的直播间，或者是商品种类丰富的直播间 |
| 朋友圈广告 | 覆盖范围广，触达人群广泛，展示形式多样，可以承载较多品牌信息 | 适用于品牌营销诉求较高的直播间 |
| 小程序激励广告 | 广告展现即直播场观，用户进入直播间的操作简单，点击广告即可进入直播间 | 适用于主播控场能力较强、对直播间场观量有较高要求的直播间，或者是需要吸引大量用户进入的直播间 |

## 三、维护直播间气氛

在直播过程中，直播运营团队可以根据商品的特点和直播间的人气情况，使用红包、福袋等工具活跃直播氛围，激发用户下单购买的欲望。

### 1. 使用群红包提高直播间人气

视频号直播具有在微信群聊中发放红包的功能。直播运营团队开启此功能后，系统会将直播链接推送到选定的微信群，并在群内推送消息“××发起的直播将派发红包”。群红包只有直播运营团队选中的群聊中的用户才能领取，但直播间所有的用户都可以看到红包提示，同时，被选中的群聊还会收到红包消息提醒：“××的直播间发放了一个红包”。

直播运营团队可以在一场直播的不同阶段适时发放红包。

（1）预热阶段红包

直播刚开始时，直播间用户较少，直播运营团队可以通过发放多个小额红包进行引流。例如，可以在直播开始的前 5～10 分钟先发放 3～5 次红包，每次选择 2～3 个群聊进行发放，每个群聊发放 1 个红包，红包的金额可以设置为 1～5 元。这样直播运营团队可以利用红包吸引更多的用户进入直播间，为直播间积累基础人气。

（2）增加人气阶段红包

当直播进行了一段时间，直播间积累了一定的人气后，直播运营团队可以适量增加发放红包的数量，吸引用户持续停留在直播间。例如，可以选择 5～8 个群聊发放红包，每个群聊发放 1～2 个红包，红包的金额可以设置为 1～5 元。

（3）蓄力爆发阶段红包

当直播运营团队觉得直播间的人气已经达到预期时，可以尝试发放大额红包，并增加红包的数量，同时结合其他引流工具，以最大限度地提高直播间的曝光量，吸引新用户。例如，可以将每个红包的金额设置为 20～50 元，选择 5～8 个群聊，每个群聊发放 2～3 个红包。

**知识拓展**

直播运营团队要优先选择活跃度高、人数较多的群聊发放红包，尽可能扩大群红包的覆盖范围，激发群成员抢红包的热情。此外，最好使用拼手气红包，并为群聊中的手气最佳者单独设置一份奖励，如购物优惠券、下单享受折扣等，这样更有利于促进用户下单转化。

## 动手实践 1：发放群红包

微课启学：发放群红包

在视频号直播间发放群红包的具体操作方法如下。

**步骤 01** 在直播开始界面中点击“选红包群”按钮，如图 7-63 所示。

**步骤 02** 在弹出的界面中选择要发放红包的微信群聊，点击“完成”按钮，如图 7-64 所示。此时，微信群聊就会收到直播派发红包提醒。

**步骤 03** 进入视频号直播间，在界面下方点击“红包”按钮，如图 7-65 所示。

图 7-63　点击“选红包群”按钮

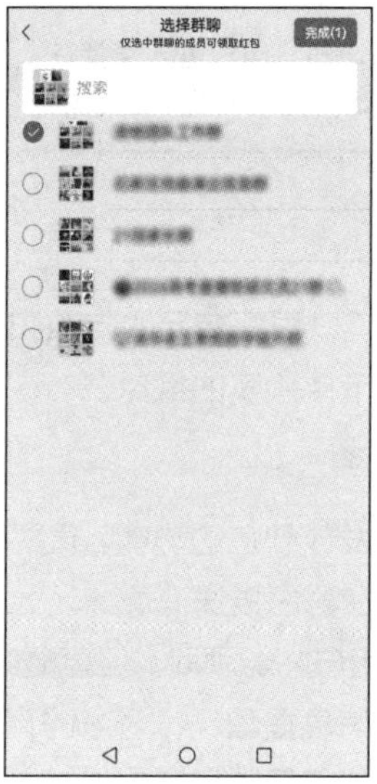

图 7-64　选择微信群聊

图 7-65　点击“红包”按钮

**步骤 04** 在弹出的界面中点击“发红包”按钮，如图 7-66 所示。

**步骤 05** 弹出“发红包”界面，设置红包个数和总金额，然后点击“塞钱进红包”按钮即可，如图 7-67 所示。

图 7-66　点击“发红包”按钮

图 7-67　设置红包个数和总金额

### 2. 设置福袋抽奖

直播运营团队可以灵活运用福袋抽奖来提升直播间用户的停留时长。视频号直播福袋抽奖的奖品包括两种：第一种是指定直播礼物，即选择直播礼物作为奖品，最多可以选择 5 种；第二种是指定商品，即选择实物抽奖商品作为奖品。在设置福袋抽奖时，直播运营团队需要注意以下事项。

标题字数不能少于 5 个字，标题内容要能让用户清晰定位商品。

商品标题描述要与商品一致，例如，如果将一款毛巾设置为奖品，在商品标题描述中要添加与此款毛巾相关的信息，可以将标题设置为“超强吸水力的毛巾免费领”。

商品标题含有非中文字符时，要添加与商品对应一致的中文翻译。

商品要配至少 3 张图片，且图片要与商品有一定的关联性，例如，添加商品为毛巾，要配带有毛巾元素的商品图片，可以是展示毛巾吸水能力的图片，也可以是展示毛巾擦头发的图片等。

商品标题与商品展示图片类目要一致。

奖品价值（含使用权）单件不得超过 5 万元；单次抽奖不得设置超过 100 件奖品。

### 动手实践 2：发放福袋抽奖

微课启学：发放福袋抽奖

在视频号直播间发放福袋抽奖的具体操作方法如下。

**步骤 01** 在直播间界面下方点击“画面”按钮，如图 7-68 所示。

**步骤 02** 在弹出的界面中点击“贴图”按钮，如图 7-69 所示。

**步骤 03** 在弹出的界面中选择“文字”选项，如图 7-70 所示。

图 7-68 点击“画面”按钮

图 7-69 点击“贴图”按钮

图 7-70 选择“文字”选项

**步骤 04** 弹出“文字模板”界面，选择所需的文字模板，点击“完成”按钮，如图 7-71 所示。

**步骤 05** 根据需要编辑文字，在此输入“直播间不定时抽奖”，如图 7-72 所示。

**步骤 06** 在直播间界面下方点击“抽奖”按钮，在弹出的界面中添加奖品，设置中奖名额、开奖时间、用户参与方式、中奖用户兑奖方式等，点击“开始抽奖”按钮，如图 7-73 所示。

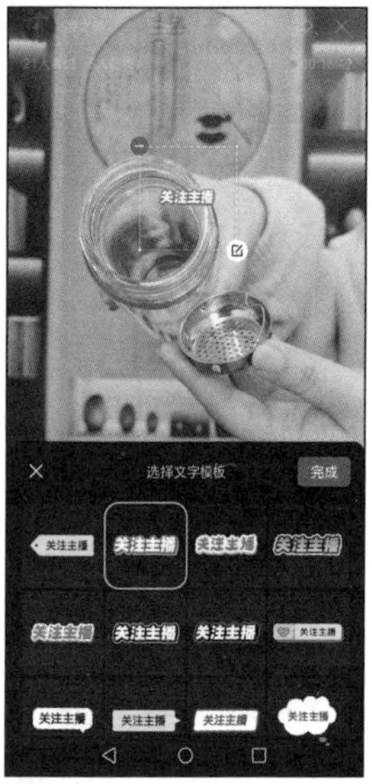


图 7-71　选择文字模板

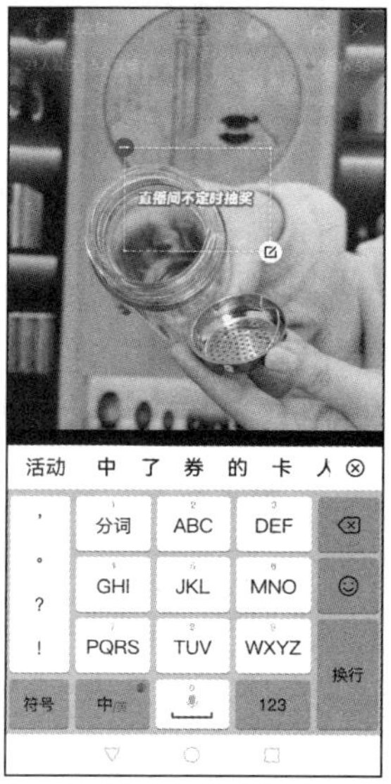


图 7-72　编辑文字

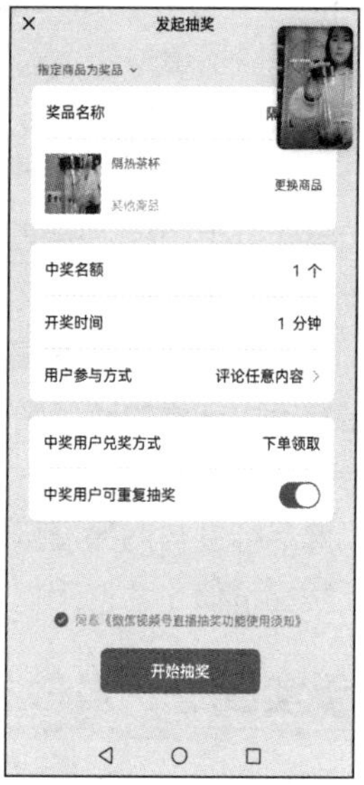


图 7-73　设置抽奖

**步骤 07** 此时，直播间用户点击界面左上方的“抽奖”图标即可参与抽奖，如图 7-74 所示。

**步骤 08** 等待开奖，时间到了就会显示中奖信息，如图 7-75 所示。

**步骤 09** 点击“抽奖”按钮，在弹出的界面中可以再次发起抽奖或查看抽奖记录，如图 7-76 所示。

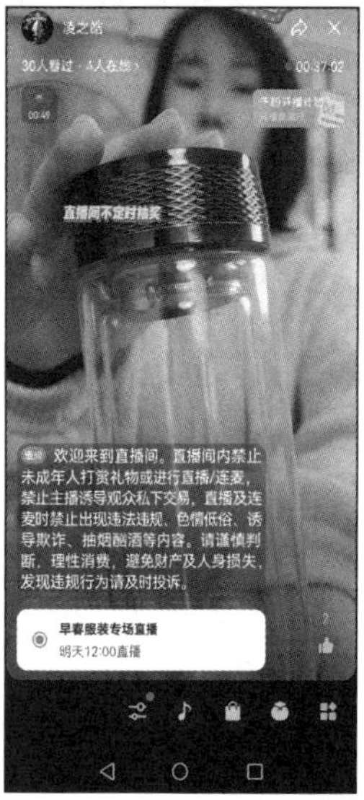


图 7-74　点击“抽奖”图标

图 7-75　显示中奖信息

图 7-76　再次发起抽奖

# 项目实训：在视频号直播销售图书类商品

## 1. 实训目标

掌握在视频号直播开播，以及进行直播运营管理的方法。

## 2. 实训内容

每 3 至 5 人一组，通过视频号直播的方式销售图书类商品，并做好直播间运维工作，包括注册直播账号、配置直播活动人员、规划直播间商品、搭建直播间、撰写直播脚本、讲解商品、进行直播引流、处理直播中特殊情况以及进行直播复盘等。

## 3. 实训步骤

（1）学习直播规则并入驻视频号直播

进入视频号官方平台，学习视频号直播的相关规则，详细了解在视频号平台进行直播“带货”的相关要求，避免在直播运营过程中出现违规行为。

了解直播规则后，申请视频号直播“带货”权限，成功入驻视频号直播。

（2）设定主播人设并规划直播账号

小组成员进行商议设定主播人设，并根据主播人设定位设置账号信息，如账号头像、账号名称、账号简介等，填写“实训作业\项目七\主播人设定位与直播账号规划”文件。

（3）配置直播活动人员

在小组内挑选具备相应能力的人员组建一个满足图书直播“带货”基本需求的直播团队，并明确直播团队各成员的职责分工，填写“实训作业\项目七\直播团队成员职责分工”文件。在直播团队中，应该至少包括主播 1 人、运营 1 人和场控 1 人。

（4）规划直播商品

直播团队应根据主播人设、账号定位、直播活动主题，并结合账号目标用户画像进行选品，确定组货方式、直播商品款式数量、上播商品与商品上播规划，并为直播商品制定合适的价格，填写“实训作业\项目七\直播商品规划”文件。

（5）撰写直播脚本

直播团队成员讨论、设计整场直播活动的流程，并撰写直播活动脚本，填写“实训作业\项目七\直播活动脚本”文件。然后认真分析每款上播商品的特点，提炼每款商品卖点，为每款商品撰写脚本，填写“实训作业\项目七\商品脚本”文件。

（6）搭建直播间场景

根据图书类商品直播“带货”的需求，直播团队成员在分析自身特点的基础上，讨论并确定直播间场景的表现形式，例如，是选择室内直播还是室外直播，是选择实景直播还是绿幕直播，是选择真人出镜还是手部出镜等。

根据确定的直播间场景的形式，准备直播所需的软硬件设备和物料，选择并规划直播场地，布置直播间背景和灯光，填写“实训作业\项目七\直播间场景设置方案”文件。

（7）开启直播

各个岗位的人员就位，正式开始直播。主播在镜头前向用户讲解各款商品，其他成员各司其职，配合好主播的工作，灵活应对直播中遇到的各种突发情况。

为了维持直播间的人气，直播团队成员要根据自身情况选择合适的方式为直播间引流，并利用视频号直播平台的各种工具维护直播间气氛，填写“实训作业\项目七\直播引流方案”文件、“实训作业\项目七\直播间气氛维护方案”文件。

（8）直播复盘

直播活动结束后，直播团队通过内部讨论和外部评价（其他小组的成员和教师对此小组的直播活动进行评价）的方式对本场直播进行复盘，总结直播数据表现和直播策略，如直播商品规划、场景布置、团队分工、道具使用是否合理，以及团队成员表现等，填写“实训作业\项目七\直播复盘”文件。

## 4. 实训总结

| | |
|---|---|
| 学生自我总结 | |
| 教师总结 | |

# PART 08

# 项目八
# 小红书直播运营

学习目标

【知识目标】

- 了解小红书直播电商的特点，以及申请直播“带货”权限的条件。
- 掌握打造主播人设的方法。
- 掌握直播商品规划的策略。
- 掌握美妆类商品的讲解技巧。
- 掌握为小红书直播间引流和维护直播间气氛的方法。

【能力目标】

- 能够成功申请小红书直播“带货”权限，并打造具有差异化的主播人设。
- 能够根据直播活动主题进行直播商品规划。
- 能够掌握美妆类商品的讲解技巧，在直播中对商品进行全面讲解。
- 能够根据直播间的人气情况，灵活运用各种引流工具为直播间引流。
- 能够运用小红书提供的各种直播互动工具维护直播间的气氛。

【素养目标】

勇于实践，勤于实践，将实践作为提升个人直播运营能力的最佳途径。

## 引导案例

在2023年“双11”期间，国货品牌展现出强大的活力，创造了亮眼的销售业绩，国货美妆品牌“彩棠”是其中的一个代表。该品牌从前期“种草”到直播“带货”，都实施了有效的营销策略，激发了用户的消费热情。

商品规划：在此次“双11”大促中，“彩棠”将三色修容盘、遮瑕盘、腮红盘两两搭配组合，形成高性价比的组合装，在直播间进行销售。同时，为下单用户提供买组合装送商品小样的超值赠品。

账号区分：“彩棠”设有“彩棠官方旗舰店”“彩棠美妆直播间”“彩棠底妆直播间”3个官方账号。在大促期间，“彩棠官方旗舰店”“彩棠美妆直播间”的直播时长长达20小时，在这两个直播间主推买大送小的组合装。而“彩棠底妆直播间”的直播时长相对较短，主推粉底液、妆前乳等底妆类商品。

视频引流：在“双 11”预售期之前，“彩棠”发布的短视频内容主要围绕主播讲解大促期间的各种福利。日常发布的短视频以制造反转效果吸引用户，先展示用户未化妆的形象，再展示用户使用“彩棠”系列商品后的效果，通过对比凸显“彩棠”系列商品的优势。

**案例分析**

商品组合搭配有利于降低用户的选择成本，能够推动面临“选择困难”的用户快速做出选择。此外，通过布局直播账号矩阵，让矩阵中的账号提供差异化的直播内容，有利于提升品牌的影响力。

# 任务一　分析小红书平台

小红书是一个生活方式平台和消费决策入口，成立于 2013 年 6 月。小红书从社区起家，一开始用户注重在社区里分享海外购物的经验，到后来，小红书上出现了关于运动、旅行、家居、探店等信息的分享，触及消费经验和生活方式的方方面面。

## 一、小红书平台的特点

小红书平台具有以下特点。

### 1. 用户群体年轻化

在超过 1 亿的月活跃用户量中，72%是“90 后”用户，这其中又有 50%是“95 后”用户。小红书的用户有个性、爱生活、兴趣多元、爱分享。通过 3000 万关键意见消费者（Key Opinion Consumer，KOC），小红书可以帮助品牌搭建与消费者沟通的桥梁。

### 2. 以女性用户为主导

小红书用户中女性用户占比超过 80%，随着“她经济”的流行，小红书成为各品牌获取年轻女性用户关注的必争之地。

### 3. 用户消费能力较强

小红书的用户主要分布在东部地区沿海城市，一线城市和各个省级城市组成了用户最多的前十大城市，而这些城市的用户普遍消费能力和消费意愿较强，一般对某种商品产生购物欲望后就会很快下单购买。

### 4. 实现了“种草”闭环生态

“种草”是指分享推荐某一商品的优秀品质，以激发他人购买欲望的行为。在社交电商和内容电商时代，品牌、“达人”和平台都热衷于“种草”，而小红书平台实现了“种草”和购物消费的闭环，从用户看到“种草”内容再到产生需求、选择品牌，直到最后下单，用户一直处于小红书这个平台的体系内。

## 二、小红书直播电商的特点

2019 年 6 月初，小红书开通直播内测，一些名人入驻小红书开启直播首秀，取得了亮眼的“带货”成绩，小红书直播“带货”数据日益受到品牌商家的关注。小红书直播电商的特点如下。

### 1. “三高一低”

“三高一低”是指高客单价、高转化率、高复购率和低退货率，小红书直播间转化率达到 21.4%，复购率达到 48.7%。也就是说，一个用户在小红书直播间下单，在未来七天内，有近一半的用户会回到小红书直播间再次购买。

### 2. 高信任度

小红书直播是对小红书社区真实、向上、多元的精神和价值观的传递和延展，社区中更注重博主和用户的真实互动和体验，而直播间博主更看重和用户的信任关系。对于小红书而言，小红书直播是博主的直播间，更是博主的会客厅，是一种好友式的互动，博主不是单纯在“带货”，而是把自己认为好的生活方式分享给自己的用户。

### 3. 提供直播组合服务

小红书提供了特有的直播组合服务：互动直播+“带货”直播。前者占比 90%，后者只占比 10%。互动直播的主要功能是围绕品牌推广需求，策划品牌话题活动页，品牌的其他合作笔记可以在该话题页中与直播内容相呼应。虽然小红书的“带货”直播只占 10%，交易总量不大，但已经呈现出高转化率、高客单价的特点。

由于平台时尚、高端的调性，小红书直播走上了与淘宝、快手和抖音完全不同的道路，用户购买力强、消费意愿高，这让小红书成为品牌营销的新阵地，品牌在小红书直播更多的是寻求曝光和推广的机会。

### 4. 全平台流量扶持

小红书平台会为每一个主播提供全平台的流量扶持，同时会有专业的团队为主播制订内容运营、电商运营和直播运营各阶段精细化的成长计划，并对其进行全面的培训，帮助他们在直播行业中走得更远。

# 任务二　筹备小红书直播活动

直播运营团队筹备小红书直播活动时，需要重点做好 3 个方面的工作，即申请直播权限、打造主播人设和做好直播商品规划。

## 一、申请小红书直播“带货”的条件

要想在小红书开通直播权限，用户要具备以下条件：

身份证实名认证。实名认证的认证信息可用于申请创作者、开通直播和收益提现等操作，是与账号唯一绑定的，在认证后不可解绑；

年满 18 周岁；

绑定手机号。

在开通直播权限后，创作者还不能直播“带货”，要想直播销售商品，还需达到直播销售商品的申请条件，即完成实名认证和“粉丝”数达到 1000 以上。申请通过以后，创作者就可以通过好物推荐功能在直播中插入商品“带货”，当用户通过商品卡片购买商品后，创作者即可获得相应的佣金收入。

## 动手实践：申请直播“带货”权限

微课启学：申请直播“带货”权限

在小红书中申请直播“带货”权限的具体操作方法如下。

**步骤 01** 打开小红书 App，在界面下方点击“我”按钮，然后点击界面左上方的“菜单”按钮☰，打开侧边栏，选择“创作中心”选项，如图 8-1 所示。

**步骤 02** 进入“创作中心”界面，在“创作服务”中点击“买手合作”图标，如图 8-2 所示。

**步骤 03** 在打开的界面中查看成为小红书买手的申请条件，账号符合要求后点击“立即加入”按钮，如图 8-3 所示。

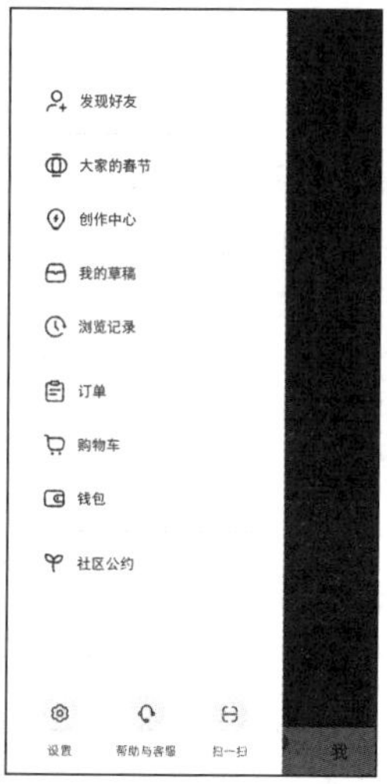


图 8-1　选择“创作中心”选项

图 8-2　点击“买手合作”图标

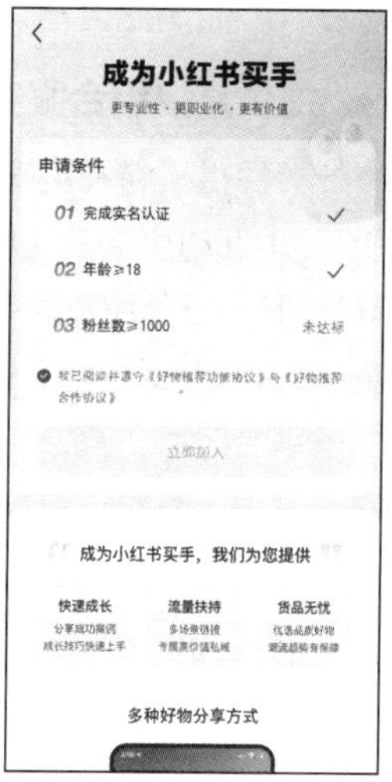


图 8-3　申请成为小红书买手

**步骤 04** 成为小红书买手后，在“我”界面中会显示相关按钮，点击“买手合作”按钮，如图 8-4 所示。

**步骤 05** 进入“买手合作”界面，可以通过选品中心进行普通选品，或者与商家合作邀约进行定向选品，如图 8-5 所示。

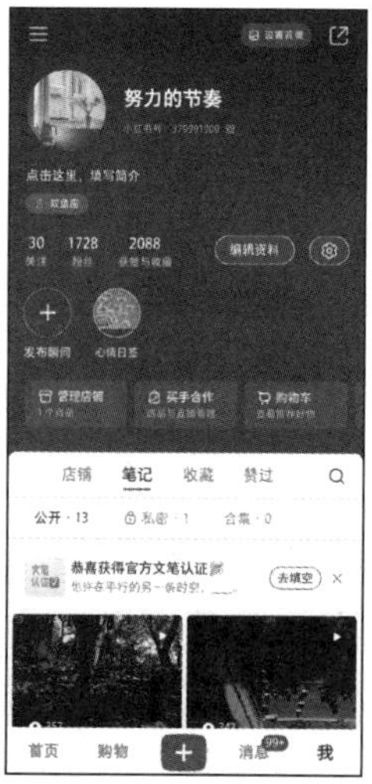


图 8-4　点击“买手合作”按钮

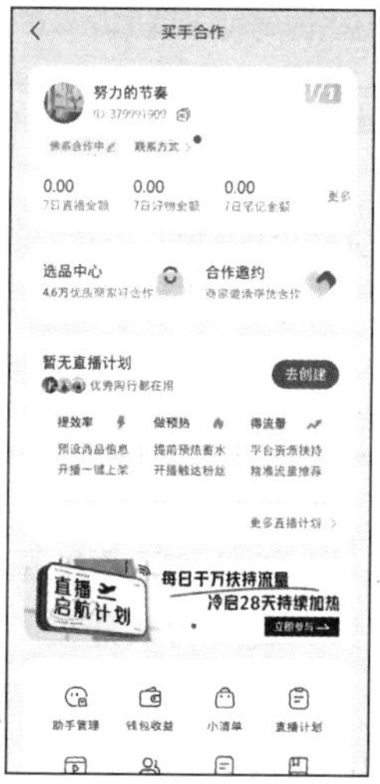


图 8-5　“买手合作”

## 二、主播人设的打造

人设的打造其实就是对自身进行定位，并不断强化定位。小红书主播要想打造人设，首先要明白以下 5 个问题：我是谁？我要给用户看什么内容？我和别人有什么不同？用户为什么关注我？我这样做有什么优势？

主播人设打造有很多好处：给用户一个明确的第一印象；通过差异化突围，给用户一个关注主播的理由；明确主播内容生产和变现的方向；迎合平台的喜好，持续获得流量扶持。

在打造人设时，小红书的主播可以采用以下两种方法。

### 1. 坚持垂直原则

主播要专注于一个细分领域，把用户群体进行细分，而不是面对一个广泛的群体做内容。对于用户和平台来说，不垂直就等于不专注，主播如果想迎合所有的用户，做各种各样的内容，用户可能会逐渐降低对主播的好感度，转至其他主播那里。

主播的笔记在发出之后会进入内容所属标签的流量池，推送给想看这类内容的用户。当用户看到后，如果觉得内容不错，与账号简介、账号人设相符，就会默认主播以后会长期产出该垂直领域的内容，于是会点赞、关注、收藏主播的内容，而点赞、关注和收藏是小红书判断笔记内容质量的互动维度，这些数据上涨有利于提升权重，使平台为笔记匹配更多的流量，这就是小红书的流量推荐机制。

小红书主播在打造人设时，可以参考小红书平台上的频道（见图 8-6），从中选择自己最适合参与的某个频道，持续更新优质的内容，满足目标用户群体的需求。图 8-7 所示为某小红书主播的笔记页面，该主播发布的内容都与糕点烘焙相关，风格一致，可以吸引对此有兴趣和需求的用户关注。

图 8-6　小红书频道

图 8-7　小红书主播笔记页面

### 2. 内容要有价值

小红书是内容电商平台，面向的是陌生的用户。要想吸引用户的目光，小红书主播就要提供优质内容。优质内容大致可以分为 5 类。

成功经验：分享个人的成功经验。如果你是一名产品经理，可以分享成为一名合格产品经理的方法；如果你是一名创业者，可以分享对人生和事业的看法。除了个人事业的成功经验，达成某个目标的经验也可以分享出来，如职场穿搭、做菜技巧、护肤窍门和旅游攻略等。例如，小红书主播“小林爱美食”专注于为用户分享美食的做法，在图片上展示美食的最终成品，用色彩吸引用户浏览，并在笔记中分享美食的具体做法，如图 8-8 所示。

行业探秘：分享行业中不为人知的内容。这类内容一方面满足了用户的好奇心，另一方面也宣传了品牌的特色。

商品分享：作为“种草”平台，小红书中有大量商品分享的内容，主播向用户推荐自己觉得好用的商品，这种真实、贴近生活的分享会打动人心，促使用户忍不住购买同款商品。例如，小红书主播“Wendy 是小郑郑呀”专注于为用户分享各种好物，包括家居用品、美妆、服装等，并为用户介绍省钱妙招和好物选择方法，如图 8-9 所示。

精神享受：给人精神享受的内容主要是设计、影视等行业作品的欣赏。

学习成长：这类内容主要是为用户提供一些干货知识，包括阅读、学习、思考的方法，以及成长方面的建议。例如，小红书主播“Shelly 手机摄影”经常分享一些使用手机拍摄照片的技巧，帮助用户提高拍照水平，如图 8-10 所示。

图 8-8　成功经验类内容

图 8-9　商品分享类内容

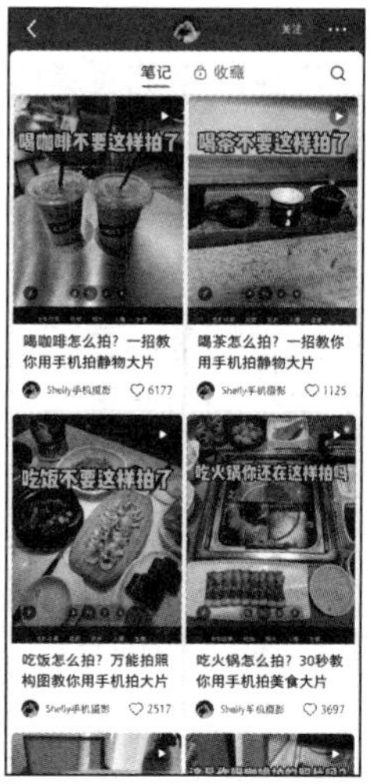


图 8-10　学习成长类内容

小红书主播在定位好一个方向以后，就要沿着这个方向深入发展，找到更深层、更有价值的内容提供给用户，而不是只提供肤浅、低级趣味和缺乏创意的内容。同时，只有与其他主播的内容形成差异化，主播的人设才能从众多主播中脱颖而出，用户才会记住主播、关注主播。内容的差异化可以体现在内容领域、人设特点、内容结构、表达方式、表现场景、拍摄方式和视觉效果等方面。

当然，以上几个方面即使做得再好，如果不持续和稳定地更新，根据平台的规则和算法机制，账号的权重会下降，获得平台的推荐量也会变低，关注的用户也会慢慢流失，这对人设的打造是极为不利的。

## 三、直播商品规划

主播不应盲目地上架商品，而应对直播商品的展示位置、上架顺序、数量配置和展示形式进行策略性的规划设计，这有利于提高商品的转化率。

### 1. 好货放在好位置

与其他电商直播平台相似，当用户点击红色购物袋以后，可以看到商品从上到下倒序排列，如果购物袋有 20 种可购买的商品，最高位置的数字则为 20。购物袋中的前排位置曝光量比后面位置曝光量要高得多，因此主播在上架商品时要把该场直播的主推商品放在前排位置，这样能让用户迅速看到，让主推商品迅速获得用户的关注，进而提高商品的点击率和转化率。

### 2. 商品上架顺序有层次

在商品的上架顺序上，主播可以采用“2：1：2 夹心饼干式”和“关联式”两种模式。所谓“2：1：2 夹心饼干式”上架模式，是指主播上架两款价格比较低（高）的商品，再上架一款价格相对较高（低）的商品，然后上架两款价格比较低（高）的商品，这样不会让用户觉得直播间的商品都是低价商品或高价商品，为用户提供更多选择空间。

“关联式”上架模式是指主播将能够进行关联销售的商品放在一起上架。例如，主播先上架一款短裤，然后又上架一款衬衣，接着上架一款鞋子，这样做的目的是让用户了解服装搭配，促使其成套购买商品。

### 3. 做好商品数量配置比例

为了做好精细化商品配置，主播在上架商品时，要规划好直播商品配置比例，以提高商品的利用程度。如果直播间的商品都属于同一品类，主推商品、畅销单品和滞销品的配置比例应分别为 50%、35%和 15%。如果直播间的商品不是同一品类，主类目商品与次类目商品的配置比例应分别为 95%和 5%。在此基础上，主播要不断地进行商品更新，保证每场直播的新鲜感，维持用户的黏性。一般来说，商品的更新量要达到正常直播总商品数量的 50%，主推商品占 40%，畅销单品占 10%。

### 4. 标记利益点

主播可以在商品链接中标注商品的利益点，如满减、优惠券等（见图 8-11），向用户明确地展示商品的优惠信息，以激发用户的购买欲望。

图 8-11　标记利益点

# 任务三 执行小红书直播活动

下面从美妆类商品讲解的技巧、小红书直播引流和维护直播间气氛 3 个方面介绍小红书直播活动的执行策略。

## 一、美妆类商品讲解的技巧

在小红书直播中，美妆类商品占比最高，下面以美妆类商品为例，介绍直播商品讲解的技巧。

在小红书直播间推荐美妆类商品时，主播要介绍商品的质地、价格、容量、使用方法、使用感受等。在展示这类商品的使用效果时，主播可以先在手臂上试色，直观地向用户展示商品的局部使用效果，然后在脸上使用商品，向用户展示整体使用效果。

常见美妆类商品的介绍要点如下。

底妆类——色号、适合的肤质、持久度、滋润度、遮瑕度等。

唇妆类——色号、持久度、滋润度，是否容易沾杯，适合搭配何种腮红、眼妆等。

修容类——质地（粉状还是膏状）、颜色（如偏红、偏灰）、是否飞粉、是否适合晕染等，向用户演示使用该商品修容的方法，展示使用商品前后的对比效果。

遮瑕类——适合的肤质、遮瑕度、滋润度等。

眼妆类——眼线（颜色、持久度、防水性、使用寿命、使用起来是否顺滑等）、眼影（质地、显色度、延展度、细腻度、持久性、是否飞粉等）、眉笔（颜色、成分、质地是否柔和、持久度、防水性等）、睫毛膏（持久度、刷头形状、功效、是否有“苍蝇腿”等）。例如，某小红书主播在介绍某款眉笔时，重点讲解了眉笔的防水性：“这款眉笔的防水、防汗、防晕染效果非常好，来，我给大家演示一遍啊。（拿出灌好水的喷壶）话不多说，我直接给大家往上喷啊。（喷到胳膊或手背上）大家来看一下这款眉笔的防水、防汗、防晕染效果到底能有多好。夏天热，出汗多、怕脱妆，这完全不是问题。当然，前置镜头自带美颜和滤镜，为了让大家看得更清楚一些，我给大家切换到后置镜头，请看刚才经过‘暴风雨’洗礼的眉笔色彩，我使劲揉，再擦擦，你看是不是这些色彩还完好地在我的胳膊（手背）上？”

化妆工具类——商品的用途、材质、使用方法、使用感觉等，向用户展示使用方法。

卸妆类——质地是否柔和、卸妆效果（可以将彩妆画在手臂上，并使用直播商品现场卸妆）、适用场合（例如，卸妆湿纸巾适合在外出乘车、乘飞机等场合使用）。

洁面类——适合的肤质、商品成分、使用方法、起泡情况、清洁强度，适合早晨使用还是晚上使用，是否具备卸妆效果，洗完脸后是否有紧绷感等。

面膜类——功效（补水、美白、抗皱等）、成分、使用方法（尤其是比较新奇的面膜，要向用户演示使用方法）、精华液含量等。例如，某小红书主播在介绍一款面膜时，重点讲解了面膜的补水性和密封性：“一般的片状面膜用在脸上，你依然可以感受到风，但这款面膜就有更好的密封性，把面膜贴好以后，皮肤就好像跟外界完全隔离，水分不会蒸发得过快，即使你敷 30 分钟也没有任何水分变少的感觉。这款面膜采用的是面膜纸和高浓度精华的搭配，更环保，更亲肤，对敏感肌也非常友好，即使你是敏感肌、角质很薄的皮肤类型，也可以放心使用。这种材质的保水性大概是普通棉纺织布的 1.5 倍，也就是说，它可以完美地吸附、包裹住精华，精华不会到处乱滴，而是被紧紧地包裹在面膜纸里面。”

面部护肤类——主要功效（保湿、补水等）、有效成分、适合肤质、使用方法、使用后的效果等。

美容工具类——功效、使用方法、使用效果、商品安全保证、商品质量认证等。

**课堂实训**

选择一款美妆类商品，提炼商品卖点，并为该商品撰写单品脚本，然后采用直播的形式向其他同学讲解这款商品。

## 动手实践 1：添加直播商品

微课启学：添加直播商品

在小红书直播间添加商品主要有两种方法，一种是添加选品池中的商品，另一种是关联直播计划，一键上架直播计划中的商品。

添加选品池中的商品的具体操作方法如下。

**步骤 01** 进入“买手合作”界面，点击“选品中心”按钮，如图 8-12 所示。

**步骤 02** 选择商品类别，在此选择“美妆”类别，如图 8-13 所示。

**步骤 03** 点击商品，在打开的界面中查看商品详情和近 30 天合作数据，然后点击“确认选品”按钮，如图 8-14 所示。

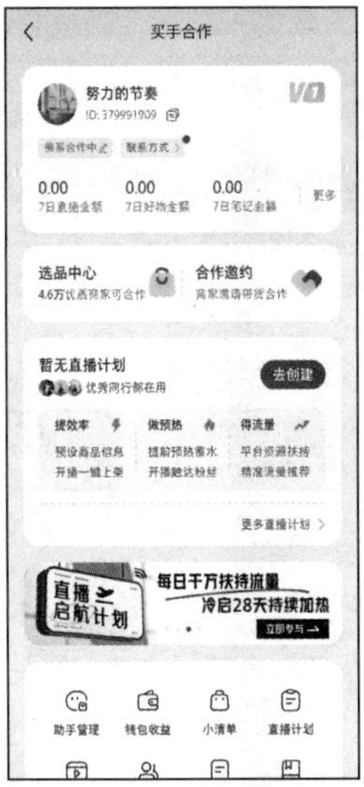


图 8-12　点击“选品中心”按钮

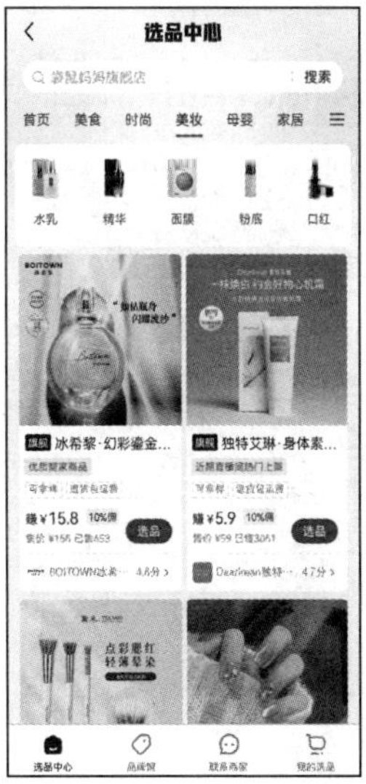


图 8-13　选择“美妆”类别

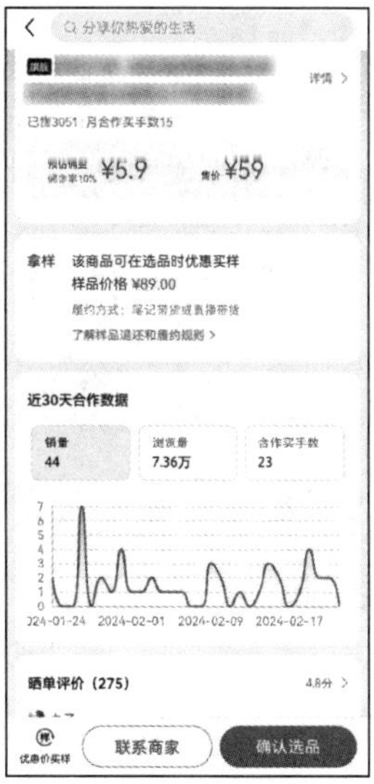


图 8-14　点击“确认选品”按钮

**步骤 04** 在弹出的界面中选择商品规格，点击“选品”按钮，即可将商品添加到选品池，如图 8-15 所示。若主播需要了解商品细节或对“带货”佣金有疑问，可以在选品时或选品后点击“联系商家”按钮，向商家咨询。

**步骤 05** 在选品中心界面上方搜索框中搜索心仪的商品，在搜索结果界面中可以对商品进行排序和筛选，找到要添加的商品后，点击“选品”按钮，将商品添加到选品池，如图 8-16 所示。

**步骤 06** 在界面下方点击“我的选品”按钮，即可看到选品池中的所有商品。若要取消选品，可以左滑商品，然后点击“取消选品”按钮，如图 8-17 所示。在该界面中点击选品下方的编辑按钮，还可以添加直播推荐语。

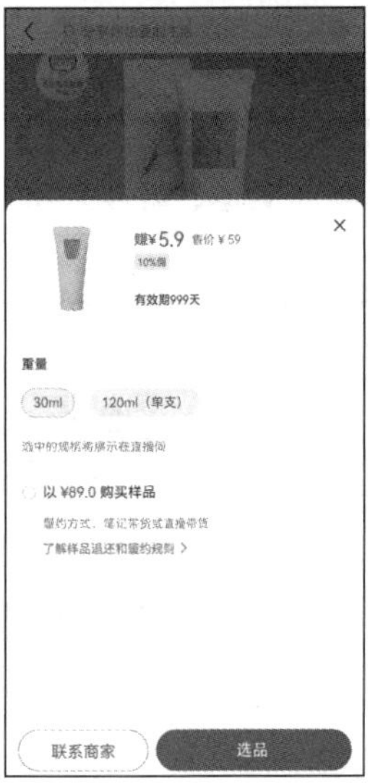


图 8-15　点击“选品”按钮

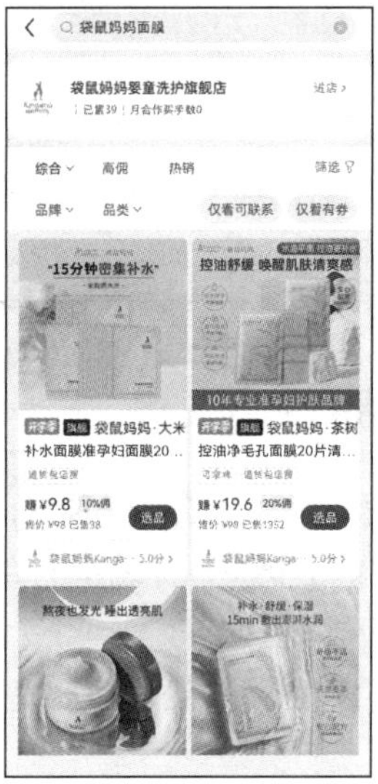


图 8-16　搜索与添加商品

图 8-17　取消选品

**步骤 07** 在小红书界面下方点击“添加”按钮，如图 8-18 所示。

**步骤 08** 在打开的界面下方点击“直播”按钮，输入直播标题，然后点击“设置”按钮，如图 8-19 所示。

**步骤 09** 在弹出的界面中上传直播封面，点击“添加商品”选项，如图 8-20 所示。

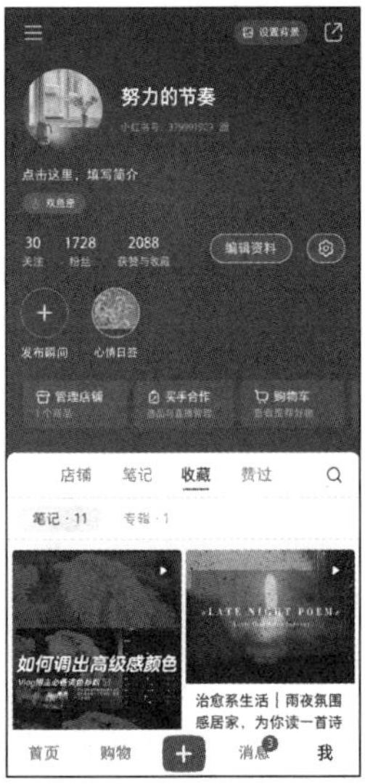


图 8-18　点击“添加”按钮

图 8-19　点击“设置”按钮

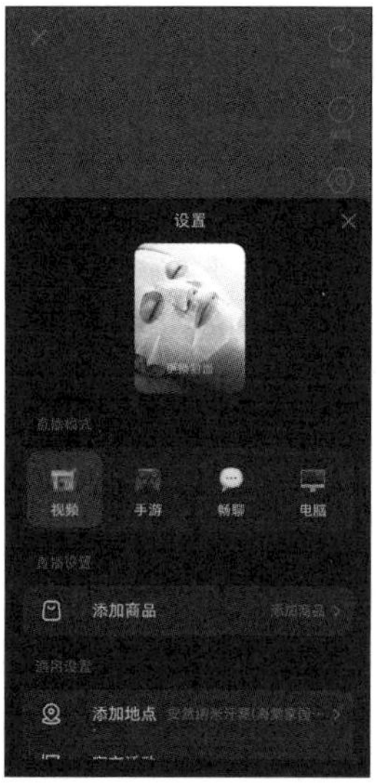


图 8-20　点击“添加商品”选项

**步骤 10** 打开“管理商品”界面，在下方点击“添加更多商品”按钮，如图 8-21 所示。

**步骤 11** 在打开的界面上方点击“我的选品”选项，选中要添加的商品，点击“添加商品”

按钮，如图 8-22 所示。

**步骤 12** 此时即可将所选商品上架到直播间，点击“完成”按钮，如图 8-23 所示。

图 8-21　点击“添加更多商品”按钮

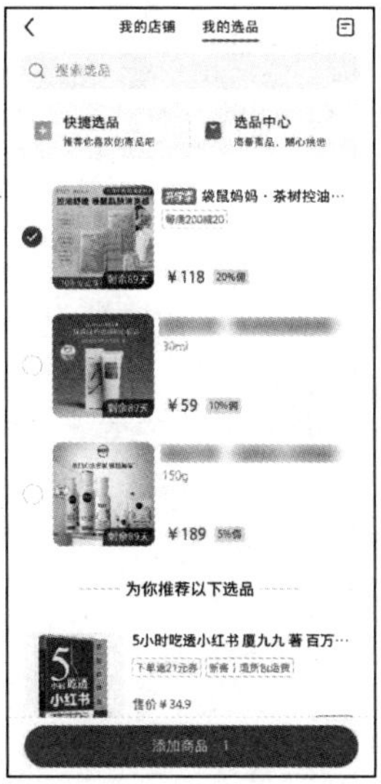

图 8-22　点击“我的选品”选项

图 8-23　点击“完成”按钮

直播计划是帮助主播规范直播流程，做好开播前准备工作的工具，包括开播时间、销售目标、选品备货、直播预告等。在直播时通过关联直播计划，可以一键上架直播计划中的所有商品，具体操作方法如下。

**步骤 01** 在“买手合作”界面中点击“直播计划”按钮，如图 8-24 所示。

**步骤 02** 在弹出的界面下方点击“创建计划”按钮，如图 8-25 所示。

**步骤 03** 弹出“创建直播计划”界面，输入直播标题，设置开播时间、开播时长、“带货”信息等，然后点击“完成”按钮，如图 8-26 所示。

图 8-24　点击“直播计划”按钮

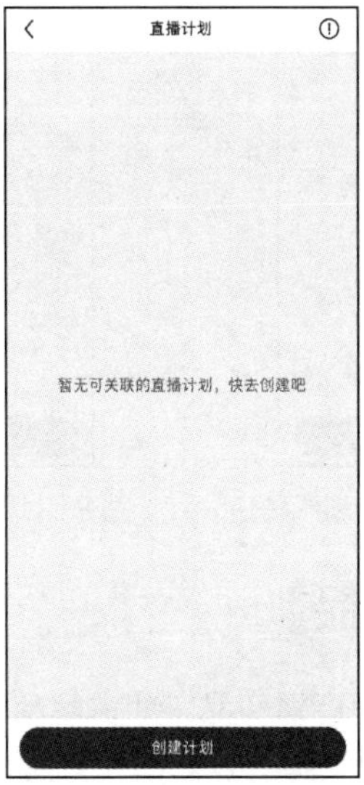

图 8-25　点击“创建计划”按钮

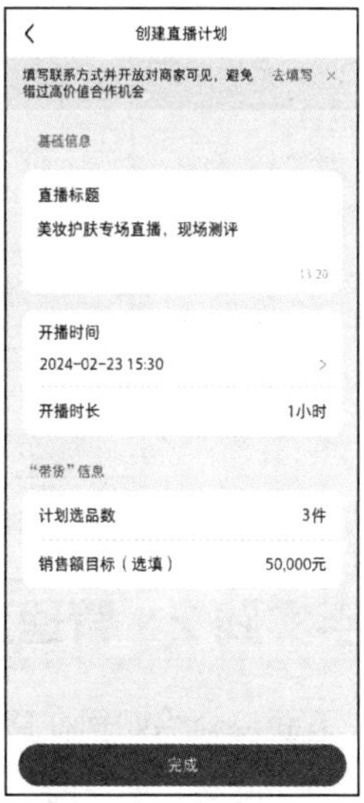

图 8-26　创建直播计划

**步骤 04** 弹出“直播计划详情”界面，点击“去备货”按钮，如图 8-27 所示。

**步骤 05** 弹出“选品备货”界面，点击“去添加”按钮，如图 8-28 所示。

**步骤 06** 在弹出的界面中选中商品，点击“添加商品”按钮，如图 8-29 所示。

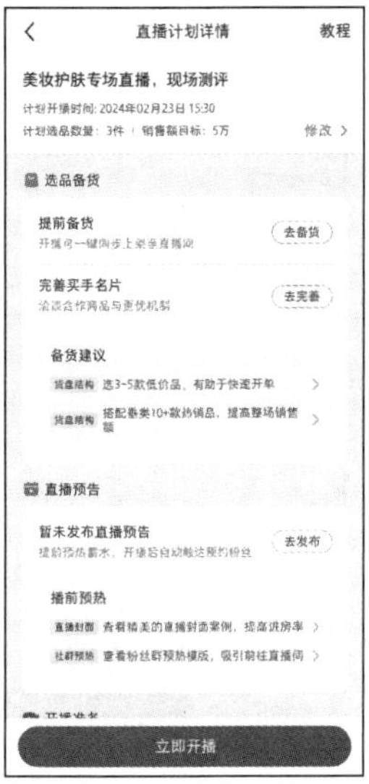


图 8-27　点击“去备货”按钮

图 8-28　点击“去添加”按钮

图 8-29　添加商品

**步骤 07** 打开“管理商品”界面，点击“直播计划”按钮，如图 8-30 所示。

**步骤 08** 在弹出的界面中选择要关联的直播计划，点击“关联计划”按钮，如图 8-31 所示。

图 8-30　点击“直播计划”按钮

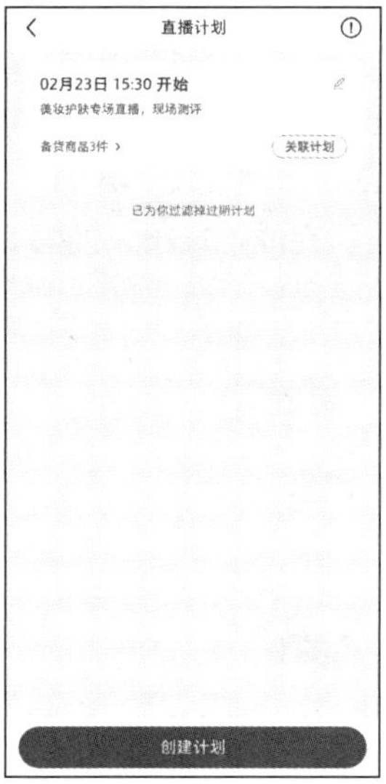


图 8-31　点击“关联计划”按钮

## 动手实践 2：管理直播商品

下面将介绍如何在直播中管理直播商品，如讲解商品、设置推荐商品、添加商品、创建商品推荐信息卡等，具体操作方法如下。

微课启学：管理直播商品

**步骤 01** 进入小红书直播间，点击“购物”按钮，如图 8-32 所示。

**步骤 02** 弹出直播商品列表界面，点击商品下方的“弹卡”按钮，如图 8-33 所示。

**步骤 03** 此时在直播间将显示商品卡片，以便用户点击购买，如图 8-34 所示。

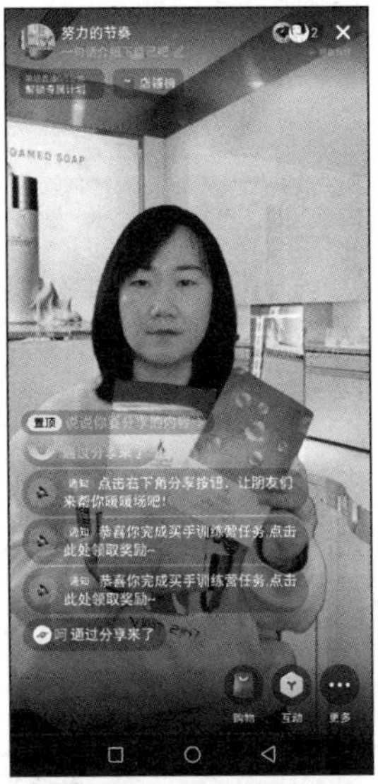


图 8-32 点击“购物”按钮

图 8-33 点击“弹卡”按钮

图 8-34 显示商品卡片

**步骤 04** 在直播商品列表界面中点击商品下方的“讲解”按钮，即可开始讲解商品，并自动生成商品讲解视频，完成讲解后点击“结束讲解”按钮，如图 8-35 所示。

**步骤 05** 在直播商品列表界面中左滑商品，然后点击“推荐”按钮，如图 8-36 所示。此时，即可设置推荐商品，该商品将被置于列表顶部并带有“推荐”标记。

**步骤 06** 点击直播商品列表界面右上方的“管理”按钮⚙，弹出“管理商品”界面，点击“添加更多商品”按钮，如图 8-37 所示。

图 8-35 讲解商品

图 8-36 点击“推荐”按钮

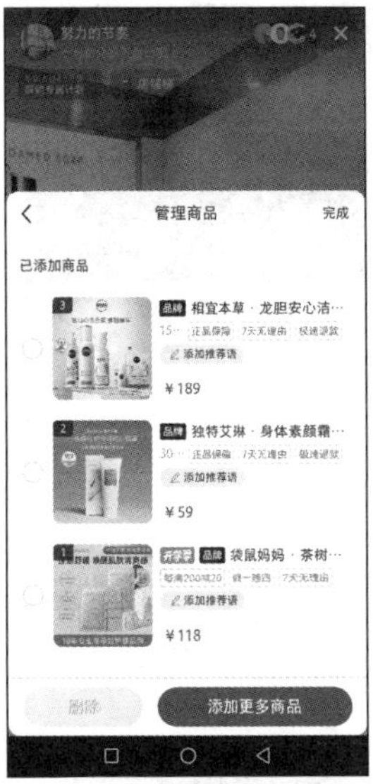


图 8-37 点击“添加更多商品”按钮

**步骤07** 在弹出的界面上方点击“我的选品”按钮，然后选中要添加的商品，点击“添加商品”按钮，如图 8-38 所示。

**步骤08** 点击界面右上方的“完成”按钮，即可上架新商品，如图 8-39 所示。

**步骤09** 点击直播界面右下方的“更多”按钮，在弹出的界面中点击“信息卡”按钮，如图 8-40 所示。

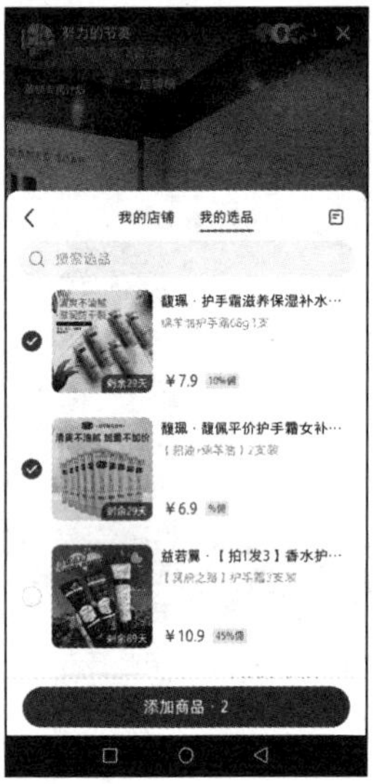


图 8-38　添加商品

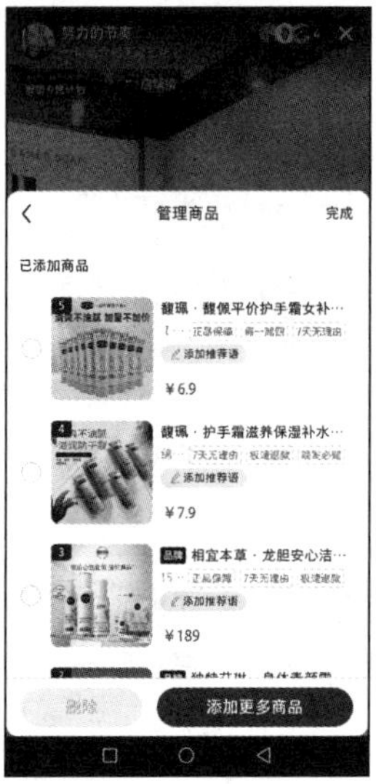


图 8-39　点击“完成”按钮

图 8-40　点击“信息卡”按钮

**步骤10** 弹出“信息卡”界面，点击“创建”按钮，如图 8-41 所示。

**步骤11** 在弹出的界面中选择所需的信息卡模板，在此选择“推荐商品”模板，点击“确认”按钮，如图 8-42 所示。

**步骤12** 进入信息卡编辑界面，添加商品并编辑标题和折扣信息，然后点击“完成”按钮，如图 8-43 所示。

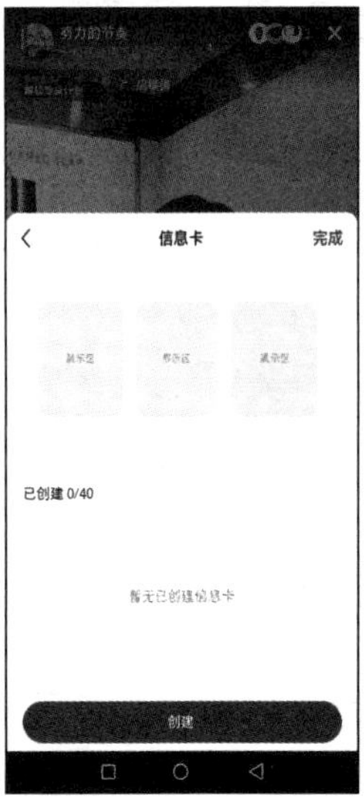


图 8-41　点击“创建”按钮

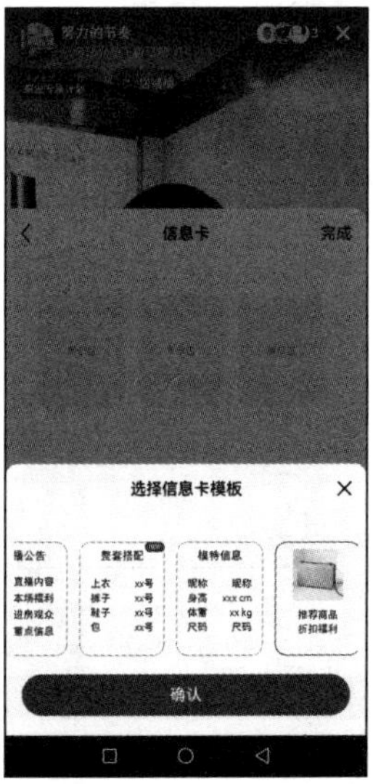


图 8-42　选择信息卡模板

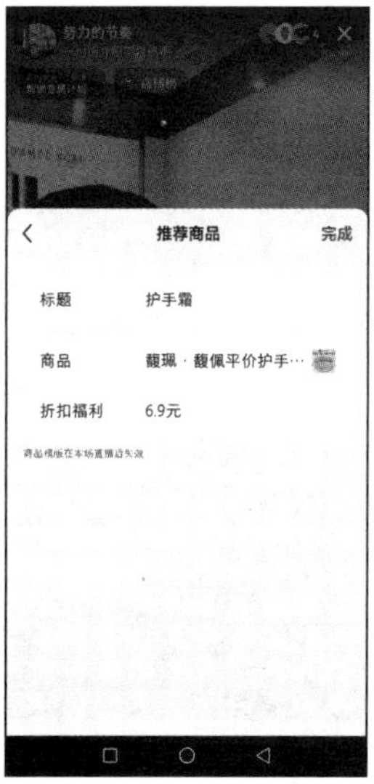


图 8-43　编辑信息卡

**步骤 13** 采用同样的方法继续创建信息卡，选择需要展示的信息卡，点击“展示”按钮，如图 8-44 所示。若要删除信息卡，可以长按已有的信息卡，然后点击“删除”按钮。

**步骤 14** 此时即可将信息卡添加到展示区，点击“完成”按钮，如图 8-45 所示。

**步骤 15** 此时即可在直播间展示商品推荐信息卡，如图 8-46 所示。

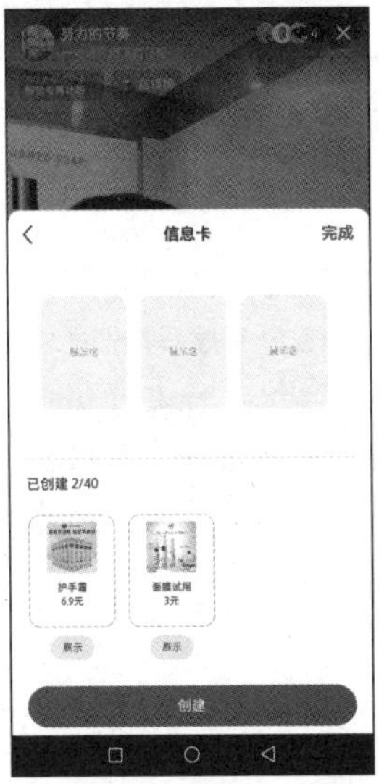

图 8-44　点击“展示”按钮

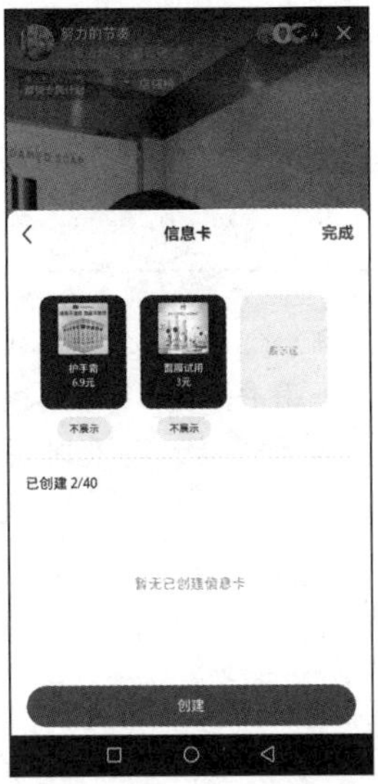

图 8-45　点击“完成”按钮

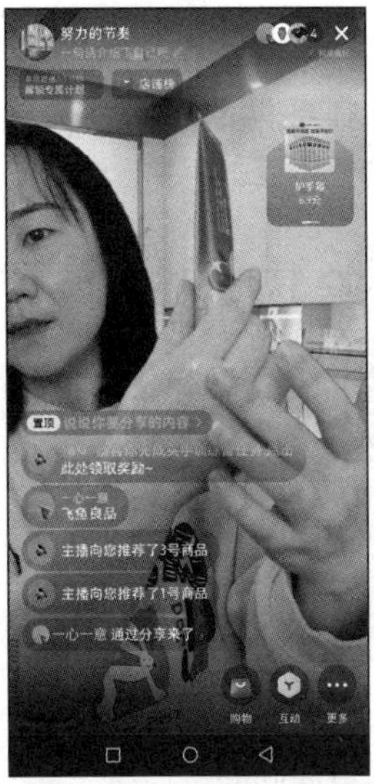

图 8-46　展示商品推荐信息卡

## 二、小红书直播引流

小红书流量机制也有马太效应，即强者愈强，弱者愈弱。人气高、流量多的直播间往往会吸引更多的用户进入，促使直播间的人气和流量像“滚雪球”一样越来越多。因此，小红书主播要利用多种渠道为自己的直播间引流，提高直播间的人气。

### 1. 免费方式引流

小红书直播常见的免费引流方式有笔记引流、优化直播封面图、优化直播标题，以及平台外多渠道引流等。

（1）笔记引流

在直播前，直播运营团队可以发布日常笔记或预约笔记为直播预热。日常笔记和预约笔记的创作要点如表 8-1 所示。

**表 8-1　日常笔记和预约笔记的创作要点**

| 笔记类型 | 创作要点 |
| --- | --- |
| 日常笔记 | ① 笔记的选题要丰富，内容要有吸引力。运营者可以从自身真实感受出发，分享自身的真实体验，从而激发用户的消费需求；<br>② 紧跟热点话题，借助热点的热度让笔记获得更多的曝光；<br>③ 保持账号稳定的更新频率，每周最好更新 2～3 篇笔记；<br>④ 直播间主播的人设要与日常笔记的人设保持统一，降低人设的割裂感；<br>⑤ 笔记的封面要清晰、美观，封面图的内容要与笔记内容相符。此外，封面图的风格最好保持一致；<br>⑥ 在标题中添加热门词汇，以吸引用户点击笔记进行浏览 |

续表

| 笔记类型 | 创作要点 |
| --- | --- |
| 预约笔记 | ① 在笔记中重点介绍直播间要上架的商品，可以重点介绍运营者曾经推荐过且已经有一定知名度的商品；<br>② 在笔记中重点介绍直播间的利益点，如直播间有比较优惠的活动机制，或者有抽奖活动、名人做客直播间等 |

在直播活动结束后，运营者可以将直播过程中的精彩片段剪辑成视频进行发布，对用户持续“种草”，持续吸引自然流量。

知识拓展

运营者运用笔记进行引流时，需要注意以下几点：笔记内容要与用户需求相匹配，保证内容质量；选择用户活跃的时间段发布笔记，但最好避开热门时间段，并保持规律更新；发布笔记后，要及时关注评论区互动情况，及时回复用户评论，以提高笔记的活跃度。

（2）优化直播封面图

根据大量直播实践展现的数据来看，符合下列要求和条件的封面图更容易吸引用户点击进入直播间。

把认知度较高的名人或“达人”设置成封面图，点击率比用普通用户做封面图高 50%。封面图要清晰且具有品质感。

封面图要表达出明确的利益点，如有什么优惠，送什么礼品，能够帮助用户解决什么问题等。

如果售卖的是大品牌商品，主播可以把品牌的商品海报设置成封面图，突出品牌当季热卖商品等信息。

封面图的尺寸要合适，封面图的核心信息要位于正中间，不要被左上角的“直播中”和左下角的直播标题、账号标志等遮挡，否则会影响用户的感官体验。

（3）优化直播标题

小红书直播的标题要符合以下要求。

直播利益点明确：直播标题要表达出利益点，以增加用户点击率，配合优质封面图，引流效果倍增，如“×××3 折起，直播间专享”。

直播场景具体：直播标题通过传达直播的内容来吸引用户点击，场景要具体化，如“3 步打造港风复古妆”。如果内容空洞，场景指向性不明确，会让用户疑惑直播间能否给自己带来价值，会不会浪费自己的时间，如“××开播了”“六一儿童节快乐”。

突出关键词：直播间活动一般有特定的主题，直播标题要包含活动的主题，突出主题关键词。例如，主播想要推荐睫毛膏、眼霜等与眼部有关的商品，那么直播标题中就要出现“眼睛”或“眼部”等关键词。

（4）平台外多渠道引流

除了发布笔记为直播间导流外，主播还可以利用站外的自媒体矩阵、私域社群等渠道推送直播预告，如微信朋友圈、微信群、微信公众号、微博、抖音、快手、论坛等。在站外平台发布直播预告时，尤其是图文类的直播预告，主播可以使用以下模板。

春季新品重磅上线（当期话题），新品彩妆盘第二件半价（利益点），明晚 7—10 点（时间），×××（主播名称）将来到直播间，请锁定小红书直播间：××××××（直播间账号），等你来解锁春季迷人桃花妆（内容要点）：

① 三色眉粉+高光 39.9 元。

② 水晶高光定妆粉 59.9 元，第二件 1 元。

③ 丝绒雾面唇釉直播间购买两支 59 元。

关注并转发，在评论区说说你最喜欢的新品及理由，截至×××（日期）抽 3 人送新品各一份（抽奖增加热度和互动）。

## 动手实践：发布直播预告笔记

微课启学：发布直播预告笔记

小红书的直播预告不仅能够预约直播，还能绑定预告商品，是“带货”直播的重要蓄水池。下面将介绍如何在小红书上发布直播预告笔记，让直播充分预热，在开始直播时就可以获得良好的流量，具体操作方法如下。

**步骤 01** 进入“买手合作”界面，点击“直播预告”按钮，如图 8-47 所示。

**步骤 02** 打开“直播预告”界面，点击“新增直播预告”按钮，如图 8-48 所示。

**步骤 03** 在弹出的界面中设置直播预告内容，包括开播时间、直播标题，添加商品，然后点击“发布预告”按钮，如图 8-49 所示。

图 8-47　点击“直播预告”按钮

图 8-48　新增直播预告

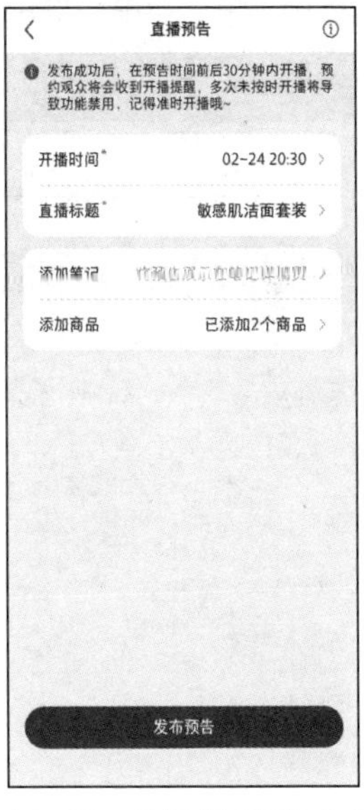


图 8-49　设置直播预告内容

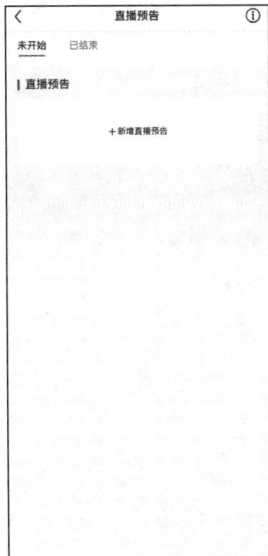

**步骤 04** 弹出提示信息框，提示发布成功后，在预告时间前后 30 分钟内开播，预约用户将会收到开播提醒，点击“发布”按钮，如图 8-50 所示。

**步骤 05** 弹出提示信息框，提示预告发布成功，并同时自动创建了直播计划，点击“知道了”按钮，如图 8-51 所示。

**步骤 06** 成功发布的预告会在主播个人主页或直播结束页显示，用户可以在小红书主播个人主页查看并预约直播，如图 8-52 所示。

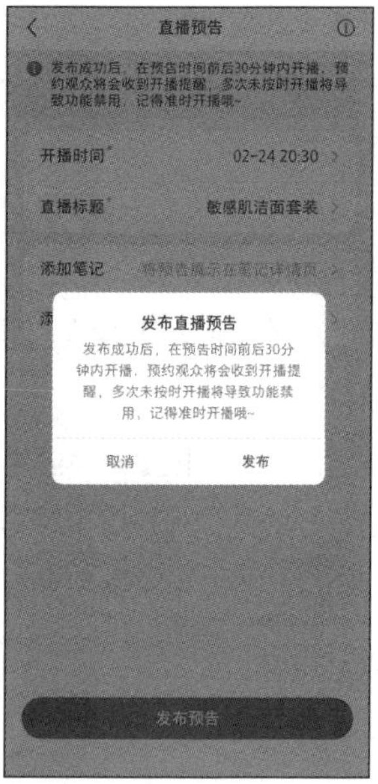


图 8-50 点击“发布”按钮

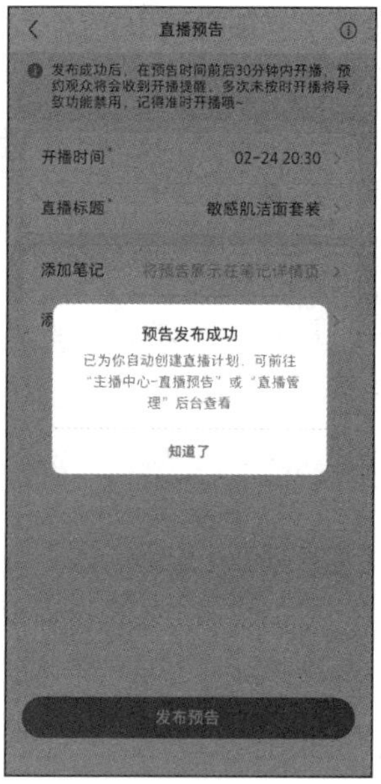


图 8-51 点击“知道了”按钮

图 8-52 显示直播预告

**步骤 07** 也可以通过发布小红书笔记来关联直播预告，在笔记发布界面中点击“高级选项”按钮，如图 8-53 所示。

**步骤 08** 弹出“高级选项”界面，选择“直播预告”选项，如图 8-54 所示。

**步骤 09** 在弹出的界面中选择直播预告，点击“关联”按钮，然后发布笔记即可，如图 8-55 所示。

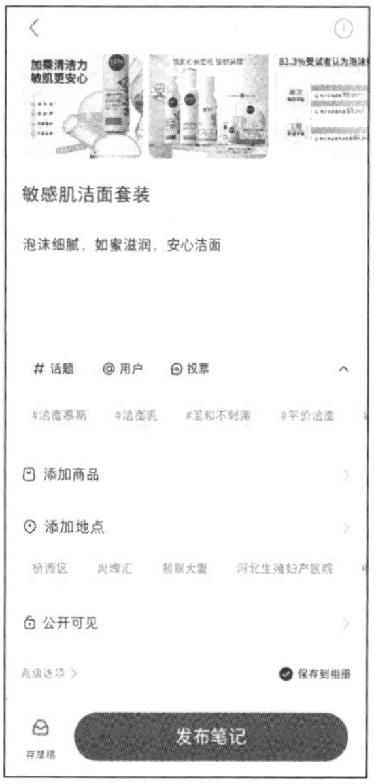


图 8-53 点击“高级选项”按钮

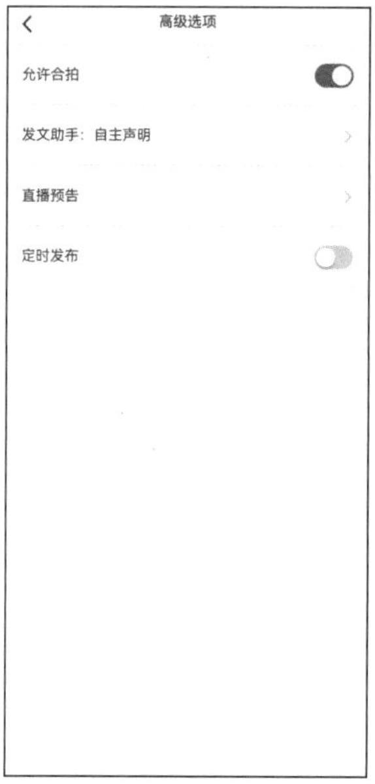


图 8-54 选择“直播预告”选项

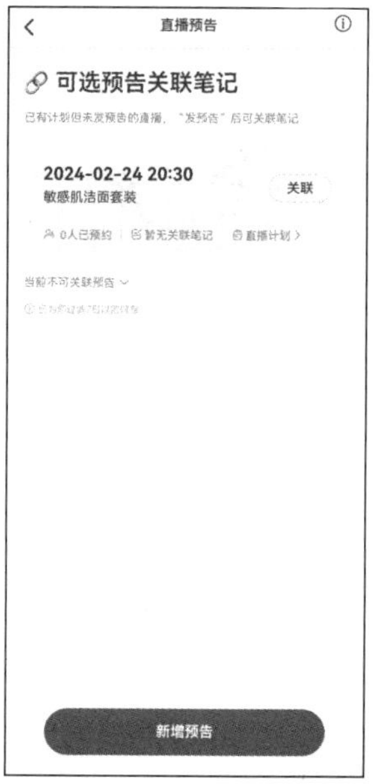


图 8-55 点击“关联”按钮

**步骤 10** 发布笔记后，在小红书笔记下方显示直播预告信息，如图 8-56 所示。

**步骤 11** 查看直播预告详情，显示预约人数、开播时间和预告商品等，如图 8-57 所示。

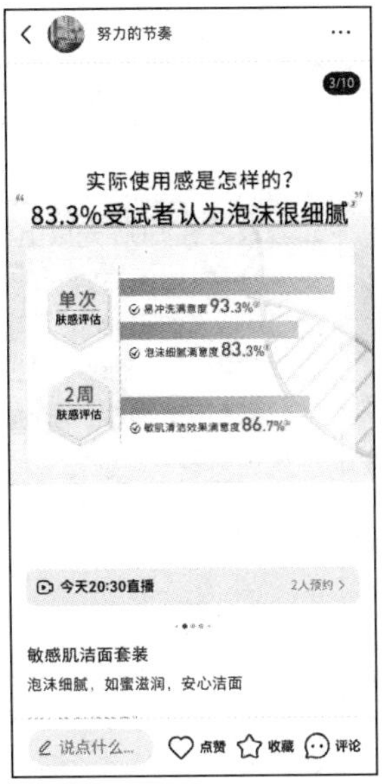


图 8-56　显示直播预告信息

图 8-57　查看直播预告详情

## 2. 付费方式引流

在小红书平台上，运营者可以利用直播推广为直播间引流。直播推广分为投放笔记和直接投放直播间两种方式，运营者可以通过小红书商家管理后台或聚光平台创建直播推广计划。

通过小红书商家管理后台创建直播推广计划的投放策略，如表 8-2 所示。

表 8-2　通过小红书商家管理后台创建直播推广计划的投放策略

| 投放策略 | 直播前 | 直播中 |
| --- | --- | --- |
| 投放对象 | 直播预告笔记 | 日常优质笔记 |
| 投放目的 | 为直播间造势，提高直播间预约量 | 为直播间引流，提高直播间有效观看量 |
| 投放关注点 | 关注预约直播的用户数量 | 关注用户进入直播间的成本 |
| 操作要点 | ① 选择“笔记营销”选项，每条投放计划的日预算最好在 500 元以上；<br>② 直播前 2 天发布预告笔记，并为预告笔记设置直播推广计划；<br>③ 笔记可以介绍直播时间、直播间福利、直播间主推商品等；<br>④ 笔记要添加直播预约组件 | ① 选择“直播营销”选项，每条投放计划的日预算最好在 500 元以上；<br>② 可以根据直播时间来设置投放时间段，如果长期直播可以设置不限日期；<br>③ 笔记要添加直播预约组件 |
| 投放计划设置 | 创建 1 条精准投放计划，预算占比为 60%，可以选择 2～3 篇与直播相关的直播预告笔记、讲解直播商品的笔记进行投放 | 创建 1 条泛人群放量计划，预算占比为 40%，可以选择 3～4 篇账号日常发布的内容比较优质的笔记进行投放 |

通过聚光平台创建直播推广计划的投放策略，如表 8-3 所示。

表 8-3　通过聚光平台创建直播推广计划的投放策略

| 投放策略 | 直播前 | 直播中 |
| --- | --- | --- |
| 投放对象 | 直播预告笔记 | 直接投放直播间、日常优质笔记 |
| 投放目的 | 为直播间造势，提高直播间预约量 | 为直播间引流，提高直播间有效观看量 |
| 投放关注点 | 关注预约直播的用户数量 | 关注用户进入直播间的成本 |

续表

| 投放策略 | 直播前 | 直播中 |
| --- | --- | --- |
| 操作要点 | ① 选择“产品种草”选项，每条计划的日预算最好在 500 元以上；<br>② 直播前 2 天发布预告笔记，并为预告笔记设置直播推广计划；<br>③ 笔记可以介绍直播时间、直播间福利、直播间主推商品等；<br>④ 笔记要添加直播预约组件；<br>⑤ 可以选择将信息流、视频流、全站智投计划进行搭配投放；<br>⑥ 选择精准定向，可以选择对商品感兴趣的人群进行投放 | ① 选择“直播推广”选项，每条计划的日预算最好在 500 元以上；<br>② 可以根据直播时间来设置投放时间段；<br>③ 定向人群要精准，可以选择行业兴趣定向、“粉丝”定向、“种草”人群定向；<br>④ 直接投放直播间要优化直播间装修和直播运营能力；<br>⑤ 投放日常优质笔记，要确保笔记的内容优质 |
| 投放计划设置 | 创建 3～5 条计划。在具体操作中，运营者可以根据自身预算、可用于创建投放计划笔记的数量来确定计划的数量。以创建 3 条计划为例，可以创建 2 条精准投放计划和 1 条泛人群放量计划。其中，2 条精准投放计划的预算占比为 40%，选用“信息流+视频流”计划，每条计划投放 2～3 篇与直播相关的直播预告笔记、讲解直播商品的笔记进行投放，1 条泛人群放量计划的预算占比为 30%，选用全站智投计划，选择 3～4 篇账号中日常发布的优质笔记进行投放 | 创建 1 条精准投放计划，预算占比为 30%，选用信息流推广计划，推广目标最好选择“点击量”，通过点击量控制投放成本 |

**知识拓展**

小红书商家管理后台、聚光平台都可以设置直播推广计划，两者对比如表 8-4 所示。

**表 8-4 小红书商家管理后台、聚光平台对比**

| 投放平台 | 特点 | 适用场景 |
| --- | --- | --- |
| 小红书商家管理后台 | 极速版，简单易操作，智能化投放更省心 | 新手商家，“达人”，初创品牌 |
| 聚光平台 | 专业版，投放设置更加精细，流量场域更加丰富，定向维度更加精准，运营者可以灵活选择出价模式 | 成熟的品牌，运营经验丰富的商家，代理运营公司 |

## 三、维护直播间气氛

直播本身是一种互动性很强的形式，如果直播间呈现出一派死气沉沉的现象，主播说话沉闷无力，评论数量寥寥无几，这样即使直播间在一开始用户很多，用户也会慢慢退出直播间。一个优质的直播间会形成热烈的互动氛围，让进入直播间的用户快速被吸引，参与到互动当中，从而吸引越来越多的用户进入直播间。因此，主播要善于使用小红书直播间的互动工具来维护直播间气氛。

### 1. 添加直播间公告

小红书的直播间公告类似于淘宝直播和快手直播的贴纸功能，方便用户进入小红书直播间能快速了解直播主题、内容和福利等信息。

主播应在开始直播之前创建直播间公告，这样开始直播之后主播和用户就可以看到直播间公告的内容。

小红书直播间公告的内容主要有以下 4 类。

用户可能会问的信息，如主播、商家的基本信息。

直播的主题和具体流程，如本次直播会先介绍××，之后分析××，最后推荐××。

直播间即将开展的福利活动，如点赞达1万次发放红包。

告诉用户不要询问哪些问题，如主播情感问题不便回答。

## 2. 用福利提升互动氛围

主播直播“带货”的受众是直播间的用户，目的是推荐并销售商品。为了提升商品的销量，主播有必要以满足用户需求为中心，开展各种福利活动，也可以通过抽奖的方式让利，这样既可以吸引更多的用户积极互动，提升直播间的互动氛围，又可以吸引更多的用户进入直播间。

（1）以商品为中心发放福利

以商品为中心发放福利既可以让用户享受到优惠，刺激用户购买商品，又可以有效地宣传推广主播的直播间。以商品为中心发放福利包括发放商品优惠券、买一送一、增加赠品等。

（2）以抽奖方式让利

用户都有追求实惠的心理，主播在直播间开展抽奖活动会吸引更多的用户关注。主播可以采用以下 3 种方式来设置抽奖活动。

评论截屏抽奖：主播选择一个固定的关键词，号召用户在评论区不停地刷关键词，主播随机截屏，抽取其中几名幸运用户给予奖品。为了做到公平、公正，主播要拿出手机对准镜头截图，并现场公布中奖名单。

整点、半点抽奖：这种抽奖方式比较简单，基本每隔 30 分钟或 1 小时进行抽奖，用户到点抽奖即可。对于用户来说，直播内容的吸引程度或许已经足够，但整点、半点抽奖可以为用户提供期待感，且由于损失规避心理，用户不愿意离开直播间，这就增加了用户的停留时长。

答题抽奖：如果直播间气氛不活跃，用户在直播间感到无聊，自然就没有停留的欲望。主播可以随时用竞猜答题活动来活跃直播氛围，增强与用户之间的趣味互动。竞猜答题的抽奖方式很简单，让用户在评论区回答，主播给最先答对的用户送出奖品。

## 3. 发起直播连线

主播在直播过程中与其他主播连线聊天、打 PK 赛，可以增加双方直播间的互动量，互相引流“增粉”，从而达成双赢。在 PK 赛中，人气值靠前的主播可以得到系统的加权推荐，直播会在首页推荐浮现。

主播发起直播间连线时，最好选择平时在笔记中经常互动的主播或同品类主播。例如，两位主播都是美食类主播，可以连线交流美食话题，最好在直播前私下约定，这样可以让直播流程更加通畅。如果两位主播的“粉丝”量差距较大，主播之间要先互相关注，否则不会出现在连线申请名单中。

## 4. 设置直播助手

小红书直播间设置直播助手的主要作用是协助主播维持直播间的秩序，带动直播气氛。

直播助手的作用具体表现如下。

当直播间有人发布不友善内容，直播助手可以对不当言论及言论者进行处理。由于小红书直播间不能提及带有广告销售意图的文字和联系方式，也不能向站外竞品平台导流，不能使用不文明口语，不能宣扬嘲讽、挑衅、羞辱、辱骂等不友善的内容，所以直播助手要严格监督直播间的弹幕和评论内容，遇到不合格的内容要及时处理。

当用户提问时，直播助手可以代替主播回答基础问题，如主播口红色号等。当主播组织抽奖等福利活动时，直播助手可以在评论区写明参与方式。

## 动手实践：使用直播互动和营销工具

微课启学：使用直播互动和营销工具

在直播中使用互动工具和营销工具，可以提高直播间的互动率和转化率，具体操作方法如下。

**步骤 01** 在直播间界面下方点击“互动”按钮，如图 8-58 所示。

**步骤 02** 弹出“互动能力”界面，点击“抽奖”按钮，如图 8-59 所示。

**步骤 03** 弹出“抽奖”界面，设置抽奖的参与条件、奖品名称以及奖品个数，然后点击“发起抽奖”按钮，如图 8-60 所示。

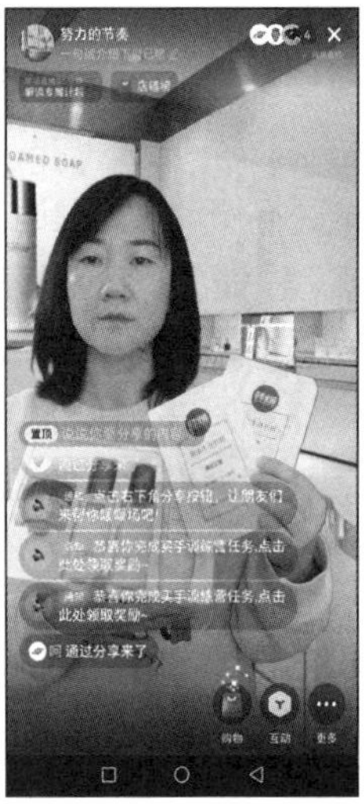

图 8-58　点击“互动”按钮

图 8-59　点击“抽奖”按钮

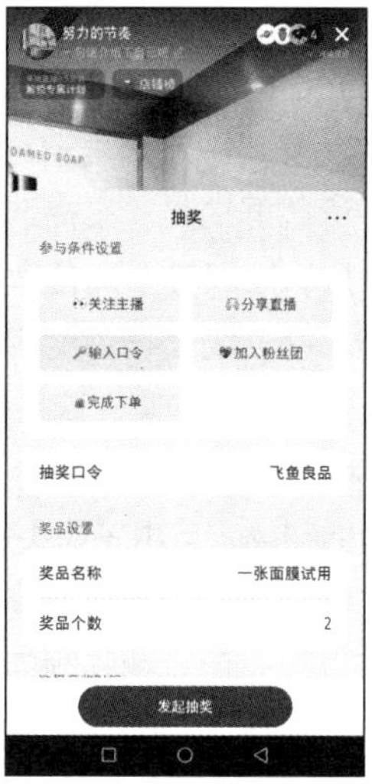


图 8-60　设置抽奖信息

**步骤 04** 此时，在直播间界面左上方会出现抽奖图标和时间倒计时，用户点击该图标即可参与抽奖，如图 8-61 所示。

**步骤 05** 抽奖倒计时结束后开奖，显示抽奖结果，如图 8-62 所示。

**步骤 06** 在“互动能力”界面中点击“红包”按钮，在弹出的界面中设置红包的数量及领取条件，点击“赠送”按钮，如图 8-63 所示。此时，用户可以在直播间左上角看到领取红包的提醒，×分钟后红包开奖。

**步骤 07** 在“互动能力”界面中点击“直播预告”按钮，在弹出的界面中选择直播预告，点击“推送”按钮，即可向直播间推送直播预告，以便用户预约下一场直播，如图 8-64 所示。

**步骤 08** 打开直播商品界面，要进行商品营销，可以在上方工具栏中点击相应的营销工具按钮，例如点击“直播优惠券”按钮，即可在直播间设置发放优惠券，如图 8-65 所示。

图 8-61　出现抽奖图标

图 8-62　显示抽奖结果

图 8-63　设置红包

图 8-64　推送直播预告

图 8-65　点击"直播优惠券"按钮

## 项目实训：在小红书直播销售美妆类商品

### 1. 实训目标

掌握在小红书直播开播及进行直播运营管理的方法。

### 2. 实训内容

每 3 至 5 人一组，通过小红书直播的方式销售美妆类商品，并做好直播间的运维工作，包括注册直播账号、配置直播活动人员、规划直播间商品、搭建直播间、撰写直播脚本、讲解商品、进行直播引流、处理直播中特殊情况、进行直播复盘等。

### 3. 实训步骤

（1）学习直播规则并入驻小红书直播平台

进入小红书官方平台，学习小红书直播的相关规则，详细了解在小红书平台进行直播“带货”的相关要求，避免在直播运营过程中出现违规行为。

了解直播规则后，申请直播“带货”权限，成功入驻小红书直播平台。

（2）设定主播人设并规划直播账号

小组成员进行商议设定主播人设，并根据主播人设定位设置账号信息，如账号头像、账号名称、账号简介等，填写“实训作业\项目八\主播人设定位与直播账号规划”文件。

（3）配置直播活动人员

在小组内挑选具备相应能力的人员组建一个满足美妆类商品直播“带货”基本需求的直播团队，并明确直播团队各成员的职责分工，填写“实训作业\项目八\直播团队成员职责分工”文件。在直播团队中，至少应该包括主播1人、运营1人和场控1人。

（4）规划直播商品

直播团队根据主播人设、账号定位、直播活动主题，结合账号目标用户画像进行选品，确定组货方式、直播商品款式数量、上播商品与商品上播规划，并为直播商品制定合适的价格，填写“实训作业\项目八\直播商品规划”文件。

（5）撰写直播脚本

直播团队成员讨论、设计整场直播活动的流程，撰写直播活动脚本，填写“实训作业\项目八\直播活动脚本”文件。认真分析每款上播商品的特点，提炼每款商品卖点，为每款商品撰写脚本，填写“实训作业\项目八\商品脚本”文件。

（6）搭建直播间场景

根据美妆类商品直播“带货”的需求，直播团队成员在分析自身特点的基础上，讨论并确定直播间场景的表现形式，例如，是选择室内直播还是室外直播，是选择实景直播还是绿幕直播，是选择真人出镜还是手部出镜等。

根据确定的直播间场景的形式，准备直播所需的软硬件设备和物料，选择并规划直播场地，布置直播间背景和灯光，填写“实训作业\项目八\直播间场景设置方案”文件。

（7）开启直播

各个岗位的人员就位，正式开启直播。主播在镜头前向用户讲解各款商品，其他成员各司其职，配合好主播的工作，灵活应对直播中遇到的各种突发情况。

为了维持直播间的人气，直播团队成员要根据自身情况选择合适的方式为直播间引流，利用小红书直播平台的各种工具维护直播间气氛，填写“实训作业\项目八\直播引流方案”文件、“实训作业\项目八\直播间气氛维护方案”文件。

（8）直播复盘

直播活动结束后，直播团队通过内部讨论和外部评价（其他小组的成员和教师对此小组的直播活动进行评价）的方式对本场直播进行复盘，总结直播数据表现，分析直播策略是否合理、有效，如直播商品规划、场景布置、团队分工、道具使用是否合理，以及团队成员表现等，填写“实训作业\项目八\直播复盘”文件。

### 4. 实训总结

| | |
|---|---|
| 学生自我总结 | |
| 教师总结 | |